ENSEIGNEMENT SECONDAIRE DES JEUNES FILLES

Mme TH. BENTZON

CAUSERIES DE MORALE PRATIQUE

Librairie HACHETTE &

LIBRAIRIE HACHETTE & Cⁱᵉ, PARIS

Langue et Littérature Françaises

COLLECTION DE CLASSIQUES FRANÇAIS
Format petit in-16, cartonné

PUBLIÉS AVEC DES NOTICES BIBLIOGRAPHIQUES ET LITTÉRAIRES ET DES NOTES PAR MM. BRUNETIÈRE, PETIT DE JULLEVILLE, LANSON, GASTON PARIS, REBELLIAU, JULLIAN, ETC.

BOILEAU : Œuvres poétiques (Brunetière) 1 50
Poésies et Extraits des œuvres en prose .... 2 »
BOSSUET : De la connaissance de Dieu (de Lens) 1 60
Sermons choisis (Rébelliau). 3 »
Oraisons funèbres (Rébelliau) 2 50
BUFFON : Morceaux choisis (Nollet) 1 50
Discours sur le style (Nollet) » 75
CHANSON DE ROLAND : Extraits (G. Paris) 1 50
CHATEAUBRIAND : Extraits (Brunetière) 1 50
CHEFS-D'ŒUVRE POÉTIQUES, XVIᵉ SIÈCLE (Lemercier). 2 50
CHOIX DE LETTRES, XVIIᵉ SIÈCLE (Lanson) 2 50
CHOIX DE LETTRES, XVIIIᵉ SIÈCLE (Lanson) 2 50
CHRESTOMATHIE DU MOYEN AGE (G. Paris et E. Langlois). 3 »
CORNEILLE : Théâtre choisi (Petit de Julleville) .... 3 »
Chaque pièce séparément.... 1 »
Scènes choisies (Petit de Julleville) .... 1 »
DESCARTES : Principes de la philos. Iʳᵉ p. (Charpentier). 1 50
DIDEROT : Extraits (Texte) 2 »
EXTRAITS DES CHRONIQUEURS (G. Paris et Jeanroy) 2 50
EXTRAITS DES HISTORIENS, XIXᵉ SIÈCLE (C. Jullian). 3 50
EXTRAITS DES MORALISTES (Thamin) 2 50
FÉNELON : Fables (Régnier). » 75
Lettre a l'Académie (Cahen) 1 50
Télémaque (A. Chassang)... 1 80
FLORIAN : Fables (Géruzez) » 75
JOINVILLE : Histoire de saint Louis (Natalis de Wailly).. 2 »
LA BRUYÈRE : Caractères (Servois et Rebelliau) 2 50

LA FONTAINE : Fables (Géruzez et Thirion) 1 60
LAMARTINE : Morceaux choisis .... 2 »
LECTURES MORALES (Thamin et Lapie) 2 50
MOLIÈRE : Théâtre choisi (E. Thirion) .... 3 »
Chaque pièce séparément.... 1 »
Scènes choisies (E. Thirion) 1 50
MONTAIGNE : Principaux chapitres et extraits (Jeanroy) 2 50
MONTESQUIEU : Grandeur et Décad. d. Romains (Jullian) 1 80
Extraits de l'esprit des lois et œuvres div. (Jullian)..... 2 »
PASCAL : Pensées et Opuscules (Brunschwicg) 3 50
Provinciales, I, IV, XIII (Brunetière) 1 80
PROSATEURS DU XVIᵉ SIÈCLE (Huguet) 2 50
RACINE : Théâtre choisi (Lanson) .... 3 »
Chaque pièce séparément.... 1 »
RÉCITS DU MOYEN AGE (G. Paris) 1 50
ROUSSEAU : Extraits en prose (Brunel) .... 2 »
Lettre d'Alembert sur les spectacles (Brunel) 1 50
SCÈNES, RÉCITS ET PORTRAITS DES XVIIᵉ et XVIIIᵉ SIÈCLES (Brunel) .... 2 »
SÉVIGNÉ : Lettres choisies (Ad. Regnier) 1 80
THÉÂTRE CLASSIQUE (Ad. Régnier) .... 3 »
VOLTAIRE : Extraits en prose (Brunel) .... 2 »
Choix de lettres (Brunel)... 2 25
Siècle de Louis XIV (Bourgeois) 2 75
Charles XII (A. Waddington). 2 »

LIBRAIRIE HACHETTE & Cie, PARIS

Langue et Littérature Françaises

LITTRÉ

DICTIONNAIRE COMPLET DE LA LANGUE FRANÇAISE, 4 volumes très grand in-4° à 3 colonnes : brochés......... **100 fr.** reliés en demi-chagrin.. **120 fr.**
SUPPLÉMENT au même ouvrage, publié par l'auteur, 1 volume très grand in-4° broché, 12 fr. ; relié en demi-chagrin............ **16 fr.**

LITTRÉ ET BEAUJEAN

ABRÉGÉ DU DICTIONNAIRE DE LA LANGUE FRANÇAISE tous les mots du Dictionnaire de l'Académie, néologismes, termes de sciences et d'art, prononciation, étymologie, locut. prover. et difficultés grammaticales, avec supplément historique, biograph. et géog. 1 vol. grand in-8 de 1300 pages, broché.. **13 fr.**
Cartonnage toile..... **14 fr.**
Rel. en demi-chagrin.. **17 fr.**

PETIT DICTIONNAIRE UNIVERSEL, extrait de l'ABRÉGÉ DU DICTIONNAIRE DE LA LANGUE FRANÇAISE, avec une partie mythologique, historique, biographique et géographique fondue alphabétiquement avec la partie française. Nouv. édition, conforme pour l'orthographe à la dernière édition du Dictionnaire de l'Académie. 1 volume in-16 de 912 pages cartonné............... **2 fr. 50**

G. VAPEREAU

AGRÉGÉ DE PHILOS., ANCIEN INSPECTEUR GÉNÉRAL DE L'INSTRUCTION PUBLIQUE

DICTIONNAIRE UNIVERSEL DES LITTÉRATURES, contenant : Des notices sur les écrivains de tous les temps et de tous les pays et sur les personnages qui ont exercé une influence littéraire, l'analyse et l'appréciation des principales œuvres individuelles, collectives, nationales, anonymes, etc. ; des résumés de l'histoire littéraire des diverses nations ; les faits et souvenirs intéressant la curiosité littéraire ou bibliographique ; les académies, les théâtres, les journaux et revues, etc., etc., 2e éd., avec supplément. 1 vol. grand in-8, de 2112 pages à deux colonnes, br. **30 fr.**
En sus : cart. percal. gauf., 2 fr. 75, demi-rel. chagrin, tr. jaspées. **5 fr.**

SOMMER

PETIT DICTIONNAIRE DES SYNONYMES FRANÇAIS. Définition, nombreux exemples et explication des principaux homonymes français. 15e édit., 1 vol. in-18 cartonné..... .. **1 fr. 80**

CAYOTTE

DICTIONNAIRE DES RIMES, classées d'après l'ordre alphabétique inversé et précédé d'un traité de versification française. 1 volume in-8, cartonné toile.............. **3 fr. 50**

CAUSERIES
DE
MORALE PRATIQUE

Le *Cours complet de morale*, rédigé conformément aux programmes de l'Enseignement secondaire des jeunes filles, 3º, 4º et 5º années, sous la direction de M. R. THAMIN, recteur de l'Académie de Bordeaux, comprend :

1º **Causeries de morale pratique**, rédigées conformément aux programmes de 3ᵉ année, par Mme TH. BENTZON, avec la collaboration de Mlle A. CHEVALIER. Un vol. in-16, cartonné. 3 fr.

2º **Morale théorique et notions historiques** comprenant : 1º *Un petit traité de morale théorique*; 2º *Des extraits des moralistes anciens et modernes*, rédigés conformément aux programmes de 4ᵉ année, par M. C. CHABOT, professeur adjoint à la Faculté des lettres de Lyon. Un vol. in-16, cartonné. 3 fr.

3º **Psychologie appliquée à la morale et à l'éducation**, rédigée conformément aux programmes de 5ᵉ année, par M. RAUH, ancien maître de conférences à l'École Normale supérieure, avec la collaboration de M. REVAULT D'ALLONNES, professeur agrégé de philosophie à l'École alsacienne. Un vol. in-16, cartonné. 3 fr.

COURS DE MORALE A L'USAGE DES JEUNES FILLES
Publié sous la direction de M. Raymond THAMIN

CAUSERIES
DE
MORALE PRATIQUE

PAR

Mme Th. BENTZON

AVEC LA COLLABORATION DE

Mlle A. CHEVALIER

CINQUIÈME ÉDITION REVUE

PARIS
LIBRAIRIE HACHETTE ET Cie
79, BOULEVARD SAINT-GERMAIN, 79
—
1913
Droits de traduction et de reproduction réservés.

EXTRAITS DES PROGRAMMES OFFICIELS
DE L'ENSEIGNEMENT SECONDAIRE DE JEUNES FILLES
(TROISIÈME ANNÉE)

Morale pratique
(Arrêté du 27 juillet 1897)

Le cours de Morale pratique doit se proposer de provoquer la réflexion, d'éclairer et de fortifier le sentiment, de développer le sens de la vie morale. C'est ainsi qu'il deviendra une préparation à l'enseignement moins concret de la morale théorique et de la psychologie. Méthodique et suivi quant au fond, ce cours sera varié de forme, entremêlé de lectures et de récits, et animé par la part directe que les élèves seront invitées à y prendre. A cet effet, on pourrait, par exemple, dicter à chaque leçon un sommaire très court qui fournirait la matière de la leçon suivante.

Il est désirable que les directrices se chargent elles-mêmes, autant que possible, du cours de Morale pratique.

I. *La Famille*. — Nécessité et bienfaits de la famille. — Devoirs des enfants et des parents, des frères et des sœurs, des maîtres et des serviteurs. — Rôle de la femme et de la jeune fille au foyer domestique. — Le respect dans la famille. — L'esprit de famille.

II. *La Société*. — Nécessité et bienfaits de la vie sociale. Solidarité.

1° La justice. — Respect de nos semblables dans leur vie, dans leur liberté, dans leur honneur et leur réputation. — La calomnie et la médisance. — Respect de nos semblables dans leurs croyances, leurs opinions, leurs sentiments, etc. — Respect de la propriété, des contrats et des promesses. — La probité. — L'équité.

2° La charité. — Bienfaisance. — Aumône; autres modes d'assistance.

Bonté, dévouement. — Bienveillance. — La politesse.

L'amitié. — Devoirs des amis.

La charité chez l'enfant et la jeune fille.

Devoirs relatifs aux animaux

III. *La Patrie.* — L'idée de la patrie. Le patriotisme. — L'État La Constitution et les lois.

Devoirs des citoyens. Obéissance aux lois, service militaire, impôts, vote.

Devoirs des nations entre elles. — La guerre, les devoirs des femmes pendant la guerre.

IV. *Devoirs personnels.* — Devoirs relatifs au corps. — La tempérance [1].

Devoirs relatifs aux biens extérieurs. — Le travail.

Devoirs relatifs à l'âme : sincérité, force d'âme, dignité et beauté morale. — Le perfectionnement moral et l'éducation de soi-même. — Les vertus féminines.

V. *Devoirs religieux.* — Rôle du sentiment religieux en morale. — Les sanctions de la morale; rapports de la vertu et du bonheur : la vie future et Dieu. — La tolérance.

---

[1] *L'alcoolisme.* — Effets de l'alcoolisme : Criminalité, suicide, accidents de travail. — Dommages causés par l'alcoolisme à la race, à la famille, à la société et au pays. — Ce que l'alcoolisme coûte à la France.

AVANT-PROPOS

Nous prions nos lectrices d'imaginer les différents chapitres de ce livre comme autant de causeries d'une grand'mère avec ses petites-filles. Elles s'en expliqueront ainsi le tour libre et le ton familier.

Ce ne sont pas en effet des leçons savamment déduites, des leçons de morale philosophique, mais celles que l'expérience de la vie et des consciences suffisent à dicter.

Nous espérons que dans ces conseils très féminins, maternellement proposés aux jeunes filles, celles-ci trouveront la marque des sympathies ardentes et profondes qui les ont inspirés.

CAUSERIES
DE
MORALE PRATIQUE

PREMIÈRE PARTIE
LA FAMILLE

PREMIÈRE CAUSERIE
Nécessité et bienfaits de la famille.

Ne vous est-il jamais arrivé, dans un de ces longs trajets en chemin de fer qui font parcourir tout un pays à vol d'oiseau, de compter du regard ces toits isolés ou pressés, habitations modestes ou plus luxueuses semées dans la campagne, villages blottis autour de leur clocher, et parfois, aux abords d'une ville, quelque cité ouvrière dont les maisonnettes uniformes s'alignent comme des soldats à la parade? Devant la masse des maisons de la ville elle-même, n'avez-vous pas songé aux ruches des abeilles, aux nids des fourmis, vous disant que dans cet univers très vaste, l'homme, comme s'il craignait de s'y perdre, éprouve le besoin d'enclore sa vie, d'en limiter l'espace, de se créer un centre, ce que le Français appelle d'un mot qui a bien sa valeur : un foyer? Le foyer, lumière et chaleur, la famille groupée autour de la grande cheminée d'autrefois : l'idée d'isolement est en effet exclue par ce mot même et notre langue n'a peut-être rien de plus triste que cette expression : un foyer solitaire.

Le foyer implique un groupe familial, père, mère, enfants, souvent un aïeul. Il veut quelqu'un qui entretienne sa flamme et l'esprit n'hésite pas à identifier ce quelqu'un avec la femme, centre de la famille, « âme du foyer ».

Comme les villes sont faites de toits rassemblés dont chacun abrite le développement d'une ou de plusieurs vies humaines, de même la société, la nation, l'humanité sont faites d'agglomérations de familles. L'homme n'est pas né pour vivre seul et son premier groupement, le plus immédiat, celui qui l'enserre de plus près, c'est la famille : dès sa naissance, la famille dont il est issu, où il grandit et se développe; plus tard, la famille qu'il fonde; puis les familles qui sortiront de lui par ses enfants.

Le rôle social de la famille est donc très large et très beau; il faut y voir le cadre de la vie de chacun de nous, l'école où nous nous formons, le champ où nous mettons d'abord en œuvre les vertus dont nous devons par la suite étendre l'action à tous nos semblables. Sans l'influence bienfaisante de la famille, l'égoïsme instinctif chez l'être humain, la nécessité de la lutte continuelle empêcheraient fréquemment que l'amour de soi cédât le pas à l'amour du prochain. La famille, c'est encore nous, quand il s'agit de nos parents et de nos enfants. Souffrances et joies nous sont plus accessibles chez des êtres tout proches de nous-mêmes, d'autant que souvent nous les ressentons avec eux. On apprend ainsi peu à peu à concevoir ce qui se passe dans d'autres foyers plus ou moins éloignés du nôtre. De la parenté, notre sympathie s'étend aux amis, à l'entourage, aux gens de la même nation, et l'âme, s'élargissant toujours, arrive à embrasser toutes les joies et toutes les souffrances humaines.

Ce qui prouve le rôle providentiel de la famille, sa place indispensable dans la société, c'est précisément qu'elle se soit constituée. Elle donne des joies, mais, toute joie se payant, elle impose aussi des gênes et multiplie les occasions de souffrir. Plus on s'aime et plus on souffre d'imperceptibles divergences qui vous laisseraient froids chez des indifférents. Il y a en outre les peines communes à tous, deuils de cœur, revers de fortune, il y a le fardeau écrasant de la responsabilité. A première vue, on pourrait donc croire que la devise « chacun pour soi », si parfaitement odieuse, répond beaucoup mieux à nos intérêts matériels. Mais chaque fois que cette devise mensongère et funeste a dominé, chaque fois que l'idée de famille s'est affaiblie, le niveau de la civilisation s'est abaissé en même temps. Le respect de la femme, la protection de l'enfance sont intimement liés à cette idée, et toutes les nations fortes ont eu le culte de l'esprit de famille. D'ailleurs la famille répond à un double besoin inhérent au cœur de l'homme et qui a été mis en lui pour assurer la continuation de la race : le besoin d'affections et le besoin de prolonger sa vie, de se survivre dans des enfants qui seront encore lui.

Chacun de nous n'est qu'un anneau de la même chaîne; nous ne pouvons nous séparer de ce qui nous a précédés et de ce qui nous suivra. Nous travaillons à notre perfectionnement sur un fond de nature morale que nos parents nous ont transmise, que le milieu, les conditions de notre vie, de notre situation ont développée. Nous sommes liés à ce milieu de famille par les fibres les plus intimes de notre être, et lorsqu'un nouveau rameau se détache de l'arbre, lorsqu'une nouvelle famille se fonde, elle puise dans ce passé de traditions, d'instincts et de penchants une part de sa vie. Quand notre caractère reproduit les qualités d'un aïeul, même éloigné, qui donc niera que des liens ne nous attachent à lui et qui ne se sentira obligé de respecter en soi-même, d'accroître par de constants efforts cet héritage moral? Il nous est remis comme un dépôt devant aller à d'autres. Chez des esprits généreux, une telle idée peut devenir le plus puissant mobile de perfectionnement.

Pas un homme, si modeste soit son origine, qui ne cherche avec ardeur dans le passé des siens ce qui s'y trouve d'honorable. La famille a ainsi ses annales où chacun se doit d'écrire un chapitre digne de ceux qui l'ont précédé. Le fait du même nom qui groupe en une individualité collective une série de générations n'est-il pas un symbole? Tout ce que nous faisons de bien, tout ce qui nous améliore, nous élève et nous grandit, la famille en a sa part; tous nos torts, toutes nos erreurs, elle en portera le poids. On voit une famille changer de nom après le déshonneur d'un de ses membres. Un seul a été coupable, tous cependant se sentent plus ou moins solidaires.

Quoi que nous fassions, nous ne pouvons nous isoler. Mais quelle douceur de se dire que la renommée acquise, le succès atteint ne l'est pas pour nous seuls, que d'autres, intimement liés à nous, en auront leur part de bonheur et de gloire! Quelle satisfaction aussi de savoir que le souvenir laissé par un père honnête et loyal, par une mère vaillante, nous entoure jusqu'au bout, qu'il répond de nous à travers la vie! En parlant des enfants, on évoque le bien que leurs parents ont fait, et celui qu'ils accomplissent à leur tour grossit pour d'autres ce trésor accumulé de bonne renommée sur lequel la famille vit et prospère. Il y a dans cette pensée un puissant motif d'activité, et aussi un préservatif contre la part de vaniteux égoïsme qui pourrait se mêler trop facilement au légitime orgueil de nos mérites acquis. Rien ne sera perdu de ce que nous aurons inséré dans cet enchaînement séculaire d'actions bonnes et utiles. Tout en travaillant pour nous-mêmes et pour nos proches, nous puisons dans le passé et nous influons sur l'avenir non seulement de notre nation, mais de l'humanité.

Nos commencements décident bien souvent de notre destinée entière; les impressions de l'enfance, tracées sur une feuille blanche, restent ineffaçables. La famille est comme un berceau ménagé à l'être moral du petit enfant, aussi délicat, aussi frêle que son être physique, et il importe que ce berceau ne soit exposé à aucune secousse malencontreuse. Si la maison est paisible, si elle n'abrite que des existences sereines, l'enfant y apprendra le nécessaire, c'est-à-dire à vivre, à aimer ; ce n'est pas chose si aisée ni si naturelle qu'on le croit.

Les affinités de la parenté, la vie commune de chaque jour prédisposent aux affections, c'est-à-dire à l'identification avec d'autres êtres. Les soins moraux de ses parents sont plus indispensables encore à l'enfant que les soins matériels, les seuls cependant auxquels on semble songer, lorsqu'on dit que la famille a été créée pour lui. Il est vrai qu'il en est l'élément principal et qu'un couple sans enfants n'est pas à proprement parler une famille. Mais la famille ne se rompt ni ne se dissout le jour où les enfants ont grandi, où l'éducation cesse. Si elle est un être collectif, elle est aussi un être vivant qui naît, se développe et ne meurt que pour renaître et se multiplier. Elle a ses intérêts, ses droits, ses devoirs, ses joies, ses souffrances collectives ; c'est ce qui en fait la nécessité et la valeur.

Avez-vous rencontré de ces gens qui, par un hasard assez rare, sont sans famille aucune ? Ils nous font un effet étrange, nous apparaissant comme perdus à travers le monde. Plus indépendants, certes, n'ayant ni traditions, ni devoirs qui les lient ; pourtant, s'ils ont le cœur vraiment noble, cette absence de chaînes leur sera un supplice ; ils réussiront à *se donner* quand même par la bienfaisance et par l'amitié, car l'âme humaine a besoin de former autour d'elle ce cercle que notre impatience trouve parfois étroit et gênant; dès qu'il nous manque, soit que le sort nous le refuse, soit que nous l'ayons brisé, nous cherchons, comme malgré nous, à le rétablir. C'est la loi.

Avant tout, la famille impose le sacrifice de l'égoïsme. Je ne veux pas dire, bien loin de là, qu'il n'y ait pas d'égoïstes dans les familles; ce vice, le plus général de notre temps, y grandit à l'aise, puisqu'il a le dévouement des autres pour complice. Un seul égoïste suffit à ruiner la paix de tous les siens et à gâter leur vie sans remède. Ceci n'est pas niable. Il existe aussi des familles où l'on pratique l'égoïsme à plusieurs, où l'on s'associe pour être plus forts contre autrui. Celles-là faussent indignement leur mission, car tous les devoirs se tiennent et la morale ne permet d'être perfide et déloyal dans l'intérêt de personne; mais n'oublions pas qu'en ce monde, le bien a toujours le mal pour revers. Somme toute, les meilleurs moyens de combattre l'égoïsme viennent encore de la famille.

Par sa constitution, elle lui oppose des obstacles. Nous ne nous y sentons jamais libres, en agissant, de ne considérer que nous-mêmes; il nous faut tenir compte, bon gré mal gré, des résistances que notre volonté injuste va rencontrer, des conséquences qui en retomberont sur nous. L'affection et l'instinct conspirent à nous guérir. La vie, avec ses duretés inévitables, obtiendrait peut-être aussi ce résultat, mais moins sûrement, et elle soulève en nous plus de révoltes. Il vaut mieux que la famille nous y prépare, qu'elle soit l'école de l'enfant avant qu'il se répande au dehors. Nous y apprenons de bonne heure que chacun de nos actes n'affecte pas que nous seuls, que d'autres en recevront le contre-coup. Nous y subissons en outre la contagion de l'exemple; on nous y fait une sorte de point d'honneur de suivre le chemin tracé. Chez les enfants d'une même famille se montrent, malgré des caractères très divers, certaines similitudes dans les grandes lignes, une manière analogue de comprendre le devoir, le travail, la loyauté. Même chez les dévoyés, les traînards, chez ceux qui restent en arrière ou prennent les mauvais chemins, subsiste un sentiment de déchéance qui peut à un jour donné favoriser le relèvement. Et puis si la famille exige beaucoup, elle donne beaucoup aussi. A plusieurs, on est fort contre les soucis quotidiens, contre les peines, les fatigues, la maladie et même contre la mort.

Qu'un membre de la famille disparaisse, les rangs se resserrent, l'absent n'est pas oublié, sa place demeure vide, mais on s'efforce de suppléer à ce qu'il eût fait, on s'appuie davantage les uns sur les autres. Les deuils sont aussi profonds qu'ils peuvent l'être pour le solitaire, ils ne sont jamais aussi désolés. Et de toutes ces épreuves surgissent, à côté des joies hautes et sévères de la conscience satisfaite, de petites joies fréquentes, presque innombrables : gaieté du nombre, échange des pensées, association pour le travail, plaisirs en commun dont le souvenir restera une fête commune, présents réciproques, d'autant plus précieux lorsqu'une privation les aura payés, ordre et charme de l'intérieur auxquels tous contribuent.

De ces familles modèles, nous en connaissons, Dieu merci; mais il y en a d'autres, il y en a beaucoup d'autres qui ne leur ressemblent guère. On s'y querelle sans cesse, chacun y va de son côté, s'efforçant de tirer à soi tous les avantages; on ne s'aime que de façon très intéressée ou, pour mieux dire, on ne s'aime pas. L'observateur superficiel de cet état de choses lamentable en profite pour déclarer que la famille est une institution démodée, oppressive, dont il faut dégager, dès qu'on le peut, son individualité. Un grand mot sur lequel nous aurons l'occasion de revenir.

Hélas! la patience, le dévouement, la simplicité sont des choses de jour en jour plus démodées, elles aussi, et il est vrai que la famille vit de tout cela. Elle ne saurait devenir une association d'égoïsmes, sans périr immédiatement. Des familles qui bornent leur idéal à poursuivre la jouissance ou l'intérêt du moment sont nouées en effet d'un lien beaucoup trop lâche, que le premier choc détachera. Il faut d'autres mobiles, d'autres aspirations, il faut — comme le dit si bien Jules Simon — mettre dans cette grande chose de l'éternité.

DEUXIEME CAUSERIE

Devoirs des enfants et des parents.

La famille simplifiée, réduite à ses éléments principaux, se présente à nous sous le triple aspect du père, de la mère et de l'enfant. Quand l'enfant est très jeune, il semble qu'il appartienne particulièrement à sa mère. Sur celle-ci en effet reposent tous les soins du premier âge. Le père, absorbé par ses affaires, ne peut guère s'intéresser qu'en passant aux dispositions vaguement indiquées de l'être à venir qui est en germe chez le bambin.

La mère s'attache à lui au contraire en raison de la peine qu'il lui coûte. On voit des jeunes femmes, uniquement occupées d'elles-mêmes jusque-là, changer sous ce rapport le jour où elles ont un enfant. Et, par parenthèse, la transformation aurait peu de prix si elle devait s'arrêter au sentiment maternel. Il ne suffirait pas d'être une mère dévouée, en restant sur d'autres points une créature égoïste, capable, si elle le pouvait, de découper l'univers par menus morceaux pour le donner en pâture à des enfants qui sont encore elle, toujours elle, le *moi* multiplié en plusieurs exemplaires. L'égoïsme deviendrait plus étendu, il ne serait ni moins profond, ni moins détestable. Mais heureusement cette monstruosité est rare. Chez la plupart des femmes, l'instinct maternel élève le cœur au contraire et l'agrandit. Elles ne perdent rien à aimer leurs enfants par-dessus tout. On peut cependant les mettre en garde contre l'inconvénient de les aimer mal; le mauvais côté de l'éducation actuelle est non pas de négliger les enfants, mais de s'en occuper avec excès, d'en faire des tyrans.

Un travers de certaines jeunes mères modernes serait aussi d'accorder trop de prédominance aux soins matériels. On a tant répété aux femmes qu'elles devaient, pour être vraiment mères, ne s'en remettre qu'à elles-mêmes des détails d'hygiène, ne pas se contenter « de gâter l'enfant par d'autres mains lavé[1] », qu'elles courent le risque, tout en rendant au corps des soins minutieux, de ne pas songer au reste. L'enfant bien soigné, bien pomponné, peut être cependant pénétré à l'excès de l'importance de sa petite personne et posséder en germe déjà une foule de défauts, que sa jeune maman, satisfaite de jouer avec lui comme à la poupée, ne s'efforce pas assez de combattre.

Il n'y a point à se dissimuler que nombre d'enfants sont trop choyés, trop gardés, trop protégés; on pense pour eux et constamment à eux, on ne leur laisse courir aucun risque, on écarte toutes les pierres de leur route au lieu de souffrir qu'ils s'y

1. Émile Augier, *la Jeunesse*, comédie.

heurtent et se blessent à titre de leçon. Tout leur est dédié pour ainsi dire, ils sont jusqu'au cou dans de la bonne ouate bien tiède et bien douce. Comment veut-on que l'esprit d'initiative leur vienne, qu'ils sachent jamais prendre un parti énergique? L'autorité des parents ne doit donc pas jouer le rôle de lisières, mais plutôt se ménager pour être efficace dans les grandes occasions. Puisqu'un jour cessera la direction de toutes les minutes, il est bon que l'enfant sache pourquoi il agit, qu'il soit en conséquence ramené autant que possible par la raison. Cette raison, le père est supposé la représenter dans l'autorité, tandis que la mère représente la tendresse et la douceur, mais le partage n'a rien de rigoureux. Bien entendu, pour l'éducation des filles, les détails de chaque heure reviennent à la mère; il lui faut des trésors de patience et de bonté, il faut qu'elle possède l'art des nuances, qu'elle sache céder parfois et parfois rester inflexible.

On n'en dira jamais assez sur l'infatigable dévouement de la mère de famille. Aussi la plupart des hommes supérieurs ont-ils été en tous pays les *fils de la femme*. Une mère intelligente avait puissamment agi sur eux. Laissons de côté l'antiquité et les vies des saints, Cornélie auprès des Gracques, sainte Monique auprès de saint Augustin. Nous avons eu, parmi nos reines de la troisième race, une régente de génie : Blanche de Castille, après avoir procuré le calme à ses États par la force des armes et d'une savante politique, leur donna un grand roi, Louis IX. Un historien contemporain nous la montre enseignant à son fils comment le prince auquel est confiée la charge d'un peuple « se doit maintenir envers ses sujets », chose bien remarquable dans un temps où l'on était disposé à croire les peuples créés pour les rois plutôt que les rois pour les peuples, — et lui répétant qu'elle aimerait mieux le voir mourir que commettre une mauvaise action. Ce ne sont pas là précisément des paroles de « tendre mère » au sens de mère indulgente et faible ; un père n'eût pas mieux dit. Et certainement la mâle éducation donnée à Henri de Navarre par sa mère contribua en grande partie à faire de lui notre Henri IV. Antoine de Bourbon, si faible et si léger, ne fut pour rien dans les grandes qualités de son fils. Il n'aurait pas su, comme Jeanne d'Albret, conduire à de glorieux périls le prince à peine adolescent et, après la défaite de Jarnac, haranguer l'armée, rallier des troupes découragées, ressaisir ses États, négocier avec trois puissances ennemies.

D'autre part, le père prend souvent un grand ascendant sur ses filles, bien qu'il ne se réserve que la direction générale de leur éducation. Exemple : Mme de Staël ; elle avait certainement plus d'affinités avec son père qu'avec sa mère, si distinguée d'esprit que pût être celle-ci.

Voici ce qui arrive, lorsque les parents se consacrent tout de bon à l'éducation de leurs enfants ; chacun d'eux leur prête les qualités distinctives de son sexe. La mère communique à ses fils plus de délicatesse et de cœur en affinant toutes leurs perceptions ; elle les féminise dans le meilleur sens du mot ;

le père de son côté trempe virilement l'intelligence de sa fille, il lui inculque une droiture, une loyauté à toute épreuve, la résistance aux impressions trop vives et parfois la passion de l'étude, il en fait un honnête homme, ce qui ne nuit jamais à une honnête femme.

Dans l'éducation ainsi comprise, les parents posent le devoir comme règle et fondement de la vie. Ils l'enseignent par l'exemple. Ne jamais dire : « Je ne peux pas », quand il s'agit, soit d'une tâche à accomplir, soit de résister au mal, tel est le premier précepte. Se bien conduire instinctivement ne suffirait point, il importe que la conscience soit active et non passive. Le devoir est une consigne avec laquelle on ne transige jamais. Que les parents incarnent ce devoir austèrement compris et que l'enfant sache bien qu'ils sont les premiers à lui obéir. « Faire des hommes », c'est la tâche qui leur est assignée. Un grand esprit, Joseph de Maistre, attribue spécialement cette tâche à la mère. L'histoire a montré cette tâche souvent bien remplie; mais, dans la vie quotidienne, les mères manquent souvent de l'héroïsme spartiate, les pères aussi du reste. Sous prétexte que leurs enfants souffriront assez plus tard, elles leur épargnent trop volontiers tout contact avec les réalités de la vie. Le jeune garçon, la fillette grandissante qui ne soupçonnent pas les soucis de leurs parents ne peuvent en prendre leur part. Le résultat de ces ménagements mal compris est une sèche indifférence. Si les parents n'attristent jamais de leurs chagrins cette jeunesse privilégiée, où donc celle-ci apprendra-t-elle la sympathie? S'ils ne veulent pas l'effrayer par l'idée de la maladie et de la mort, que fera-t-elle le jour inévitable où elle les rencontrera sur son chemin? Il est nécessaire que l'enfant soit initié, dans la mesure que son âge comporte, aux préoccupations qui l'entourent. Qu'il n'imagine pas surtout ses parents plus riches qu'ils ne le sont. Il a bien assez de pente à s'exagérer la fortune dont il profite, tout lui venant à souhait sans qu'il ait la peine de se le procurer. Je veux que le petit garçon sache que son père travaille, et que lui aussi devra travailler plus tard; que les petites filles soient initiées aux dévouements de détail qui sont le partage de la mère et de la maîtresse de maison; que l'un et l'autre se rendent compte de l'utilité d'une sage économie, qu'ils prennent leur juste part des charges de la famille en renonçant pour cela, sans hésiter, à un plaisir. Un enfant né avec de bons instincts peut devenir hautain ou égoïste par le fait de son éducation. A force de penser à lui, on le déshabitue de penser aux autres.

Parmi les premiers devoirs des parents envers les enfants, je placerai donc l'enseignement de cette idée de sacrifice qui est à la base de toutes les choses grandes et fortes. Je demanderais aussi que le gouvernement de soi-même fût peu à peu accordé à l'enfant. Une mère américaine m'a dit : « Mettre sous clef des bonbons, c'est priver l'enfant d'un droit sacré, celui de se contraindre lui-même. »

Il y a une jolie histoire de petit prince — c'était le futur empereur Alexandre II de Russie, — qui m'a semblé, quand je l'ai lue, s'appliquer tout à fait à l'usage qu'une jeune fille, par exemple, doit faire de la dose de liberté qu'on lui permet. Pour éviter qu'il ne s'exposât au froid qui entrait par une fenêtre, la gouvernante avait tracé sur le parquet de son appartement une grande raie blanche en lui recommandant de ne pas la dépasser. Sur quoi, le prince, de crainte que l'ardeur du jeu ne l'emporte à une désobéissance, s'arme d'un morceau de craie et trace une autre barre en deçà de la première, se défendant de franchir même celle-ci. Chacun sera d'avis que les éducateurs sont tenus de régenter le moins possible un petit prince aussi parfaitement maître de lui.

Par malheur, en tout pays, je crois, la pratique de la discipline volontaire est rare et la surveillance, la direction s'imposent pour y suppléer. Cette surveillance, cette direction n'empêcheront pas, mais régleront le développement du caractère. Avoir du caractère est indispensable, et cela commence souvent par avoir un mauvais caractère. Aux parents appartient la tâche de le former sans le briser, de toucher avec délicatesse un mécanisme subtil dont on peut aisément fausser les rouages. Tout le monde connaît l'anecdote de Mérimée enfant, qui, comme il sortait, pénétré de repentir, de la chambre où il venait de recevoir une semonce, entendit rire et plaisanter de son émotion. Il se jura de n'en plus témoigner jamais et se fit artificiellement l'âme d'un sceptique.

Les parents ont en somme beaucoup plus de devoirs encore que de droits. Leurs enfants leur appartiennent sans doute, mais ils appartiennent également à leurs enfants, pendant toute la période de l'éducation où ceux-ci ne peuvent se passer d'eux. Ce qui le prouve, c'est que la loi a prévu le cas où des parents dénaturés abandonnent ou maltraitent leurs enfants ; des peines sévères sont alors très justement appliquées. L'autorité des parents s'appuie sur la responsabilité qu'ils ont prise envers la société, en fondant une famille ; voilà pourquoi la charge, charge d'âmes s'il en fut, est très lourde et très grave. Les jeunes filles, appelées pour le plus grand nombre à être mères, ne sauraient trop y réfléchir.

Les parents doivent à tous leurs enfants la vie matérielle, les soins nécessaires, l'éducation qui répond à leur condition, et l'impartialité les oblige à ne faire entre eux aucune différence, à ne pas donner aux uns des avantages dont les autres ne jouiraient point. L'État, au nom de l'intérêt général, lequel prime les intérêts particuliers, intervient donc ; car l'homme, que sera plus tard cet enfant, appartient au pays, les forces qu'il représente pour la patrie ont le droit d'être sauvegardées. La puissance de l'État limite et contrôle la puissance paternelle : citons comme exemples la réglementation du travail des enfants dans les manufactures, ou encore les mesures prises pour l'enfant que la loi retire à des parents indignes, déclarés déchus de leurs droits sur lui. De là aussi le principe de l'instruction obligatoire. Il y a également un droit que l'État enlève aux parents, en France du moins, c'est celui de disposer de leur fortune. La liberté testamentaire est une question complexe fort discutée. Dans certains pays, les parents, ayant élevé leurs enfants, sont regardés comme quittes envers eux et peuvent disposer de leurs biens, les partager inégalement, les détourner même de la famille en les appliquant à des fondations d'intérêt général. En France, la loi exige le partage égal entre tous les enfants, ne faisant exception que pour un quart de la fortune, lequel reste disponible au gré de son possesseur.

Le droit d'aînesse était un des grands griefs de la Révolution contre l'ancien Régime; elle l'a fait complètement disparaître. Pour revenir à la liberté des partages, il faudrait, avant de l'établir, que notre société fût remaniée de fond en comble. Et je ne suis pas sûre que cette réforme suffirait à développer l'esprit d'initiative, rien qu'en créant des obligations de travail plus impérieuses. Il faudrait en outre que l'éducation fût différente. Le grand tort des éducations modernes est non seulement que l'enfant compte hériter de ses parents, mais qu'il est souvent élevé comme s'il devait hériter de leur fortune entière au lieu de la partager. Je vois des familles où tous les enfants ont des goûts, des habitudes d'enfant unique quand il s'agit de dépense. Trop d'importance leur est certainement accordée, on montre trop de souci de les amuser, — s'amuser étant de nos jours, et pour tous, le premier but de l'existence.

Nous sommes loin des civilisations antiques qui donnaient au père le droit de vie et de mort sur sa progéniture. Non, certes, qu'il y ait lieu de regretter ce dur passé effacé à tout jamais par les idées de progrès et de miséricorde. Je ne regrette même pas ce qui en subsistait encore au moyen âge, malgré les combats livrés par le christianisme à de terribles abus; mais j'avoue qu'en revanche, je regrette un peu parfois, en présence d'autres abus presque aussi déplorables, l'autorité paternelle si respectée des derniers siècles. Car enfin si les devoirs complexes et nombreux des parents peuvent se résumer dans cette belle expression : élever l'enfant, c'est-à-dire lui enseigner que le but de la vie n'est pas de se procurer à tout prix du bonheur, le porter vers les régions supérieures du Bien et du Beau, éveiller en lui la conscience, il est clair que, pour rendre leur tâche possible, l'enfant doit de son côté se laisser élever. De sa part, la soumission est nécessaire.

Mais cette soumission, dira-t-on, est l'effet tout naturel de l'amour filial qui est un sentiment instinctif.

J'avoue, ne connaissant rien de bon qui soit purement instinctif, que je serais plus sûre de ce sentiment et de ses effets s'il était, en même temps que si naturel, quelque peu raisonné. L'amour filial instinctif est d'un ordre inférieur. Il ressemble fort au sentiment du petit animal qui cherche des soins. Ceci est bon pour le premier âge, mais ensuite l'amour doit prendre un caractère plus noble. C'est affaire des parents, tout en se dévouant, de faire apprécier la valeur et le caractère de ce dévouement. N'arrive-t-il pas qu'un enfant considère sa mère comme *sa chose*, tout simplement? Elle y trouve une jouissance, car rien n'est plus doux que de se sentir indispensable aux êtres que l'on chérit, mais si elle n'a pas le courage de se défendre, l'enfant deviendra vite un tyran. Il aimera sa mère comme il aime à bien déjeuner lorsqu'il a faim, il se regardera comme le centre de la famille.

C'est encore aux parents à lui enseigner que chacun de nous n'a droit qu'à sa part légitime, sans empiéter sur autrui, et que notre importance se mesure à l'action utile que nous exerçons. Or, l'enfant a tout à apprendre, il reçoit de tous et ne peut rendre aucun service : on ne lui demande que d'aimer et d'être docile envers ceux qui l'aiment. Bien que dans le cœur et la pensée de ses parents il occupe la première place, il est tenu à se contenter de la seconde dans la vie de famille proprement dite. Tout le lui impose, son âge, son inexpérience, la nécessité d'une hiérarchie et aussi ce fait que, n'ayant pas de responsabilité, il ne peut avoir de prétention à dominer; ses opinions et ses idées, n'étant pas mûries, sont sans valeur pratique. Cela n'empêche pas que l'on voie des petits garçons, des petites filles donner leur avis, l'imposer même, de sorte que rien ne se fait que par eux. Pauvres enfants, qui seraient ridicules si on pouvait l'être à leur âge! Ne croyez pas pourtant que je blâme trop fort ces petits hommes et ces petites femmes en germe; ils n'ont pas encore reçu la grande leçon de la vie qui, par le frottement, fait de nous des médailles à demi effacées. Leur empreinte est neuve, il n'est donc pas mauvais qu'elle soit nette et franche. Mais les parents sont tenus de les ramener à la juste appréciation de tout ce qui leur manque pour être quelqu'un.

La docilité qu'ils exigeront d'abord ne suffirait pas sans la confiance qui est l'élément indispensable de toute bonne éducation. L'enfant doit se montrer naïvement ce qu'il est, sans mettre un amour-propre absurde à devenir une vivante énigme. Il y a parfois entre parents et enfants d'étranges incapacités de se comprendre qui tiennent à ce que les uns ne pratiquent pas cette pleine ouverture de cœur et que les autres ne savent pas l'obtenir. Les jeunes filles surtout, quand elles grandissent, sont atteintes parfois de ce travers ; elles se piquent d'être de petites boîtes bien closes dont la clef est perdue. Si l'on ouvrait la boîte, on n'y trouverait peut-être pas grand'chose, une colossale vanité d'enfant avec une non moindre timidité, qui met sous scellés les émotions, les idées, de peur qu'on ne les critique. La mère hésite parfois à forcer la confiance et, pendant plusieurs années, l'éducation tâtonne, les défauts croissent. C'est ce qu'on appelle « l'âge ingrat ». Plus tard, cela changera : la première expérience de la vie adoucira ces angles, mais il sera peut-être trop tard pour revenir sur des habitudes prises, et le mur élevé par l'enfance subsistera dans la jeunesse.

Obéissance, sincérité, respect, voilà les devoirs très simples des enfants envers leurs parents ; devoirs faciles quand les parents sont bons comme c'est la règle presque générale ; mais, l'éducation que reçoit l'enfant serait-elle sévère jusqu'à la dureté, celui-ci n'aurait encore aucune excuse pour manquer à des lois dont rien au monde ne peut l'affranchir. Il saura gré à ses parents des soins qu'ils lui ont donnés, même s'il n'en a pas senti la douceur. Car sans leur protection, sans leur vigilance, que serait-il? La chétive créature n'aurait pas vécu un jour.

Il existe, hélas, des pères despotes, des mères indifférentes; il existe, quoiqu'on ne les rencontre guère, des parents tout à fait mauvais. Comment doivent se conduire à leur égard les malheureux enfants? Renvoyons-les à l'Ancien Testament, au manteau jeté par les fils de Noé sur leur père en état d'ivresse. Ces enfants-là doivent s'efforcer de ne pas voir les torts de leurs parents, agir du moins comme s'ils ne les voyaient pas, et garder le silence envers tous sur les plaies navrantes de la famille. Mais ne nous arrêtons point à l'exception. Le plus souvent, les parents ne pèchent que par excès de tendresse, et il est facile de leur répondre par de la soumission Même après notre jeunesse, quand ce devoir absolu fait place à la simple déférence, le devoir de la gratitude et du respect subsiste toujours. La gratitude se manifeste dans la vieillesse des parents; fils et filles leur doivent alors tout ce qu'ils ont reçu d'eux pendant leur enfance, la nourriture, les soins corporels, une continuelle sollicitude. Les rôles sont changés; au vieillard, la vie passive où l'on est obligé de recevoir, aux enfants devenus hommes, la vie active avec la joie de donner. La mort vient vite; dans la vieillesse, les années sont des années de grâce. Il faut se hâter d'y mettre le plus de tendresse possible pour qu'au jour de la disparition de nos parents, il ne nous reste au cœur nul remords d'avoir manqué de dévouement, nul regret du temps perdu pour s'aimer.

TROISIÈME CAUSERIE

Rôle de la femme au foyer domestique.

En ce moment où tant de carrières, fermées aux femmes jusqu'ici, s'ouvrent tout à coup devant elles, il est intéressant de chercher quel est le rôle précis de la femme en ce monde.

J'en suis encore à la réponse de Mme Necker de Saussure[1] : « Les femmes sont appelées à perfectionner la vie privée, à l'animer, à l'embellir, à la sanctifier. » Comme Mme Necker, je trouve que la tâche est considérable, la vocation sublime et que c'est une erreur de croire qu'elle enferme l'influence féminine dans l'enceinte restreinte du logis domestique. En améliorant la vie de famille, la femme agit sur les opinions et sur les mœurs; en élevant les enfants, elle prépare la destinée future des sociétés. « Rien de bien ni de mal dans ce monde-ci ne se fait sans les femmes », déclare Joseph de Maistre. Fénelon dit aussi : « La mauvaise éducation des femmes fait plus de mal que celle des hommes, puisque les fautes

---

1. Mme Necker de Saussure, *Éducation progressive.*

des hommes viennent souvent de la mauvaise éducation reçue de leur mère [1]. »

On agite beaucoup une question oiseuse : la femme est-elle inférieure à l'homme ? Elle n'est pas inférieure, mais elle est autre, puisque l'homme et la femme se complètent. L'idéal serait un ménage où rien ne se ferait que par l'entente commune, chacun apportant ce qu'il a de lumières pour décider en parfait accord. Celui-là est supérieur qui se dévoue le plus. Dans la famille, l'un est ministre de la recette, l'autre de la dépense, et les deux fonctions exigent autant d'assiduité et d'abnégation l'une que l'autre. On a souvent démontré que ce sont les femmes qui ruinent ou soutiennent les maisons. Écoutons encore Fénelon : « Elles règlent tout le détail des choses domestiques et par conséquent décident de ce qui touche de plus près à tout le genre humain [1]. » Voyez comme il grandit une tâche que l'on essaie parfois de rabaisser !

Ceci ne veut pas dire qu'il leur soit interdit de travailler autrement pour leur propre compte, quand des goûts marqués ou quand la nécessité les y force, mais dans la vie de famille, qui est le partage de la plupart d'entre elles, que la femme sache au moins respecter le travail de son mari ! C'est plus rare qu'on ne croit. Ne pas le troubler par des exigences mondaines, se faire une obligation de l'ordre et de l'économie pour ne point l'obliger à se surmener afin de grossir ses revenus, être économe de l'argent qu'il a gagné, voilà son premier devoir. Elle-même sera un facteur

---

1. Fénelon, *Éducation des filles.*

actif dans le ménage; car l'attention de toutes les heures à tous les détails est souvent plus pénible qu'un travail qui implique la lutte et le plaisir de la difficulté vaincue. Intelligemment soumise à l'autorité du chef de famille, non pas en subalterne, mais en associée vaillante qui sait qu'il importe que la volonté et l'impulsion soient une, elle se sentira dans cet intérieur, qui est son domaine, le soutien sur lequel tout repose. Sachant ce qu'elle veut et où elle va, elle trouvera une jouissance sérieuse et élevée à faire de la prospérité du foyer son œuvre, son chef-d'œuvre, pourrait-on dire, car en certains cas la volonté féminine accomplit des merveilles. La nature a destiné les femmes à la vie de famille; elles sont formées pour l'association; le mobile le plus puissant sur elles sera toujours le bonheur d'autrui. Elles connaissent beaucoup moins que l'homme l'égoïsme de la lutte pour la vie, et, même de notre temps où l'existence, cette âpre initiatrice, se charge trop souvent de le leur enseigner, elles gardent la tendance aux élans de cœur, aux sacrifices, même inutiles.

C'est dans les chagrins et les épreuves qu'il faut les juger, dans ces héroïsmes obscurs dont chaque jour amène l'occasion. Auprès des malades, par exemple, elles déploient des ressources d'énergie souvent ignorées. Presque toutes les femmes sont de bonnes infirmières; les soins minutieux à donner mettent en jeu leur qualité dominante qui parfois tourne en exagération : l'attachement scrupuleux, formaliste aux petites choses. La femme voit juste, elle ne voit pas toujours assez large, de même qu'elle attache souvent une importance excessive à la forme, à tout ce qui paraît, quitte à négliger un peu le fond. Telle quelle, avec ses qualités et ses défauts, elle est le centre de la famille. Quand la mère s'en va, il semble que le foyer s'éteigne.

Dans son intérieur, elle exerce une sorte de souveraineté, non seulement en animant de son impulsion les rouages délicats du ménage, mais en influençant les âmes. Ses devoirs, enfermés dans un cercle déterminé, communiquent à toutes ses démarches leur précision et leur clarté ; lorsqu'elle s'en acquitte pour le bien de tous, elle éprouve la satisfaction de se sentir indispensable et d'en être plus aimée par son mari, ses enfants, par tous ceux qui dépendent d'elle et à qui elle donne son temps, son âme.

Je connais des femmes qui arrivent à ne plus vivre de leur vie propre, mais de toutes ces vies qui les entourent. Nous serions tentés de leur rappeler que chacun a aussi des devoirs envers soi-même, mais comment condamner une erreur qui provient de l'excès d'abnégation?

On considère la femme avant tout comme mère et comme épouse, le mariage étant pour elle la vocation commune, sans être cependant la seule. Célibataire, elle tiendra dans la famille d'autres rôles qui exigent d'autant plus de sacrifices qu'ils donnent moins de joies, ou bien elle portera son activité tout entière sur les domaines extérieurs, ceux de la bienfaisance ou de l'étude. A cela elle doit se préparer d'avance, puisqu'elle ignore ce que la destinée lui réserve, et créer en elle-même, autant pour le cœur que pour l'intelligence, des sources de vie qui lui permettent d'élargir sa vie individuelle. Ce sont là des sentiers abrupts et difficiles ; une grande initiative, une rare force d'âme n'y sont pas superflues.

Il est vrai que le travail est à lui-même sa propre récompense ; ne plaignons donc pas trop les professeurs, les artistes, les isolées de toute sorte qui gagnent laborieusement leur vie. Un mérite privé des mêmes compensations et non moins honorable est celui des filles vouées au service de leurs vieux parents, des tantes qui se consacrent à l'éducation de leurs neveux, des sœurs qui vivent dans l'ombre de leurs frères. On dit qu'il faut beaucoup plus de qualités pour faire une vieille fille utile qu'une bonne mère de famille, et, en effet, la société étant fondée sur le mariage, cet état est celui pour lequel les influences sociales autant que la nature façonnent le mieux les femmes. La plupart y trouvent ce qu'il leur faut, des affections, un avenir dans les enfants, un ménage à gouverner, des devoirs multiples qui, même pris sous leur forme la plus terre à terre, suffisent pour les occuper. A celles qui voient plus haut et plus loin, créer une famille apparaît comme une mission sublime instituée par Dieu même. C'est en effet une responsabilité que de former des hommes et, ce qui n'est pas plus aisé, des femmes. Devoirs envers le mari, devoirs envers les enfants à naître, devoirs envers la société où l'on occupe une place petite ou grande, ce sera sous cet aspect presque redoutable que le rôle de la femme se présentera à la jeune mariée. Ce qui ne l'empêchera point d'être heureuse, tout au contraire, car il n'est pas de plus sûr moyen d'éviter les difficultés que de se bien armer par avance contre elles.

Dans la famille, la femme monopolise les dévouements. C'est sans cesse qu'elle est appelée à sacrifier ses goûts, même les plus permis, même ceux d'art ou d'étude. Elle ne peut disposer de son temps. Les occasions ne lui manquent jamais, en revanche, d'employer et de communiquer tout le courage naturel dont elle est douée, — car elle est plus résistante que l'homme à la douleur physique et morale, elle se redresse avec plus de ressort. Une faculté spéciale lui permet de se plier aux circonstances. La vie ne réserve-t-elle pas des surprises susceptibles de modifier la situation de la famille et par suite le rôle actif de l'épouse, de la mère? « Toutes les femmes, ont leurs jours de bataille. Rien ne les assure contre la nécessité de déployer à un moment donné le courage et la résolution les plus contraires aux habitudes dont on leur fait un devoir[1]. »

Nous voilà bien loin du rêve des enfants gâtées qui s'imaginent continuer à l'être, en faisant plus complètement leur volonté; bien loin aussi de ce rôle de bibelot de luxe, qui est assez souvent assigné à la femme dans les romans, mais beaucoup plus rarement offert dans la réalité. Rien de tout cela cependant n'exclut nécessairement le charme. Mais entendons-nous sur ce mot. Réside-t-il dans la beauté physique, dans des enfantillages, dans une gaîté de jeunesse? Certes, le charme est dans la grâce, dans

1. Mme Guizot, *Lettres sur l'éducation.*

un je ne sais quoi que l'on peut qualifier de don; mais il est surtout dans la bonté, l'égalité d'humeur, les sympathies vives, les intuitions pénétrantes, le talent rare de faire toujours ce qu'il faut. A lui seul ce charme-là suffit à raffiner un entourage médiocre, à écarter la grossièreté, à résoudre les difficultés et à en faire une harmonie. La femme devrait être la conscience incarnée de la famille, aider son mari, ses enfants, en éclairant leur voie, en leur posant la question morale très délicate qu'ils ne savaient pas voir. Surtout qu'elle ne soit pas l'influence néfaste qui affaiblit le courage; peu d'hommes savent résister aux larmes féminines; devant elles leur force s'en va.

C'est à la femme d'être le conseil avant le malheur, l'aide vaillante après, de préférer au besoin l'honneur à la richesse. Ce rôle de providence et de lumière, toutes les femmes ne sont pas aptes à le remplir dans son entier, mais il n'en est aucune qui ne puisse y tendre, aucune qui ne puisse s'associer, sinon aux travaux, du moins aux préoccupations de son mari.

Je citerai ici la compagne d'un grand peintre, qui était pourtant de condition modeste, la première Mme Ingres. Aux yeux du monde elle n'avait que des qualités de ménagère, mais voici ce que recouvrait cet humble mérite : un dévouement qui s'était manifesté pendant vingt années de misère, autant que de travail acharné. Au plus noir de leur détresse, Ingres reçut l'offre de ce qui eût été pour lui la fortune : aller en Angleterre, faire des portraits à la mine de plomb; il refusa, soutenu par l'énergie de sa femme qui fut la première à se récrier, jugeant, sans savoir peut-être l'exprimer en belles phrases, qu'il se devait à son art et à son pays. Ingres n'oublia jamais cela, ce courage dans une adversité qui menaçait de n'avoir pas de terme, cette confiance dans son génie qui n'était encore reconnu par personne. Un disciple de talent, religieusement attaché à cet illustre maître, Amaury Duval, nous a raconté comment Mme Ingres répétait, un peu bourrue, tout en tricotant, que la peinture de son mari ne la regardait pas, qu'elle était là pour le soigner, pour le tirer d'affaire, pour l'empêcher de se jeter sous les roues. Elle le surveillait en effet comme un enfant, lorsqu'ils sortaient ensemble, craignant pour ce grand distrait les accidents de voiture. Il entrait une bonne dose de maternité dans son affection exclusive, et Ingres si absolu, si indomptable, Ingres, qui de la vie pratique ignorait tout, lui était volontiers soumis. Au fond, elle avait noblement collaboré au *Vœu de Louis XIII* et à l'*Apothéose d'Homère*!

S'intéresser à la carrière de son mari, le suivre de près, pas à pas, est, semble-t-il, un devoir si doux qu'il devrait être un besoin. Huber, le naturaliste suisse, cet aveugle qui décrivit merveilleusement les mœurs des abeilles, les avait vues par les yeux de sa femme. Pour être capable d'aider ainsi, c'est assez de la bonne volonté jointe à *des clartés de tout*, comme l'entend Molière.

On répète que pour réformer la société, il suffirait de réformer les femmes. Je crois, moi qu'il suffirait de les intéresser aux choses sérieuses, de modifier le type de convention créé par les préjugés et légèrement retouché, d'époque en époque, par la mode qui voulait jadis la femme sentimentale, qui aujourd'hui la veut bon garçon, mais qui s'occupe fort peu de la voir sensée. Être la conseillère écoutée, la volonté active d'une famille, cela peut cependant donner plus de fierté de soi que le rôle de poupée, même très bien mise. D'ailleurs le plus impérieux des devoirs de la femme est l'éducation de ses enfants. Elle ne peut donc avoir un fond d'instruction trop solide. Sans doute elle ne prétendra pas à l'universalité, elle s'adjoindra des maîtres spéciaux, mais à la mère appartient l'âme de l'enseignement, sa direction morale.

Toutes les femmes sont nées institutrices, quand ce ne serait que pour transmettre à leurs filles les mêmes goûts qui leur ont servi à ouvrir, dans la monotonie des devoirs quotidiens, les fenêtres par où entrent à flots la lumière et l'air pur d'en haut. Et les femmes pauvres elles-mêmes, qu'on le sache bien, peuvent se livrer à ces goûts-là. Quelle que soit la situation où le sort place une femme, elle est tenue d'appliquer ses facultés d'adaptation à remplir avec le plus de grâce possible le rôle qui lui est échu. Son caractère la porte vers une vie tranquille et stable, vers les occupations d'intérieur; c'est pour qu'elle puisse faire germer dans la maison, si simple qu'elle soit, une petite fleur d'idéal. Les volubilis qui grimpent à la mansarde d'une ouvrière m'y font toujours penser. Être fixée au logis par une occupation quelconque est un bienfait.

Le surmenage que notre vie moderne impose à certaines femmes de la bourgeoisie, la course perpétuelle après la distraction ne leur convient ni moralement, ni physiquement. Il est absurde qu'une femme ne puisse rester chez elle, sauf son jour, le jour où ce chez elle se transforme en un logis banal, ouvert non seulement aux amis, mais aux simples relations.

Les visites éternelles dans les magasins, le goût du faux luxe pour se donner des apparences d'élégance, la préoccupation constante de la mode, tout cela est l'opposé de notre vocation, tout cela fait fuir les hommes quand il s'agit de mariage. Moins de chiffons et un peu plus de culture intellectuelle, moins de potiches et de paravents et plus de soin du bien-être de chacun, voilà au contraire ce qui fera qu'en entrant dans la demeure d'une femme vraiment bonne et distinguée, on se sentira à l'aise et meilleur. Nos maisons portent l'empreinte de nos âmes, comme nos vêtements prennent le pli de nos corps.

Dans la famille, la femme fait le bien secrètement, discrètement. Elle est, comme le veut Mme Necker, « la ouate mise dans les caisses de porcelaine ». Retirez-la et tout se brise. Mais cette douceur serait insuffisante si elle ne se doublait de fermeté, de cette décision prompte qui permet de prendre seule un parti quand il le faut. Sans empiéter sur les droits du chef de famille, l'épouse, la mère se fera initier par lui au gouvernement de leur fortune dans la mesure qui convient. C'est chose déjà réclamée par ce beau livre du xviie siècle sur *l'Éducation des filles*, auquel on revient toujours. « Que les femmes soient instruites de tout ce qui touche à l'administration de leurs biens. »

Voyageant au Canada, j'ai entendu des dames, très éloignées de toute idée d'émancipation, préconiser comme nécessaire l'étude du droit. C'est un tort que de croire l'esprit des femmes rebelle aux questions d'affaires. Avec leur attention aux petites choses, elles les comprennent fort bien quand on prend la peine de les leur expliquer. La façon dont elles réussissent souvent dans le commerce prouve qu'elles ont tout à gagner en développant leur esprit du côté de l'administration intérieure. Et, à la campagne, combien de fermières pourrait-on citer qui prennent part à une grande exploitation agricole dont leur vigilance assure le succès!

Les tâches auxquelles on se donne avec zèle, en se proposant un but à atteindre, deviennent attachantes, quelles qu'elles soient; mais ce qu'il y a dans la vie de toutes les femmes sans exception, c'est le ménage. Que nul ne s'avise de déprécier les humbles occupations qu'il implique, car la poésie s'est complue à les glorifier; témoin Nausicaa lavant son linge, quoique princesse, et la Charlotte de Gœthe beurrant des tartines. « Depuis la plus grande dame jusqu'à la plus petite femmelette, à toutes, dit le vieil Olivier de Serres, la vertu du mesnage reluit par-dessus toute autre comme instrument de nous conserver la vie [1]. » Toujours cette mission de dévouement qui relève les tâches secondaires en apparence et qui montre que les petites causes ont souvent de grands effets.

Mais il importe d'aimer sa besogne. Lorsqu'on

---

1. Olivier de Serres, *Mesnage des champs.*

l'aime, on s'en acquitte bien. Ne faites pas un ouvrage de servante en servante. L'art de la bonne maîtresse de maison consiste précisément à ne gaspiller ni son temps ni ses forces en les employant à des travaux matériels que d'autres peuvent exécuter sous sa direction; quoiqu'il soit bon de se souvenir que ce qu'une femme fait, toute femme peut le faire, c'est-à-dire qu'on doit être prête à payer de sa personne dans ces bourrasques qui n'épargnent pas plus les petits ménages que les grands États, toujours exposés à se trouver *sans ministère*. La nature n'a pas rendu en vain la femme fine et adroite, portée à l'ordre, au soin, à l'arrangement. Il en résulte l'économie, ce qui veut dire non la mesquinerie, mais l'entente intelligente des dépenses proportionnées aux revenus. Cette économie, fondée sur le principe sévère : — jamais de dettes, payer toujours comptant, — donnera certainement à la famille un régime meilleur, plus confortable, dont les santés se ressentiront. Mieux vaut un salon meublé avec la simplicité chère à nos pères que des fantaisies payées en rognant sur les repas ou le chauffage.

L'ordre extérieur, la propreté, la régularité, tout cela semble peu de chose et c'est pourtant ce qui crée une atmosphère de paix. Une maison mal réglée entraîne pour chacun des gênes qui aigrissent les caractères. D'une querelle pour un plat manqué ou un dîner en retard sont sorties des brouilles graves. L'exactitude, une de ces petites vertus trop dédaignées, car elles sont d'usage beaucoup plus fréquent que les grandes, la ponctualité scrupuleuse est un élément essentiel de bonne harmonie. Cela semble très vulgaire et banal de faire dépendre la paix domestique de ces détails de ménage, mais chacun de nous pense en secret, s'il ne le dit pas brutalement comme le bonhomme Chrysale : « Ma guenille m'est chère. » Or, la femme veille à ce que cette guenille soit chaudement vêtue et nourrie à son goût. Ces soins-là ne constituent pas chez elle une infériorité, si elle sait les relever par l'intention et, tout en leur donnant son temps, n'en jamais faire un but, mais un moyen seulement.

Qu'elle s'applique sans relâche à développer en elle une personnalité très haute, très forte, très pure, d'où se dégagent les rayons qui éclairent et qui réchauffent alentour; que son âme soit ouverte à ceux qui ont besoin d'y puiser conseils, secours et consolation ; que sa bonté soit prête à partager les peines et sa prudence à les prévenir. Rôle tellement beau qu'il semblerait impossible à tenir si, près de nous ou dans nos souvenirs, nous ne le voyions tenu d'une façon supérieure.

Je ne voudrais certes pas effacer des registres de ce monde la vie des femmes célèbres par leurs talents. Mais le vrai talent n'est jamais qu'une exception, tandis qu'à chaque instant nous découvrons dans l'ombre, appartenant à toutes les classes de la société, des mères de famille qui réalisent le portrait de la femme forte au livre de la Sagesse, toujours cité parce qu'en effet le grandiose langage biblique résume nos obligations féminines, les mêmes il y a trois mille ans qu'aujourd'hui, rien ne changeant de ce qui est vraiment humain.

QUATRIÈME CAUSERIE

Devoirs des frères et sœurs.

Aimez-vous les uns les autres comme des frères, dit et répète plusieurs fois l'Évangile. Ce qui semble indiquer que l'amitié fraternelle est la plus naturelle, la plus solide, la plus étroite des affections. Chose singulière pourtant, toutes les jeunes filles ont la passion de l'amitié, mais ce n'est pas toujours chez leurs sœurs qu'elles la cherchent. Je demande à celles qui me lisent d'oublier un instant qu'il y a des sœurs qui s'entendent à merveille, pour admettre qu'ailleurs règne entre enfants élevés ensemble des querelles fréquentes ou bien peut-être ce qui serait de la froideur, sans le lien à la fois résistant et lâche de la parenté. Cette absence d'affinités est quelquefois le résultat de fâcheuses jalousies. Elle tient encore à ce que le frottement journalier produit des heurts, des chocs qui se renouvellent à chaque instant. Les caractères peuvent être très divers dans la même famille et, si l'on n'y met pas en pratique la loi de conciliation, on risque de s'y gêner mutuellement. Les questions d'intérêt viennent plus tard s'ajouter d'aventure à ces divergences assez fortes déjà. « Contre qui voulez-vous que je plaide? disait Malherbe, toujours en procès avec son frère. Contre les Turcs et les Moscovites, avec qui je n'ai rien à partager? »

Il est rare que l'égalité absolue puisse exister dans une famille nombreuse : les petits admettent difficilement que leurs aînés jouissent, en raison de leur âge, de certains privilèges. Des irritations, des rancunes surgissent, qui tiennent à l'imperfection radicale de la nature humaine, qui tiennent à ce que l'habitude de prendre sur soi est très rare. Puis, entre frères et sœurs, on se connaît trop pour se bien juger. Il en est des caractères comme de certains tableaux qu'il faut regarder à distance; de près, nous ne voyons plus que des taches. Les moindres travers, les imperfections minimes, mais qui se manifestent continuellement, nous rendent injustes envers les grandes qualités. On se dit son fait, on se le dit beaucoup trop. L'amitié est une porcelaine fragile, et le célèbre *Vase brisé* de Sully Prudhomme est devenu banal à force d'exprimer une idée trop évidente. Encore semble-t-il plus facile d'apporter entre amis qu'entre frères et sœurs les ménagements nécessaires à la durée de toutes les affections, quelles qu'elles soient. Nous ne voyons nos amis que lorsque notre goût nous pousse à les aller chercher; en famille, on se voit sans cesse, aux moments où l'on est le moins disposé à supporter la mauvaise humeur ou à se faire des concessions; de là, les difficultés. Force est d'accommoder, coûte que coûte, notre humeur aux exigences d'autres personnes qui ont les mêmes droits que nous. Notez que ces personnes, vous ne les avez pas choisies, comme vous faites pour vos amis, sous l'impulsion d'une préférence, d'une sympathie de cœur.

On dit souvent que le caractère se forme en famille, que les enfants qui ont beaucoup de frères et de sœurs sont les mieux élevés. Ils n'ont pas en effet l'égoïsme des enfants uniques, mais ils ont d'autres défauts. Il y a des taquineries qui aigrissent celui-ci ou qui conduisent celle-là, en la froissant, à se replier sur elle-même. Les parents pensent parfois que mieux vaut laisser leurs enfants se débrouiller entre eux; au contraire, ils devraient réprimer très soigneusement, sinon les querelles légères, du moins les rivalités d'intelligence entre frères ou de beauté entre grandes sœurs. Heureusement, pour ne parler que de celles-ci, les sœurs qui s'aiment, même d'amitié élective, sont plus faciles encore à trouver que les autres. Souvenirs d'enfance, travail au même pupitre, peines et joies de ces vingt premières années infiniment plus longues que les autres années réunies, tout cela, on le possède en commun avec ses frères et sœurs, et on trouvera toujours parmi eux ses meilleurs amis, pourvu que l'influence des parents ait su maintenir l'harmonie, et que l'on ait appris, comme le veut Joubert, « à porter son velours en dedans », c'est-à-dire à se montrer aimable dans l'intimité.

Voici deux sœurs d'âge rapproché, qui ne se sont jamais quittées; elles deviennent indispensables l'une à l'autre, ce sont des jumelles d'âme, sinon de naissance. Leur vie quotidienne est étroitement mêlée, leurs vêtements sont semblables. Cependant il se peut que leurs caractères diffèrent; mais, élevées de même, elles ont la même manière de penser. Il y en a de tellement unies, de tellement pareilles qu'elles écartent de leur vie, d'un accord tacite, tout ce qui les séparerait et vieillissent ainsi, se disputant parfois et s'adorant au fond, jusqu'au jour douloureux où l'une d'elles reste seule. Nous voyons de ces couples de sœurs où, l'aînée se mariant, la cadette continue à s'identifier à son existence, lui sert de satellite, élève les enfants comme siens, et se fait un bonheur suffisant du bonheur des autres; tel est l'adorable secret de la sérénité qu'on rencontre chez certaines de ces vieilles filles, comme il en faut une dans toute famille nombreuse, qui ne saurait s'en passer.

S'agit-il d'un frère et d'une sœur? Ici, l'affection prend un caractère différent; c'est le cas chaque fois que les natures féminine et masculine viennent se compléter mutuellement. Son dévouement à François Ier dans la bonne et dans la mauvaise fortune fut le sentiment le plus exalté qu'éprouva Marguerite de Navarre, cette princesse accomplie; et la tendresse absolue d'Eugénie pour Maurice de Guérin, tendresse exprimée dans un délicieux journal, que vous connaissez toutes, survécut à la mort. Le bien qu'une sœur peut faire à son frère est incalculable. Elle le détourne du mal, rien qu'en lui faisant aimer la pureté qui est en elle; elle lui inspire le sentiment d'un devoir qui séduit les âmes vaillantes, le devoir de protecteur. Je ne sais quoi de fort et de délicat distingue entre toutes l'affection d'un frère et d'une sœur; en causant, ils s'éclaireront mutuellement par la manière dont les faits se présentent à la raison de l'homme futur et au tact naissant de celle qui sera femme.

Dans les familles très nombreuses, il s'opère ainsi des groupements : l'âge, les affinités de nature rapprochent les enfants, le plus souvent par *paires*. « Ces deux-là » prennent toujours le parti l'un de l'autre, couvrent de leur mieux leurs gros et petits méfaits, intercèdent l'un pour l'autre auprès des parents. Mais les aînés ont leur place spéciale, et comme à part. Le fameux droit d'aînesse qui comportait jadis beaucoup de devoirs, n'a conservé que cela de ses anciens privilèges et c'est sous cette forme qu'il subsiste parmi nous.

Chaque jour, par les rues, on voit des fillettes, conduire, garder, surveiller un marmot à peine moins jeune qu'elle; dans un ménage d'ouvriers l'aînée, à six ou huit ans, est déjà une *grande utilité*. C'est ce qui donne aux enfants du peuple cette initiative qui leur permet de se débrouiller, quand les nôtres en seraient encore incapables. Pourtant, même dans les classes riches, il n'est guère de petite fille qui n'ait entendu cette phrase : « Tu dois céder parce que tu es l'aînée. » Le sentiment de la responsabilité vient ainsi de bonne heure et parfois pèse un peu lourd; il n'est pas toujours agréable d'être citée en exemple : cela impose plus de vertus qu'on ne voudrait en exercer et une complaisance forcée plutôt que naturelle. S'occuper de ses petits frères est une mission honorable qui grandit l'enfant à ses propres yeux, mais qui l'ennuie souvent jusqu'à la rendre un peu grondeuse. Les sœurs ou les frères professeurs ont le tort de montrer à l'égard de leurs élèves un zèle doublé d'inexpérience qui les pousse à exiger trop. N'importe, un aîné véritable, frère ou sœur, est une force dans une famille. Il en devient le chef de file et entraîne les autres à sa suite. Si l'aîné est travailleur, les cadets seront rarement paresseux, l'impulsion est donnée. Et si cet aîné est une fille, l'instinct du devoir, l'habitude de l'abnégation pourra devenir chez elle une seconde nature. Elle connaîtra les charges de la mère de famille, sans en avoir les joies. Elle sera aimée, moins en sœur qu'en tutrice, par ce jeune monde souvent insurgé contre son autorité un peu branlante. Il faut qu'elle s'y résigne et tâche d'apprendre la patience et l'indulgence qui ne sont guère des vertus de jeune fille. J'ai connu une grande sœur qu'un sévère devoir retint au foyer, à regarder croître, puis se disperser cette famille enfantine qui lui avait envié son droit d'aînesse. Sa récompense fut de devenir de plus en plus indispensable à ses vieux parents, d'être finalement la confidente, la conseillère de tous.

Aux fils, d'autre part, appartiennent la vie active et certaines formes de dévouement courageux : remplacer le père, s'il vient à manquer, conquérir par leur travail une situation dont devra bénéficier toute la famille, au service de laquelle ils mettront leur influence et leurs efforts.

L'affection fraternelle bien comprise, c'est en réalité l'amitié avec une réciprocité plus assurée, l'amitié qui est bien là l'*égalité de deux âmes*, puisqu'il n'y a entre deux frères nulle différence de condition. Elle s'affermit d'une obligation infiniment plus précise. Cela est si vrai que lorsque des divergences s'accusent, lorsque des querelles éclatent, on ne se sent pas libre, sinon de ne plus s'aimer, du moins de se désintéresser les uns des autres, de se refuser des soins dans les maladies, une aide dans l'embarras. On peut fermer son cœur, on se souviendra quand même, surtout si l'on a aimé profondément ses parents, qu'à un moment du passé, leur tendresse appartenait également à tous. Voilà pourquoi il n'y a jamais de haines plus violentes, de rancunes plus fortes qu'entre frères, parce qu'elles s'aggravent de l'amertume de ces souvenirs foulés aux pieds; voilà aussi pourquoi le pardon, la réconciliation peut plus aisément intervenir, parce qu'il est impossible, comme dans les défections de simple amitié, de tourner la page et de dire : C'est fini.

On doit donc ménager les affections fraternelles, et pour cela ouvrir son cœur très large et l'emplir de provisions d'indulgence. Surtout ne pas mettre son amour-propre à cacher ce qu'on a de bon, faire semblant de n'avoir besoin de personne. Ce sont presque toujours les jeunes filles les plus avides d'affection qui s'enferment ainsi hermétiquement dans leur coquille. Que leurs sœurs aient pitié d'elles, qu'elles les encouragent à s'intéresser aux joies et aux succès des autres, qu'elles les habituent de leur

mieux à cette confiance qui permet qu'on nous rende
ce que nous donnons, car savoir accueillir la sympathie est parfois un acte de générosité. S'entr'aider « comme s'entr'aident les cinq doigts de la
main », tel est le devoir essentiel des frères et des
sœurs ; se bien comprendre et, si l'on n'y réussit pas,
se ménager, c'est le premier conseil à leur donner,
quand ils ne savent pas simplement se bien aimer.
Et cela pour qu'un jour, lorsque la maison familiale
sera vide, lorsque les parents auront disparu, le groupement subsiste par les liens du cœur et du sang et
que toutes ces demeures nouvelles que, chacun de son
côté, les enfants se seront créées, soient encore celles
d'une seule et même famille.

CINQUIÈME CAUSERIE

Rôle spécial de la jeune fille.

Si le rôle de la femme est actif par excellence, celui de la jeune fille doit être très actif et très passif à la fois, bien entendu dans le cercle de la famille dont elle n'a pas à sortir. Je veux dire que son activité tout enveloppée de douceur doit s'exercer d'abord au profit des siens. La voici arrivée à l'âge où son éducation étant terminée, les sacrifices que ses parents se sont imposés pour elle n'ont plus de raison d'être. Des années s'écouleront avant qu'à son tour elle fonde une famille. Elle reste au foyer, tandis que ses frères en sont éloignés par leurs carrières.

Qu'y fera-t-elle?

Elle est charmante, c'est convenu, mais est-ce assez, pour une créature humaine? Quelques-unes ont l'air de le penser. Elles sont avant tout préoccupées de leur figure, de leur toilette, elles cherchent à plaire, sans réfléchir que le genre d'admiration qu'elles recueillent n'a rien de très flatteur.

Non que je blâme une jeune fille d'avoir la joie de sa beauté, mais à la condition qu'elle se sente de plus en plus obligée à développer son intelligence et son cœur; sinon elle méritera bientôt qu'on dise d'elle, ce que Milton aveugle disait de sa femme : — Il paraît qu'elle est une rose; j'en juge par les épines. — Beaucoup de pères et de mères, sans être aveugles, pourraient répéter ce mot. Les qualités extérieures qui, dans le monde, assurent des succès artificiels sont bien secondaires dans la famille. Le plus joli visage, s'il a l'air maussade, perdra beaucoup de son charme, tandis que l'égalité d'humeur, une gaîté constante, l'absence de caprices et de bouderie suffisent à faire la joie d'une maison.

Une jeune fille, loin d'avoir besoin qu'on l'amuse, préjugé de beaucoup de mères trop indulgentes, devrait apporter parmi les gens occupés et sérieux, qui l'entourent, père inquiet de l'avenir ou fatigué par le travail quotidien, frères que prennent déjà les graves études, mère surtout, la pauvre mère, s'évertuant au profit de chacun, elle devrait apporter, dis-je, l'entrain, le sourire, être toujours ce qu'elle est quand une excitation extérieure vient la faire sortir d'elle-même, quand elle désire plaire aux étrangers.

Ce qu'il y a de singulier, c'est que les jeunes filles, à un âge où tout est nouveauté et distraction, semblent souvent ennuyées et impossibles à amuser. La plupart en somme vivent, dans le calme, le plus heureux temps de leur vie; leurs parents les dispensent de toutes les corvées et leur procurent tous les plaisirs. Aucune charge ne pèse sur elles, ce qui leur laisse le temps nécessaire pour développer des talents, et malgré cela parfois elles s'ennuient et elles osent le dire. Voilà Mlle X... — je ne laisserai pas échapper son nom, ayant à faire un méchant portrait. Eh bien ! elle écrase tout autour d'elle, supprime une mère trop faible qui n'est plus que sa satellite et n'a d'autre occupation que de la chaperonner où elle veut aller. Elle commande, dirige, se révolte contre le plus faible essai d'autorité, déclare qu'elle a ses idées à elle, et les fait prévaloir coûte que coûte. Ce qui ne l'empêche pas de se trouver à plaindre.

Et cette pauvre Z...! Celle-là est moins batailleuse. Elle se renferme dans sa tour d'ivoire, elle y vit détachée de tout ce qui se passe autour d'elle, allant à ses petites affaires et déclarant que cet intérieur familial où elle n'est pas reine et maîtresse l'intéresse peu. Sa mère la gronde; elle se juge incomprise et prend l'habitude de laisser dire.

Sans parler d'une légion d'étourdies qui considèrent le plaisir comme chose obligatoire, tandis qu'il n'est qu'un repos permis. Le prendre quand il se présente, très bien, mais en faire une occupation, jamais ! Il faut savoir vivre sans s'amuser.

Peut-être cependant, n'est-ce pas toujours l'amusement qu'elles demandent. Une jeune fille de quelque valeur est une personnalité en formation; quand elle n'a pas l'espace et l'occasion de se donner pleine carrière, elle attend impatiemment que la vie les lui fournisse; si l'attente se prolonge, ni les chiffons, ni la toilette, ni le piano ne lui suffisent plus. Elle voudrait l'indépendance pour poursuivre un but quelconque.

Mais qui donc l'empêche d'avoir un but ? Elle n'a

qu'à perfectionner son être moral, à nourrir son esprit, à se placer franchement en face de la vie au lieu de se bercer d'illusions; elle n'a qu'à vouloir et à aimer. Laissons celles qui, obligées par la fortune à gagner leur pain, ont, peut-être plus qu'elles ne voudraient, l'intérêt de l'effort et de la lutte; ne considérons que la jeune fille de condition aisée; celle-ci peut se préparer, en prenant part à l'administration et au soin du ménage, à devenir elle-même maîtresse de maison, elle peut faire jouir tous les siens des talents qu'à grand'peine et à grands frais elle a enfin acquis. Près de son père, elle aura mille façons de se rendre utile, en dehors même de l'attention apportée à ces détails matériels auxquels tous les hommes attachent du prix. J'ai vu un père accepter sa fille comme secrétaire et trouver un vif plaisir à éclairer cet esprit neuf, à s'entretenir avec elle des travaux qui l'absorbaient. Si elle n'a qu'une cervelle d'oiseau, il est clair qu'il n'essaiera même pas d'aborder certains sujets; c'est à elle de mériter qu'il la traite en amie.

La musique, les lectures en commun, le jeu même, quoique bien peu de ces demoiselles sachent aujourd'hui faire le whist des grands-parents, tout ce qui rompt la monotonie des soirées de famille, voilà le domaine des jeunes filles. Parce qu'on n'appartient en propre à personne, ce n'est pas un motif pour s'absorber égoïstement en soi-même, c'en est un au contraire pour se donner à tous. L'indépendance, comme quelques-unes l'entendent, s'achète au prix des responsabilités; or une jeune fille n'a pas plus de responsabilités qu'elle ne possède d'expérience, eût-elle tout appris dans les livres, et le joug maternel n'est pas pour lui peser. Notre jeune Française en effet est généralement élevée à la maison ; il s'ensuit entre elle et sa mère une communion constante de goûts et de pensées. L'association de toutes les heures conserve cette étroite intimité; des ressemblances de nature s'y ajoutent pour l'accentuer encore. La fille est persuadée de la supériorité de sa mère, aussi lui apporte-t-elle ses indécisions, ses rêves, ses enthousiasmes que la mère, loin de les accueillir froidement, partage en s'efforçant au besoin de les modérer. Il arrive ainsi que mère et fille sont vraiment jeunes ensemble et nulle part on ne voit plus féconde en bons résultats cette sorte d'affection supérieure, nuancée ici d'une tendresse particulière, qui se produit d'aventure entre deux personnes d'âge inégal et qui est, au début de la vie, une influence des plus salutaires. La jeune fille devient l'aide de sa mère, son conseil dans les détails d'intérieur, sa consolatrice dans ses mille soucis; elle est grandie par un rôle qui, cette fois, est bien le sien. Elle y gagne infiniment pour le cœur et pour l'esprit. La mère peut diriger sa pensée vers les hauteurs intellectuelles et la préparer sérieusement aux choses sérieuses, tout en laissant la place aux penchants de son âge pour la gaieté, le plaisir, la toilette même, car l'élégance est une forme de l'instinct du beau qui a son importance, quoique secondaire, et la bonne humeur est une vertu, l'une des principales vertus, pourrait-on dire. Voilà toujours, quels que puissent être les types nouveaux qu'on propose à notre admiration, la jeune fille modèle, « figure d'albâtre en la maison cachée »[1]. Et ce type idéal se retrouve, si l'on veut y réfléchir, dans toutes les littératures ; c'est Antigone, c'est Cordélia, c'est l'adorable Iphigénie de Racine.

[1]. Victor Hugo, *Les chants du crépuscule* : « Date lilia ».

SIXIÈME CAUSERIE

Devoirs des maîtres et des domestiques.

On sait que la question des domestiques est devenue un des grands problèmes de l'Amérique, car personne n'y veut servir. Elle en est un déjà dans les pays d'Europe, où grandit toujours l'antagonisme des classes. Des doctrines d'égalité mal comprises irritent contre le maître le domestique persuadé qu'il n'y a entre celui qui commande et celui qui est forcé d'obéir que la différence d'argent, le riche abusant de cet argent pour faire travailler le pauvre à sa place. Aux différences d'éducation qui, sans établir un droit de commandement, rendent nécessaire le droit de tutelle, il ne s'arrête guère; il ne considère pas davantage que dans beaucoup de cas le maître travaille bien plus que le serviteur, quoique d'une autre façon.

Pour remédier au mal, on se demande quels trésors de bonté, de bienveillance, de loyauté réciproque il faudrait jeter dans le gouffre qui sépare. Hélas! tant que le monde existera, il y aura des distances sociales et des âmes égoïstes ou révoltées, c'est la condition même de la vie humaine. Chacun de nous n'a donc pour devoir que d'atténuer, dans la mesure de son action, ce que certaines lois de la vie entraînent d'injuste. Oui, chacun ne posera qu'une pierre, comme jadis les artisans des cathédrales gothiques qui mettaient des siècles à s'élever ; cependant l'édifice monterait plus vite qu'on ne croit, porté par toutes ces bonnes volontés, si nul ne se refusait à la tâche.

Voyons d'abord au juste quels doivent être les rapports entre maîtres et serviteurs. Depuis l'abolition de l'esclavage, il n'y a chez les peuples civilisés que des serviteurs volontaires et, entre maîtres et serviteurs, comme entre patrons et ouvriers, le contrat, qui aliène dans une certaine mesure la liberté des seconds au profit des premiers, doit être équitable. La question des salaires est une des plus graves et des plus complexes, mais chacun de nous peut la résoudre individuellement en se montrant délicat toutes les fois qu'il dispose, moyennant un paiement, de la liberté d'autrui. Il serait mal de profiter de la détresse de quelqu'un ou de la concurrence pour lui imposer, soit un travail exagéré, soit un salaire insuffisant.

D'autre part, l'employé n'a pas le droit de réclamer un salaire qui dépasse la valeur du travail qu'il fournit ou d'abuser des circonstances pour obtenir de force une augmentation de solde. Ceci est le danger des grèves ; elles sont légitimes, puisqu'on a toujours le droit de discuter les conditions du contrat ; mais elles deviennent une forme nouvelle de tyrannie, dès que vous prétendez empêcher votre voisin de se contenter, si bon lui semble, de conditions que vous refusez, vous, les trouvant insuffisantes. Respecter la liberté et la dignité d'autrui, telle est dans toutes ces questions, tant agitées aujourd'hui, la loi suprême.

Nos serviteurs se bornent à louer leur travail et non, comme autrefois, leur personne. Le mot *se louer*, encore usité chez les paysans, n'a en réalité plus de sens. On s'engage à s'acquitter d'une besogne déterminée en échange d'un salaire fixe. Dans les maisons très riches où la domesticité est nombreuse et fonctionne un peu à l'état de machine réglée une fois pour toutes, chacun ayant ses attributions dont il ne s'écarte pas, cette loi de l'échange se fait mieux accepter que dans les intérieurs bourgeois où évoluent une ou deux bonnes, sans cesse en contact avec leur maîtresse. C'est là que se manifeste surtout la difficulté d'obéir. Sans l'obéissance pourtant, le travail devient impossible. Rien ne s'accomplirait en ce monde, si elle ne régnait à tous les degrés de l'échelle sociale.

Ce qu'il faut nous efforcer de faire, c'est de ne pas rendre à nos subordonnés l'obéissance trop lourde, tout en maintenant le principe même, et d'abord d'être absolument justes; tous les esprits très simples se révoltent contre l'injustice et y sont plus sensibles qu'ils ne sont reconnaissants de la bonté. Ne soupçonnons pas à la légère la probité, qui est la première vertu des domestiques, celle sur laquelle ils se montrent le plus susceptibles. Soyons indulgents, mais sans faiblesse, car la faiblesse ne sert qu'à émousser le respect. N'exigeons jamais des domestiques rien qui soit au-dessus de leurs moyens; ce serait les décourager sans résultat. Tenons compte de leurs moments de fatigue et surtout de leur bonne volonté. Il faut leur donner des ordres clairs, précis et pour cela bien savoir soi-même ce qu'on veut, s'interdire le caprice et se persuader qu'un domestique est un juge qui, vivant sans cesse auprès de nous, fait ses remarques, nous perce à jour pour ainsi dire.

Les serviteurs soucieux de leur devoir sont tenus à taire ce qui se passe chez leurs maîtres, mais bien peu considèrent comme un vol le mauvais usage qu'ils font des secrets surpris. Tous ceux qui ont des domestiques peuvent donc se dire qu'ils sont livrés en proie à la curiosité et à l'indiscrétion, que leurs faits et gestes sont racontés, commentés, exagérés.

Mme de Maintenon (cela ne date donc pas d'hier), Mme de Maintenon, qui faisait du souci de la bonne renommée un des grands mobiles du perfectionnement, insiste sur ce point, qu'on ne se préoccupe jamais assez des inférieurs, dont les commérages se répandent et nuisent infiniment plus qu'on ne croit :

Je me souviens toujours de ce que me disait un cordonnier qui me chaussait étant jeune. Quand ces gens-là viennent chez nous, ils ont de grands mannequins pleins de souliers à toute sorte de personnes, et parmi ces souliers il y eut une petite paire qui me plut fort. Je lui demandai à qui elle était. Il répondit : « C'est à Mlle une telle ». — Je lui dis : « Comment! Vous chaussez une telle? Qu'elle est douce et aimable! » — Il me répondit : « C'est un vrai petit diable; quand je la vais chausser et qu'elle ne se trouve pas à sa fantaisie, elle se met en colère et me jette ses souliers à la tête. » Le cordonnier fit peut-être la même histoire à cent personnes... Voyez par là que votre réputation dépend des gens dont on se défie le moins.

C'est pour cela qu'il faut toujours être sur ses gardes avec tout le monde [1].

Cette conclusion est d'un grand sens. Que de mariages rompus parce que les domestiques avaient parlé d'un caractère acariâtre caché par un visage angélique! Les jeunes filles ont tout avantage à y songer, de même qu'en étant parfaitement polies et bienveillantes, elles font bien de s'interdire avec des personnes d'éducation inférieure une excessive familiarité. Cela n'empêche pas de s'intéresser à elles, de chercher à les développer au moral, mais sous aucun prétexte il ne faut les entretenir de ses propres affaires ni pénétrer indiscrètement dans les leurs. Trop souvent elles savent flatter et exploiter les petits défauts qu'elles découvrent. Combien de maîtresses sont dominées par une femme de chambre dont on supporte tout, de peur d'être privée de ses talents! Moralité : Apprendre à se suffire, à se servir soi-même, afin de n'être esclave de personne.

Le gouvernement des domestiques est chose grave, surtout s'il y a dans la maison de jeunes enfants auprès desquels les bonnes auront des fonctions à exercer. La mère ne saurait les surveiller, les diriger de trop près.

Ce qui n'empêche que chaque année nombre de lauréats des prix de vertu soient choisis parmi les domestiques. Ils se sont dévoués sans mesure, ils ont travaillé pour leurs maîtres devenus pauvres. Ne restât-il plus qu'un seul représentant de cette race, qui tend à disparaître, tous les autres auraient droit à

---

1. *Lettres et entretiens sur l'éducation.*

nos égards. A de pareils serviteurs ne peuvent s'appliquer les règles ordinaires, mais peut-être faudrait-il se rappeler que le plus souvent leurs maîtres les ont aidés à devenir ce qu'ils sont en les traitant non comme des outils sans âme, mais comme des êtres humains, leurs semblables. Il y a un trait charmant de la jeune duchesse de Bourgogne, sautant au cou d'une grosse villageoise de beaucoup de bon sens qui était au service de Mme de Maintenon et la remerciant de lui avoir rapporté des bruits désavantageux qui couraient sur son compte : « Je te suis bien obligée, Jeanne, car je sens que c'est par amitié pour moi! »

A cette époque, on ne rougissait pas du nom de domestique, qui en réalité n'a rien de bas, son origine, *domus*, la maison, voulant dire que le serviteur fait partie de la famille et complète le groupe que chaque famille forme dans la société. De cette famille les intérêts, la considération, la prospérité lui tenaient jadis au cœur comme siens, parce qu'il en bénéficiait. Pas de contrats passagers alors, une incorporation sérieuse dont chaque partie acceptait les bienfaits et les charges : le maître, ne croyant pas s'acquitter avec de l'argent, y ajoutait protection et bonté, prenait le tort fait à son serviteur comme une injure personnelle ; le serviteur répondant par de la reconnaissance et par ces dévouements qui, plus d'une fois, on le remarque à toutes les pages sanglantes de l'histoire, pendant les guerres religieuses, pendant la Révolution, finirent en tragédie.

Un touchant exemple de fidélité domestique est celui qui accompagna le supplice du duc de Norfolk, exécuté pour avoir voulu délivrer Marie Stuart. Il marchait à l'échafaud, dressé dans l'intérieur de la Tour de Londres, quand, s'arrêtant, il demanda à boire. Une femme voilée s'approcha aussitôt et, en pleurant, lui présenta une coupe d'or qu'il reconnut. Dans cette coupe, elle versa de l'*ale* et le duc y trempa ses lèvres. Alors la femme lui baisa la main : « Que Dieu te bénisse, lui dit celui qui allait mourir, et que nos enfants te vénèrent pour ce que tu as fait.... » C'était sa vieille nourrice, gardienne de son château, qui avait attendu qu'il passât, pour lui rendre ce suprême service.

Notre monde moderne ne peut plus comprendre certains liens faits de hiérarchies respectées et de conditions générales toutes différentes de ce qu'elles sont aujourd'hui. Un autre ordre social a surgi où la dignité n'est pas comprise de même, où l'indépendance individuelle est certainement mieux sauvegardée. Il ne peut plus être question de dégainer quand on est maître, pour punir l'injure faite à un serviteur, comme cela se pratiquait jadis dans nos colonies, où le blanc se battait pour le noir qu'il traitait d'ailleurs en esclave; il s'agit beaucoup plus logiquement de respecter les droits de nos subordonnés, droits qui sont tout aussi réels que les nôtres, de ne jamais s'écarter envers eux des lois de la politesse, de ne pas prendre à leur égard l'habitude de cette dédaigneuse indifférence qui est la pire des barrières et de bien comprendre que l'attachement, auquel nous prétendons de façon quelque peu arbitraire, ne s'impose pas, qu'il se mérite.

SEPTIÈME CAUSERIE

Le respect dans la famille.

A l'heure où nous sommes, le respect est une habitude qui tend à se perdre sous toutes ses formes. Les traditions semblent au grand nombre puériles et démodées, la jeunesse ne respecte plus guère la supériorité d'âge; personne au fond ne respecte l'autorité, de quelque façon qu'elle se présente. Tout au plus respecte-t-on la loi, parce que pour l'appuyer il y a le gendarme. Où l'absence de respect se fait sentir surtout, c'est, chose honteuse à dire, dans le cercle de la famille. Tel qui se gêne encore un peu avec les étrangers, ne se gêne plus avec les siens. En général, se gêner le moins possible est devenu le but principal, et, par malheur, dans la vie vraie, dans la vie de devoir, telle que Dieu la veut, telle que la société l'exige, il faut, pour se maintenir à un niveau moral supérieur, beaucoup se gêner. C'est toujours à la suppression de l'égoïsme, à la diminution du moi que nous revenons coûte que coûte, et le respect, outre qu'il est une grande et belle loi, est encore un des meilleurs moyens pour y arriver. Certaines formes extérieures de politesse dans le monde ont passé à l'état d'usage presque machinal; mais le respect habituel et constant dans la famille est beaucoup plus difficile à pratiquer.

Sans doute l'enfant obéit à ses parents, car leur autorité, comme celle de la loi, s'affirme au besoin par la force, mais comprend-il bien qu'une raison d'ordre supérieur s'impose à lui et qu'à tout âge la seule manière de réserver vraiment son indépendance vis-à-vis d'une autorité, c'est d'en reconnaître le caractère sacré? L'enfant se croit bien souvent au contraire non seulement l'égal de ses parents, mais beaucoup plus capable qu'eux. Une jeune fille moderne, tout en supportant peut-être avec condescendance les réprimandes maternelles, pensera que cette « pauvre maman » a les préjugés de son temps; de même certains fils traiteront leur père, trop indulgent, en camarade. Tout cela est choquant, car la famille doit être une école de respect. Autrefois le respect dominait la tendresse. Tous les mémoires du passé nous donnent le tableau de ces intérieurs où l'on appelait sa mère « Madame », en lui baisant la main.

Nous avons peut-être, pour *changer tout cela*, passé à l'autre extrême. Le tutoiement, devenu presque général, efface une distance; il est vrai que, dans notre langue, il exprime plus étroitement l'affection. On peut être très respectueux envers ses parents, même en les tutoyant. Ce sont les formes de langage, le ton surtout qui importent. Il n'y faut rien qui marque l'égalité; parents et enfants ne sont pas égaux. Sans le respect, l'affection filiale n'est jamais ce qu'elle doit être; la base lui manque et avec elle la solidité.

Auprès des parents, il y a les grands-parents et c'est à eux que le respect doit aller, s'il se peut, davantage encore, car ils joignent au droit des années, celui de la faiblesse. Leur autorité ne se manifeste guère, elle personnifie l'indulgence, ils laissent les parents gronder, se disant qu'il leur reste bien peu d'années pour chérir. Comment pourrait-on leur témoigner jamais assez de vénération? Ils représentent un passé de sagesse et de labeur. La prospérité de la famille est en partie leur œuvre. Et pour tout cela, dont la jeunesse profite, est-ce trop demander que la déférence, l'absence de contradiction? Ces aïeuls aimables et bons s'associant à la vie qu'ils ne vivent plus que dans les autres, ces grand'mères conservant leur jeunesse de cœur jusqu'au bout, sont pour les petits enfants une leçon vivante contre l'égoïsme qui dessèche et paralyse. Levons nos regards vers eux; ils sont plus haut que nous sur les degrés qui montent aux sommets.

Je continue par où j'aurais dû commencer, par le respect de soi-même, qui implique celui de notre infortunée langue française — « demoiselle de bonne maison, de haute lignée, augustement apparentée », — comme on la qualifiait jadis. Beaucoup de jeunes filles adoptent l'argot et le ton de collégiens en rupture de classe. Ce laisser-aller d'expressions vulgaires déteint forcément sur la pensée, qui se vulgarise aussi. Sans incriminer le goût des sports, il faut reconnaître qu'il donne parfois à ces demoiselles des allures terriblement décidées et un fâcheux jargon. Les femmes, quel que soit leur âge, sont tenues avant tout de garder auprès des hommes de leur famille le prestige de la délicatesse; elles doivent mériter leur respect afin de l'exiger toujours. C'est en évitant la camaraderie qu'elles deviendront pour leurs frères les meilleures amies. Le respect de soi-même est une stricte obligation; la femme, la jeune fille lui devront d'être respectées d'autrui. Qu'elles apprennent à gouverner non seulement leurs actions, mais leur langage et leur pensée, à tracer autour d'elles un cercle que le mal, sous aucun prétexte, ne puisse franchir.

Combien de formes a-t-il, le respect! Savoir écouter avec patience et bonne grâce; se montrer serviable, complaisante; avoir pour les personnes plus âgées que soi de ces attentions menues qui sont la monnaie de l'amabilité; ne pas énoncer son opinion sur un ton dédaigneux de toutes les autres; ne pas trancher avec aplomb. En famille, le respect se prouve dans les détails dont la vie quotidienne est faite; il se manifeste à tout moment; c'est l'huile qui fait glisser les rouages sans grincement importun. Les occasions de dévouement sublime étant rares, ne négligeons pas les moyens, même infiniment petits, de nous rendre agréables.

HUITIÈME CAUSERIE

L'esprit de famille.

L'esprit de famille est une fraternité très étendue qui va s'élargissant toujours et qui des proches parentés gagne les plus lointaines. Hors de chez nous, il a formé les tribus et les clans. Au temps où chaque famille française habitait la même ville ou tout au moins la même province, ce lien subsistait entre alliés séparés par de nombreux degrés. Il ne reste plus de ces cousinages à l'infini, mais on connaît cependant des familles qui, malgré la dispersion, conservent les sentiments d'autrefois. Parmi elles, un parent aura toujours le droit de se réclamer d'un autre parent, même sans le connaître. Elles s'entr'aideront dans la vie, elles conserveront l'habitude de dire de leurs différents membres : « les nôtres ». Ce qui crée cette solidarité morale, c'est qu'on a besoin les uns des autres, c'est aussi que l'homme, n'étant pas fait pour vivre seul, se sent avec ces êtres qui lui tiennent, si peu que ce soit, par le sang, de profondes et mystérieuses attaches.

L'esprit de famille est exclusif comme tous les

sentiments forts, et ne serait pas sans danger s'il devait enfermer notre sympathie dans un cercle trop étroit. Mais cet inconvénient n'est guère à craindre, car aujourd'hui l'esprit de famille se perd de plus en plus. Il faut travailler à le reconstituer en ce qu'il a d'utile, l'inculquer aux enfants, le cultiver en soi. Les femmes sont désignées pour cette mission, par leur humeur plus conciliante, plus conservatrice, et par les facilités qu'elles ont d'entretenir des relations qui se rompraient sans elles.

Certaines familles très unies gardent pendant plusieurs générations la même ligne de conduite; on s'y attache fidèlement aux mêmes travaux, aux mêmes carrières; les esprits en reçoivent une empreinte spéciale; il y a des familles militaires, des familles de magistrats, des familles de savants. Jadis elles habitaient beaucoup sous le même toit. Les grands hôtels du Marais, transformés depuis en magasins et en entrepôts, ont abrité, sous Louis XIII et Louis XIV, du grand-père aux arrière-petits-fils, des familles nombreuses qui vivaient côte à côte en bon accord. A cette époque, le respect mutuel, la soumission au chef favorisaient cette vie commune qu'on s'efforce aujourd'hui d'éviter, qu'on n'accepte qu'avec de prudentes réserves. Les conditions d'indépendance actuelle rendent aisée la pratique des obligations familiales; c'est une raison de plus pour ne point négliger le peu qui en reste. Nous sommes peut-être trop disposés à choisir entre les parents qui nous plaisent et ceux qui ne nous plaisent pas. Il y a aussi les parents riches et les parents pauvres.

Les catastrophes, les transformations si fréquentes de la vie moderne amènent des différences de fortune même entre enfants du même père, à plus forte raison quand la parenté s'éloigne. La richesse grandit ou s'écroule ; une carrière brillante, un mariage lancent dans des mondes différents les cousins qui ont grandi côte à côte. Il n'y a rien à faire contre cela, si ce n'est d'élever les âmes assez haut pour qu'elles ne tiennent pas compte de ces changements extérieurs. S'il est beau d'être fils de ses œuvres, c'est une mesquinerie que de rougir d'une origine modeste. Les riches feraient bien d'y songer, et les pauvres de n'oublier jamais combien l'envie est un sentiment bas. Les femmes sont plus sujettes encore que les hommes à l'éprouver. Elles sont capables aussi de vanité cruelle, amputant par exemple au besoin leur famille d'un membre qui ne leur fait pas suffisamment honneur. D'autre part, la parente pauvre et sotte se trouvera fort à plaindre parce que telle personne de son nom a une voiture, tandis qu'elle roule humblement en omnibus. Tout cela est ridicule et misérable. J'en dirai autant des jalousies mondaines, des succès de beauté, de relations qui si souvent anéantissent les liens d'amitié.

Comprenons donc une bonne fois que s'entr'aider et s'entr'aimer étant un devoir de charité, l'obligation devient plus stricte encore, sans que l'argent ni les conditions sociales aient rien à y voir, quand il s'agit de notre parenté.

DEUXIÈME PARTIE

LA SOCIÉTÉ

NEUVIÈME CAUSERIE

**Nécessité et bienfaits de la vie sociale.
Solidarité.**

J'espère avoir démontré qu'un homme ou une femme qui posséderait au degré parfait les vertus familiales n'aurait qu'à les pratiquer plus largement à l'égard des autres hommes pour accomplir ses devoirs envers eux. C'est ce qu'exprime le mot admirable de fraternité. La vie de chacun ne s'enferme pas dans le cercle relativement étroit de la famille. Chaque individu a sa destinée à part, mais cette destinée touche par mille points à celle d'autrui. Vainement voudrions-nous — découragement ou égoïsme — essayer de nous isoler, nous sentons que des chaînes innombrables nous lient à tous les autres hommes, chaînes de devoirs, de droits réciproques, de sentiments communs. Nous recevons, nous donnons, et notre existence même est faite de ces échanges.

> Le laboureur m'a dit en songe : « Fais ton pain,
> Je ne te nourris plus, gratte la terre et sème. »
> Le tisserand m'a dit : « Fais tes habits toi-même »,
> Et le maçon m'a dit : « Prends la truelle en main »;
> Et seul, abandonné de tout le genre humain,
> Dont je trainais partout l'implacable anathème,
> Quand j'implorais du ciel une pitié suprême,
> Je trouvais des lions debout sur mon chemin.
> J'ouvris les yeux, doutant si l'aube était réelle;
> De hardis compagnons sifflaient sur leur échelle,
> Les métiers bourdonnaient, les champs étaient semés,
> Je connus mon bonheur et qu'au monde où nous sommes
> Nul ne peut se vanter de se passer des hommes.
> Et depuis ce jour-là, je les ai tous aimés [1].

Nous éprouvons journellement en effet que nous ne saurions nous suffire, que nous avons sans cesse besoin d'autrui, que nous exerçons et que nous subissons des influences. Tout cela, c'est la vie sociale qui s'étend, s'élargit comme ces cercles tracés sur l'eau par une pierre qu'on y jette; elle va de nos proches jusqu'aux étrangers, jusqu'à des êtres que nous ne verrons jamais. Qu'éclate une guerre, une épidémie, une catastrophe quelconque et nous en aurons de l'émotion, même si les victimes ne sont pour nous que des noms sur le feuillet d'un journal. Qu'un tremblement de terre détruise une population lointaine, nous frissonnons en l'apprenant; qu'une peste ravage l'Inde, des médecins partiront d'Europe pour arrêter le fléau. Et chaque fois des souscriptions s'ouvriront, secourant ces infortunés, sans que ceux qui les

---

[1]. *Le Songe*, sonnet de Sully Prudhomme.

envoient sachent seulement à qui vont leurs largesses. Toute souffrance et toute joie trouve en nous une fibre sympathique qu'elle fait tressaillir.

On remarque même que la douleur des autres éveille en nous plus d'échos que leur joie; certains veulent y voir une manifestation d'égoïsme : la crainte du mal semblable qui pourrait nous atteindre, tandis que la joie que nous ne partageons pas exciterait notre envie. Je crois qu'il y a une meilleure interprétation à donner à ce sentiment; les heureux n'ont pas besoin de nous; les malheureux au contraire trouvent un soulagement dans notre pitié. Le mot célèbre tant de fois cité du poète antique : « Je suis homme, rien d'humain ne peut m'être étranger »[1], résume donc la grande fraternité qui fait de toute l'espèce humaine comme un immense corps dont nous sommes les membres.

Chez certaines individualités particulièrement généreuses, cet instinct de sympathie qui nous rattache les uns aux autres devient un véritable amour fraternel porté jusqu'à l'héroïsme. C'est ainsi que les missionnaires de la religion vont jusque dans les pays les plus sauvages à la recherche de pauvres êtres qui, sans nous ressembler, sont cependant encore des hommes. C'est ce même amour qui soutient l'énergie du savant, du chercheur, poursuivant au prix de ses forces, un secret bienfaisant qui soulagera les maux de tous, une découverte qui aidera le progrès en marche. Cette sympathie naturelle est

1. Térence.

le grand lien des sociétés. La société dans son sens le plus étendu est l'ensemble de tous les hommes, et l'on peut également dire que par la tradition elle remonte dans le passé, que par le progrès elle s'étend vers l'avenir. Deux hommes, même appartenant à deux races différentes, pourvu qu'ils se rencontrent et s'*associent*, forment une société.

L'homme, réduit à vivre seul, serait à la fois incomplet et impuissant en face de l'existence; une grande partie de ses facultés resterait inactives. Nous savons avec quelle peine Robinson Crusoé reconstitue toutes les choses essentielles à la vie qui sont le produit facile et naturel de l'association. Il lui faut un effort prodigieux, une énergie extraordinaire pour défendre son intelligence contre l'abrutissement auquel le marin Selkirk, qui servit de modèle au romancier, n'avait pas échappé. La joie de Robinson quand il acquiert un compagnon de solitude, qui n'est pourtant qu'un pauvre sauvage, achève de prouver à quel point nous avons besoin de nos semblables. Nous sommes nés pour vivre en commun; notre société est une voûte de pierres liées ensemble qui tomberait si l'une ne soutenait l'autre. Cette image de Sénèque reste la plus belle et la plus saisissante qu'on ait donnée de la solidarité.

A chaque pas nous sentons l'impossibilité de nous isoler, la nécessité d'être aidés, le devoir d'aider nos semblables. La vie sociale se compose du travail de tous les hommes les uns pour les autres, chacun faisant ce qu'il sait faire; tous les métiers, toutes les carrières n'ont que cet unique but, et l'argent qui les rémunère est purement et simplement le signe matériel de ces échanges. C'est pourquoi nul ne doit se croire quitte envers la société, s'il le dépense d'une façon inutile.

Cette action réciproque s'exerce naturellement d'abord sur ceux qui nous touchent de plus près. Il y a, nous l'avons dit, beaucoup de petites sociétés dans la grande ; la première de toutes, la plus étroite est la famille, puis viennent les gens de la même ville, du même pays, non seulement nos égaux, mais ceux qui dans l'échelle sociale sont au-dessus et au-dessous de nous. Toutes les existences auxquelles la nôtre se rattache, plus ou moins directement, composent le groupe qui nous enferme et qui d'abord nous réclame. La mesure limitée de notre cœur et de nos forces nous impose de commencer par cette portion du grand univers, qui est le champ restreint de notre labeur, avant d'ambitionner d'être les serviteurs de l'humanité. La vie d'un grand nombre s'écoulera, sans que l'occasion survienne d'étendre leur action. Cela est vrai surtout des femmes ; elles peuvent se consoler en songeant qu'elles sont les ouvrières, obscures peut-être, mais efficaces, de la prospérité de leur pays et du monde, que le bien accompli par elles s'ajoute à d'autres efforts pour accroître le bien général.

D'ailleurs il y eut toujours des femmes qui, sans famille, s'en sont fait une de tous les déshérités d'ici-bas. La plupart des œuvres charitables les plus vivantes, les plus spontanées, ont jailli de cœurs féminins. On trouve les femmes partout où les porte le besoin irrésistible qui est en elles de donner et de se donner, dans les écoles où elles instruisent, dans les hôpitaux où elles soignent, à la tête des ouvroirs et des ateliers, dans les prisons, où elles montrent que la solidarité existe même entre les créatures les plus innocentes et les plus coupables; elles s'acquittent ainsi du devoir commun à tous envers la famille humaine. Qui dira toutes les fondations utiles que l'on doit aux femmes? Et leur influence sur les mœurs n'est-elle pas déjà un bienfait? Ces raffinements de politesse et d'esprit que le monde nous envie sont sortis des salons de France. D'autres peuples accordent aux femmes de se mêler, comme elles ne le font pas chez nous, aux affaires publiques. C'est le cas, sans tomber dans le travers des ambitions vaines et des indiscrètes revendications, de nous préparer par le développement de notre être intellectuel et moral aux prérogatives plus ou moins vastes qui pourront nous être accordées tôt ou tard. Par parenthèse, rappelons-nous bien que les peuples ne peuvent faire les uns aux autres que des emprunts très prudents. Chacun d'eux a son tempérament et ses usages. Je ne connais rien de plus ridicule que certaines de nos jeunes filles affectant d'être élevées à l'anglaise ou à l'américaine, sans avoir la clef de cette éducation fondée sur un état social différent du nôtre.

En attendant qu'elle ait son mot à dire dans les conseils de la nation, la femme formera des citoyens. Elle enseignera d'abord à ses fils qu'aux heures où le grand devoir social parle le devoir quotidien doit lui céder le pas, qu'ils appartiennent à la patrie plus qu'à la famille; en agissant ainsi, elle-même agit en citoyenne et en patriote par le sacrifice de sa tendresse. Tous, hommes et femmes, chacun à notre rang et dans notre sphère, nous portons en nous trois amours qui doivent s'unir sans se confondre, celui de la patrie, celui de la famille, celui de l'humanité, et tous les trois avec des obligations différentes, selon l'âge et le sexe, peuvent se ramener au même précepte : ne jamais faire de mal, faire du bien toujours autant que nous le pouvons.

C'est le bienfait le plus grand peut-être de la société, de nous enseigner à multiplier, à agrandir notre propre vie, que l'égoïsme, l'intérêt personnel rétrécit et abaisse. Et, lorsqu'on sait le comprendre, l'aide acceptée par nous est également salutaire, contribuant tout autant à nous rendre meilleurs.

La solidarité est ce lien d'obligations réciproques qui unit tous les individus, les divers groupes d'une nation et enfin les nations entre elles, par ce qu'on a appelé le droit des gens, lequel n'est jamais violé sans que dans l'histoire une protestation s'élève et condamne les oppresseurs. Le mot de solidarité implique la mutuelle dépendance où nous sommes les uns par rapport aux autres. Cette dépendance, si sensible dans la famille, se retrouve dans la société, limitant notre liberté par celle d'autrui, intéressant chacun à la prospérité de tous, nous obligeant, pour notre avantage même, à accepter les charges d'une association dont nous avons les bénéfices. L'indépendance absolue ne peut exister ; elle devrait être achetée, toujours comme pour Robinson dans son île, au prix de l'isolement absolu.

C'est ainsi que dans tous les groupes naturels ou volontaires, il existe : 1° une solidarité réciproque, qui n'empêche pas l'égalité, 2° une autorité, condition essentielle du progrès matériel et moral.

On a souvent comparé la société à un édifice; pour le bâtir, il faut des ouvriers nombreux de diverses professions qui, sous des chefs, y concourent suivant leurs capacités: nul ne pourrait construire l'édifice à lui seul; on ne peut se passer cependant du travail d'aucun. Qu'il s'agisse de métiers ou d'associations ayant un but scientifique, philanthropique, etc., la même loi s'impose; il n'y a pour nous d'utilité, par conséquent de vrai bonheur que dans l'association avec nos semblables.

La solidarité du travail n'est pas la seule; il y a encore la solidarité morale. L'histoire d'un peuple est celle de cette solidarité, elle est le récit des traditions dont il vit et qu'il continue, le développement à travers les siècles de sa personne morale, faite de générations successives. Nous bénéficions aujourd'hui des efforts accumulés pendant des siècles et l'avenir profitera des nôtres. Même dans le présent, chacun de nous agit sur son milieu par son bon vouloir et ses bonnes actions. Strictement, la société n'est pas responsable du crime ou du déshonneur d'un de ses membres, mais cependant elle en est atteinte, et c'est ce qui lui donne le droit de le condamner. L'opinion, quelquefois injuste par ses sévérités, est néanmoins respectable parce qu'elle est l'expression de cet honneur collectif, que nul n'a le droit d'offenser, même lorsqu'il semble ne se nuire qu'à lui-même.

Car une mauvaise action, rien que parce qu'elle existe, nuit toujours à quelqu'un. L'exemple découle aussi de cette influence; on sait que, dans une bataille, quelques braves suffisent à entraîner un régiment; de même des paniques ont été déterminées par la lâcheté d'un petit nombre. Mais il y a dans le bon exemple quelque chose de plus que cette contagion, il y a l'appel aux facultés les meilleures de notre âme, que la vue d'une noble action éveille et stimule.

De l'opinion et de l'exemple naît la *coutume*, encore un effet de l'association des individus. C'est ainsi que dans un même pays, les usages, les manières de voir se généralisent, c'est ainsi qu'on se ressemble entre gens de la même nation.

Nous avons en France un certain nombre de villes qui portent fièrement la croix de la Légion d'honneur dans leurs armes, Châteaudun entre autres pour son inoubliable défense (1870) au milieu de l'incendie et du bombardement. Ces villes décorées me semblent une parfaite expression du lien de solidarité qui rattache le premier des groupes après la famille : la cité. Tous se sont unis dans un même élan, pour la défendre, tous sont honorés de l'honneur qu'elle reçoit, et aujourd'hui les enfants de ceux qui combattirent alors, se sentent fiers de cette croix qui leur appartient en commun. Toute gloire nationale est également le partage de tous. Les plus humbles, les plus ignorants le comprennent. Rappelez-vous les funérailles triomphales de Victor Hugo et cette foule pressée qui s'identifiait avec le poète. Pour aller plus loin, est-ce que tous les génies, tous les grands cœurs, tous les héros, s'ils sont à leur nation d'abord, n'appartiennent pas à la grande famille humaine, ce qui nous donne le droit de nous glorifier d'eux?

DIXIÈME CAUSERIE

Devoirs des hommes vivant en société.
La Justice.

Avez-vous vu, sculptées par les artistes du moyen âge ou de la Renaissance, les figures des quatre vertus cardinales : Force, Prudence, Tempérance et Justice? A Nantes, elles se dressent en gardiennes, aux quatre angles du tombeau du duc François II de Bretagne, qui les connut très insuffisamment. Graves et belles, elles tiennent leurs attributs. La Justice a ses balances et la Force son glaive. Est-ce à leur mine sévère que ces vertus doivent de nous apparaître plus estimables qu'attrayantes? Il est de ces vertus-là comme de certaines personnes dont on sait les mérites, mais dont on redoute la société. Et cependant avec quelqu'un qui les posséderait, sans en avoir d'autres plus douces, on vivrait en pleine sécurité, ce qui est déjà beaucoup. Ce quelqu'un aurait la notion exacte et le respect de tous les devoirs, des siens comme de ceux de ses voisins, car la justice n'est pas autre chose; mais il faut qu'elle marche escortée de ses trois compagnes, ou elle risque fort de ne plus être la Justice.

La Justice est, selon la belle expression d'un philosophe contemporain, le grand battement de cœur de l'humanité. Les anciens la définissaient plus nettement : la volonté ferme et constante de rendre à chacun ce qui lui est dû. Le sentiment du juste et de l'injuste est inscrit dans l'âme de tous les hommes. Un petit enfant, dès qu'il commence à comprendre, sent fort bien quand il agit mal et a peut-être mieux encore le sentiment de l'injustice, si on le réprimande quand il ne l'a pas mérité. Les sauvages possèdent l'instinct d'une certaine justice. Les nations de l'antiquité ont toutes connu et respecté l'homme juste, même quand il leur arrivait de l'exiler comme Aristide, ou de le mettre à mort comme Socrate.

Ce qu'on nomme la loi naturelle n'est pas autre chose que l'ensemble des devoirs de justice et, à aucune époque, on ne trouve de peuples qui l'aient totalement ignorée. Seulement elle était chez eux obscurcie, altérée par la barbarie ou la corruption des mœurs, ce qui ne l'empêchait pas néanmoins d'exister. Nous saluons dans tous les siècles de nobles figures qui la personnifient plus ou moins, mais jamais complètement, parce que ces hommes subissaient l'influence de leur milieu, de leur temps, et qu'ils croyaient légitimes des choses qui aujourd'hui nous révoltent ; par exemple l'esclavage, la cruauté envers les vaincus, les sacrifices humains. Même dans la vieille Rome, qui semble symboliser le règne de la justice austère, que de duretés à l'égard des faibles ! Et pourtant la justice est plus encore le droit du faible que le droit du fort, puisque le faible n'a pas d'autre défense.

La loi de justice offre deux aspects différents, justice commutative et justice distributive. La justice commutative, c'est la justice d'échange, tant pour tant. Elle ne tient pas compte des personnes, mais seulement des objets échangés. La balance en est le symbole. La justice distributive fait acception de personnes. C'est elle qui proportionne le salaire au mérite. Une égalité de rapports la symbolise. L'équité a plus de souplesse encore. Les anciens la comparaient à une règle de plomb qui suit les sinuosités du terrain à mesurer, par opposition à l'inflexible règle de fer. Rien de matériel cependant ne l'exprime tout à fait. Elle est tout entière esprit. Et c'est parce qu'il y a dans les âmes humaines des choses que seule une âme peut apprécier que l'équité trouve sa place à côté, au-dessus de la justice.

L'idée de justice implique celle de droit; tous les hommes sont frères, et leurs droits sont égaux. « Ne fais pas à autrui ce que tu ne voudrais pas qu'on te fît » résume par suite le devoir de justice, de même que l'autre formule évangélique : « Fais à autrui ce que tu voudrais qu'on te fît » résume les devoirs de charité. Chacun a le devoir de respecter les droits d'autrui, et pour les mieux connaître, comme nous sommes généralement fort bien renseignés sur les nôtres, nous n'avons qu'à retourner la question, à considérer nos actes à cette lumière, pour voir s'ils n'empiètent sur le domaine de personne. Puisque nous vivons en commun, chacune de nos actions répond à une autre action ou la détermine chez ceux à qui nous rattachent des liens multiples, parenté, amitié, associations de toute nature, et d'abord le grand lien supérieur de la fraternité humaine. Il est clair que l'homme qui agirait à sa guise, sans souci de tout cela, ne pourrait être que souverainement injuste; du reste, il rencontrerait vite des résistances qui le lui feraient sentir. Ce mot d'injustice est si odieux qu'il excite l'indignation dès qu'on le prononce. Rien ne nous blessera davantage que le reproche : « Vous êtes injuste », surtout si nous avons vaguement conscience que nous le sommes.

On n'a qu'à dire : « C'est une injustice qui se commet », pour qu'une protestation monte de l'âme aux lèvres; un instinct puissant, s'il n'est pas faussé par l'intérêt personnel, nous avertit tous que nous défendons une cause commune. Presque tout le monde sait au fond distinguer où est la justice; la conscience la plus engourdie le dit assez haut pour être entendue. Mais on n'a pas la force ou la volonté d'écouter : c'est ce qui s'appelle *manquer de caractère*; les trois autres vertus du grand quatuor font défaut.

En réalité, il est beaucoup plus difficile, et par conséquent plus rare, d'être juste que d'être bon. Pour être bon, nous n'avons souvent qu'à nous laisser aller au penchant de notre cœur, et même s'il en coûte un sacrifice, nous avons la satisfaction de l'accomplir volontairement. Quand nous sommes justes, nous nous acquittons d'une dette, impérieuse et stricte, et payer une dette est infiniment moins agréable que faire un cadeau.

Puis, que de complications pour être juste, dans les nuances délicates et multiples de la conduite! Les grandes lignes s'accusent toutes simples au premier abord; il nous semble impossible que des êtres droits et honnêtes puissent être tentés de les violer. Mais pour apprécier la justice d'une action, il faut voir très clairement tous les mobiles qui nous font agir et tous ceux qui déterminent autrui. On est si tenté de s'illusionner sur soi-même, de se donner raison, de se payer de mots! C'est encore pis quand il s'agit non de soi, mais d'un être qu'on aime. Les femmes, surtout pour leurs enfants, leur mari, leurs proches, se montrent d'une exigence féroce, sacrifiant sans pitié les droits de qui ne leur est rien. « Quand on aime, c'est le cœur qui juge[1]. » Disposition touchante, lorsqu'il s'agit de soi seul, mais faiblesse funeste, quand d'autres que nous sont les offensés.

Vous prendrez parti pour vos amis, vous les soutiendrez même dans leurs torts; aveugles sur leurs défauts, vous les aiderez inconsciemment à nuire à d'autres qui vous sont indifférents. Que de femmes font ainsi, et quels désastres cet aveuglement n'a-t-il pas entraînés!

Ce n'est pas pour rien que la justice a ses balances; nous sommes coupables d'y mettre de faux poids, même sous forme de tendresses et d'illusions. Si l'on est injuste envers nous, si l'on froisse nos droits, si l'on nous prive de ce qui nous appartient, nous nous

---

1. Joubert, *Pensées*.

indignons, nous protestons ; mais combien peu d'esprits savent réellement discerner le bien d'autrui, et combien peu de volontés le respectent, alors qu'elles ont tant défendu le leur!

La plupart de nos torts, des dommages que nous causons aux autres seraient évités, si nous nous appliquions simplement à essayer d'être justes. Remarquez que *rendre justice aux autres* signifie voir leurs bons côtés, que *rendre justice à soi-même* ne veut pas toujours dire ne voir que les mauvais. Nous sommes, il est vrai, trop portés à l'illusion sur nos défauts, mais nous nous connaissons fort mal de toutes façons, et il est nécessaire que nous ayons de nous-même, défauts et qualités, une vue parfaitement nette, car la connaissance de nos devoirs en dépend.

C'est être injuste envers soi et envers les autres que de garder des forces sans emploi pour le bien; c'est injustice aussi de ne pas sauvegarder ses droits. Une femme qui, par faiblesse ou timidité, laissera ses enfants, ses inférieurs manquer au respect qu'ils lui doivent, deviendra incapable de remplir sa tâche envers eux. Et ce devoir même, il faut en avoir le sentiment exact; nul n'est plus injuste que telle personne absolue, préoccupée d'obligations qu'elle considère étroitement à un seul point de vue, le sien, et l'imposant aux autres avec d'autant plus de despotisme qu'elle croit accomplir un devoir de justice. Oh! ces pauvres balances, si nous les maintenions en équilibre, au lieu de tout jeter dans un seul des plateaux, beaucoup de choses iraient mieux ici-bas! Il y a certainement une difficulté extrême à se mettre par la réflexion à la place d'autrui. Deux êtres peuvent être liés de la plus étroite affection sans arriver à se bien comprendre. Comment donc serions-nous sûrs de la portée réelle de nos actions par rapport à ceux qu'elles atteignent? Il nous arrivera ainsi d'être injustes sans le savoir. Mais ce que nous pouvons toujours, c'est surveiller la droiture de nos intentions, repousser le mensonge sous toutes ses formes, nous proposer au moins l'impartialité, ne jamais oublier ce principe fondamental de la justice : faire le bien, non par pur instinct, mais parce que c'est le bien.

On a divisé les devoirs en devoirs *stricts* et en devoirs *larges*. Ne pas rendre le mal pour le bien, ni même pour le mal, ne pas en faire gratuitement : cela, c'est l'obligation stricte. La justice ajoute encore, — puisque sans pouvoir l'exiger, nous attendons assurément cette conduite de nos semblables, qui peuvent par conséquent l'attendre de nous : — rendre le bien pour le bien, faire du bien même à qui ne nous en a pas fait. Devoir *large* si l'on veut, et dont cependant tous, à moins d'être gouvernés par l'égoïsme, nous entendons la voix pressante.

Il s'est de tout temps perpétré beaucoup d'actes injustes; l'histoire en condamne un grand nombre, mais à côté de ceux-là, elle enregistre glorieusement les actions justes, elle garde la mémoire des hommes qui ont eu la passion de la justice jusqu'à donner leur vie pour elle. Nous connaissons de ces amis de la justice; ils en ont pris une si forte habitude que ni l'intérêt ni la crainte n'agissent sur eux; ils répondraient toujours aux menaces, comme aux promesses : — Je ne peux pas!... — et en effet leur volonté demeure liée au devoir jusqu'à l'impossibilité d'y faillir, qu'ils soient magistrats ou soldats, hommes publics ou simples citoyens. Le chancelier de L'Hôpital est dans le passé une de ces grandes figures dressées au milieu des luttes sanglantes des partis, — s'efforçant de maintenir intacts les droits de la justice au péril de sa vie, suspect d'hérésie pour avoir voulu épargner le sang des calvinistes, en disgrâce à la cour, menacé par la populace, victime des factions violentes entre lesquelles il se jette, sans pouvoir les dominer, et expirant, après la Saint-Barthélemy, sur cette fière parole à ceux qui lui promettaient de royales indulgences : « J'ignorais que j'eusse jamais mérité ni la mort ni le pardon. »

La justice distributive ne s'impose guère aux femmes, sauf dans la sphère étroite du foyer. Elles ne sont en effet appelées que par exception aux affaires publiques, bien que depuis Déborah, la prophétesse qui jugeait en Israël sous son palmier, on ait vu des souveraines donner sur le trône des exemples parfaits de justice. Mais enfin elles n'ont pas en général le fardeau des terribles responsabilités qui incombent au juge et au législateur : veiller au maintien de l'ordre public, au respect de l'intérêt général comme de l'intérêt privé, aux droits égaux de chacun, de telle sorte que les vertus, les talents, les services soient les seuls titres à la prééminence; elles n'ont pas — et qu'elles en bénissent leur sort — à décider de la guerre, ni à trancher le problème redoutable qui se pose ainsi : tout homme a le droit de vivre ; mais la société a aussi le droit de se conserver ; quand faut-il appliquer la peine de mort, étant donné qu'elle ne doit être ni une vengeance ni une expiation, mais avoir pour but unique d'épargner d'autres vies humaines? La justice chez la plupart d'entre elles s'appelle plutôt droiture ou équité ; cette équité, dont nous avons dit les caractères et les difficultés, leur est très nécessaire dans les relations sociales, et d'autant plus qu'elles sont portées davantage à suivre leur premier mouvement, à n'envisager les questions que d'un seul côté. Cependant il semble qu'on ne songe pas assez à la leur inculquer. La douceur est certes la vertu principale de leur sexe et son plus grand charme ; mais on laisserait volontiers entendre que cette douceur peut être sans inconvénient de la faiblesse, que ce charme peut être fait de caprice, de fantaisie dans les jugements. Réfléchit-on que l'injustice dans les actes s'ensuivrait? Qu'elles cultivent donc en elles-mêmes l'équité, l'habitude de reconnaître impartialement ce qui est juste, même en dehors de toute loi, de toute convention.

La justice suppose en effet, nous l'avons vu, un droit reconnu et positif dont l'équité n'a point à s'occuper, car, si elle prend sa source dans le sens moral, elle peut écouter pourtant les conseils du cœur. La stricte justice est pour l'homme une obligation impérieuse ; on ne songe guère à lui en faire un mérite, pas plus que du courage ; c'est l'absence de l'un ou de l'autre qui serait remarqué et flétri. L'équité est *u* contraire chez la femme une vertu très louable, étant de fait presque impossible à pratiquer si l'on n'a de bonne heure pris soin de se servir de sa raison pour choisir librement la voie du devoir et pour réprimer la passion trop prompte à égarer le jugement.

Les femmes, ayant possédé de tout temps une grande influence sur l'opinion, doivent à la société que cette influence ne s'exerce qu'en faveur de causes justes. Qu'elles sachent pardonner et plaindre le mal, mais qu'elles n'aillent jamais jusqu'à le justifier et le défendre, faute de cette claire vue de l'esprit qui empêche la sensibilité de se tromper de route. Il ne suffit pas que leur empire dans la famille ou dans la société soit fait de grâce et d'indulgence, il importe qu'elles y ajoutent une absolue rectitude dans leur propre conduite, qu'elles voient distinctement l'injustice et ne craignent pas de la signaler à leurs maris ou à leurs fils, si une défaillance atteint ceux-ci.

Même dans les impulsions qui nous portent vers le bien, nous devons recourir aux lumières de la justice : le sacrifice le plus désintéressé de nous-même peut être injuste, s'il blesse les droits de quelqu'un, en privant ce quelqu'un de notre temps, de notre affection, de notre vie, et c'est ce que les femmes ne comprennent pas assez, trop portées à faire le bien qui les attire, la charité par exemple, et à oublier le devoir obligatoire qui ne serait pas de leur goût. Négliger son intérieur pour des œuvres de bienfaisance facultatives, donner aux pauvres l'argent qu'on doit à ses fournisseurs, nuire à un indifférent pour rendre service à un ami, combattre une cause sans examiner si elle est bonne, lorsqu'elle est soutenue par des gens qui vous déplaisent : toutes ces formes de l'injustice sont courantes et d'autant plus obstinées qu'elles sont passionnées et aveugles.

Une grande éducatrice d'autrefois préparait ses élèves à ne pas trouver dans le monde cette droiture qu'elle leur recommandait d'ailleurs avant toute chose [1] :

> Peu de personnes, disait-elle, en sont capables. Il y en a peu qui en aient naturellement; d'autres en auraient, mais ne savent pas en quoi elle consiste; d'autres enfin le savent bien, mais il leur en coûterait trop, l'intérêt les retient. Vous ne le sentez pas actuellement, mais vous le sentirez un jour, quand par exemple vous n'aurez que deux pistoles et qu'il vous faudra en donner une par droiture, vous verrez que ce n'est pas si aisé; et cependant nous n'avons pas de droiture si, dès qu'il nous en coûte quelque chose, nous ne voulons pas faire ce qu'elle nous demande. Qu'on ait un procès injuste, il y a peu de gens qui disent : Il faut l'abandonner... et, quand il s'agit de la moitié de notre bien, cela est encore plus difficile. Cependant il faut y passer, faire justice à ses dépens.

Mais Mme de Maintenon ajoutait :

> Si vous êtes assez heureuses pour avoir cette droiture, il ne faut point avoir de peine à souffrir ceux qui en manquent, il faut au contraire qu'elle vous les fasse supporter patiemment dans la vue de la leur inspirer. Pour vous, tâchez, dans les occasions, de donner des marques de la vôtre et de la faire aimer. Les vertus ne sont point opposées les unes aux autres, et ainsi en voulant être droites, il ne faut pas manquer à être charitables.

Ces leçons vieilles de deux siècles, la femme et la jeune fille contemporaine peuvent encore s'en nour-

---

1. Mme de Maintenon, *Entretiens avec les demoiselles de Saint-Cyr.*

rir avec profit; elles y apprendront à ne pas tenir leur existence par doit et avoir, comme un livre de comptes, à ne pas exiger en toutes choses la stricte réciprocité. Si l'on est équitable, on ne s'imagine pas que le monde est fait pour soi seul, et au lieu de prendre partout la meilleure place, de traverser la vie sans s'inquiéter de ceux qu'on écrase au passage, on ne perd jamais de vue qu'à ce banquet dont nous sommes les convives, il est de simple justice de ne pas enlever la moitié du dîner du voisin. Cette vertu de l'équité, appliquée au détail de la vie quotidienne, aide donc d'abord à déraciner en nous la mauvaise herbe de l'égoïsme, que nous ne pouvons cesser un seul instant d'arracher sans qu'elle repousse et envahisse tout.

ONZIÈME CAUSERIE

Respect de nos semblables dans leur vie.

Notre premier droit, celui que nul ne peut songer à contester, est le droit de vivre. Chacun, sur terre, a droit à l'existence. L'homme n'est ni pour lui, ni pour les autres, « le maître de la vie et de la mort ». Comme un soldat en sentinelle, il attendra, en accomplissant consciencieusement sa faction, si pénible soit-elle, que le chef suprême vienne le relever.

Voilà donc la condamnation du suicide qui, chez les anciens, était un acte de courage, mais qu'une morale plus haute nous interdit. La première vie que nous soyons tenus de respecter est la nôtre, elle ne nous appartient pas. Fuir la souffrance dans la mort est une des erreurs de notre époque, et si ces actes de désespoir n'étaient le plus souvent mêlés de folie, on ne saurait les juger avec trop de sévérité. On a vu à plusieurs reprises une famille entière se donner ainsi la mort parce que la misère l'épouvantait. On a vu des mères tuer avec elles leurs enfants trop jeunes pour comprendre. Devant ces tragédies, la pitié ne doit pas nous faire oublier la grande loi de justice.

Il n'est jamais permis de déserter la vie, pas plus que d'en délivrer les autres. Un médecin ne hâtera pas la fin d'un mourant, même pour l'empêcher de trop souffrir. La loi morale qui nous défend le suicide et l'homicide nous défend également de risquer notre vie ou d'exposer celle d'autrui pour des motifs futiles. Autant il est beau de braver la mort par dévouement au devoir, autant il est coupable et mesquin de le faire par plaisir ou par caprice. N'est-ce pas un peu le cas des femmes qui usent leur santé dans la course perpétuelle à l'amusement, qui se rendent malades en commettant des imprudences réitérées et deviennent incapables ainsi de remplir une tâche sérieuse en ce monde?

Mais revenons à l'homicide proprement dit : « Tu ne tueras point ». — Cet article du décalogue biblique est une loi générale de tous les peuples. Si, dans une société, chaque individu s'arrogeait le droit de supprimer l'être qui le gêne, la vie commune ne serait plus possible. Aussi la loi châtie-t-elle ce crime d'homicide, soit par la mort même, soit par la privation de la liberté, condamnant le meurtrier, et ôtant ainsi tout prétexte aux vengeances individuelles, aux justices sommaires, telles qu'il en existe dans les pays primitifs, où rien ne contient les violences déchaînées. On n'est donc jamais justifié de tuer ou de blesser, même dans un accès de juste colère, quiconque nous a fait quelque injure. Si l'on n'a pas la générosité de pardonner ou la fierté de mépriser l'insulte, c'est à la société, par ses lois et par ses tribunaux, que l'on doit demander protection. Supprimer un être humain, même mauvais, clore sa vie en lui ôtant tout avenir de régénération, est chose si grave, que seule l'indignation, poussée jusqu'à l'égarement de la conscience, explique comment un honnête homme peut verser le sang d'un de ses semblables, fût-ce sous couleur de duel apparemment régulier et même chevaleresque. Ce beau mot d'*humanité*, synonyme de pitié universelle, ne témoigne-t-il pas que c'est la vertu essentielle qui distingue notre race des animaux ?

Le crime d'homicide est d'autant plus barbare quand il tranche une vie attachée à la nôtre par les liens du sang — le parricide, le fratricide sont des monstruosités — ou quand il s'attaque à des êtres faibles, sans défense, à un enfant. C'est la partie supérieure de notre être qui se soulève contre des actes ravalant l'homme jusqu'à la bête féroce.

L'assassinat politique a existé dans tous les temps ; on s'est efforcé de le justifier ; l'antiquité l'a glorifié, lorsqu'il frappait les tyrans, sans comprendre que le meurtre de Tarquin conduisait à celui de César. Ce qui le condamne, c'est que le plus souvent ceux qui tombent sous l'arme des fanatiques sont des justes : Henri IV frappé par le couteau de Ravaillac au moment où il médite d'établir la paix entre tous les peuples ; et plus près de nous, Lincoln qui vient de supprimer l'esclavage ; Alexandre II qui libéra les serfs de Russie ; le président Carnot, auquel il serait difficile de reprocher un acte de despotisme. Même s'il s'agit de monstres, la violence à leur endroit n'en est pas moins coupable, d'autant qu'elle retarde, en provoquant les représailles, l'heure de délivrance qu'elle prétendait hâter. La figure de Charlotte Corday frappant Marat est tragique et belle dans son sacrifice d'elle-même, l'acte n'en est pas moins condamnable et l'impulsion erronée. Enfin, dans un pays libre, l'assassinat politique est un anachronisme, car nous avons aujourd'hui d'autres ressources contre les tyrannies.

Cependant il y a un cas où le meurtre est permis : celui de légitime défense. J'ai le droit de défendre ma vie le mieux que je puis contre un agresseur criminel, comme je le ferais contre un tigre. En admettant qu'il succombe dans la lutte qu'il a provoquée, la responsabilité de cette mort ne saurait retomber sur moi.

La guerre rentre dans ces cas de légitime défense : il n'en est pas de plus douloureux, et tous ceux qui ont vécu l'année trop justement nommée *terrible* n'y peuvent penser sans frémir. Tant de vies humaines sacrifiées, avec tout ce qu'elles pouvaient produire de bon et de grand, tant de larmes, tant de souffrances! Mais s'il nous est permis de nous défendre, un devoir bien plus impérieux nous ordonne de défendre la patrie outragée. Chaque soldat est justifié de ses actes par l'obéissance à ce devoir; il frappe, il tue des inconnus, qui sont collectivement l'ennemi ; non seulement il n'est pas coupable, mais il agit héroïquement en exposant sa vie pour sauvegarder tous ses concitoyens. La responsabilité incombe aux chefs d'États, aux conducteurs de peuples, qui d'un mot lancent deux nations l'une contre l'autre, et on peut juger combien cette responsabilité est écrasainte au tressaillement de joie et d'espérance que suscite une perspective de paix universelle, irréalisable peut-être; car, pour la réaliser, il faudrait que les peuples renonçassent à toute injustice, à toute violence, et cela leur est aussi difficile qu'aux individus.

Si la guerre en elle-même est permise, une guerre injuste devient un des plus grands crimes contre l'humanité par les maux qu'elle entraîne. Cependant, alors même le soldat n'est pas coupable, puisqu'il ne peut refuser d'obéir à la volonté du groupe social dont il fait partie. Il est responsable seulement de tous les excès de la guerre, de tous les crimes inutiles qu'il commet. — « La guerre le veut » — ce mot n'est pas une excuse, quand il s'agit d'actions inutilement cruelles. La justice, en ce cas, parle si haut que des conventions sont intervenues entre les nations pour sauvegarder « le droit des gens » et atténuer, au nom de nos civilisations plus douces, les traces de barbarie laissées par les anciens âges. Il n'est plus admis, comme jadis, de massacrer les blessés et les prisonniers. Puisse un jour le progrès, continuant sa marche, amener une conception de la justice qui fournisse, pour régler les querelles entre peuples, d'autres moyens que celui qui consiste à jeter des milliers d'hommes les uns contre les autres, avec mission de s'entre-détruire!

Je parlais du duel tout à l'heure. Cette coutume, léguée par le moyen âge et ses combats singuliers, a disparu dans beaucoup de contrées. Elle existe encore chez nous, et bien des gens estiment que c'est un moyen permis de se faire justice, un cas de légitime défense comme un autre, l'honneur étant encore plus précieux que la vie. Mais la conscience proteste : on ne peut être juge dans sa propre cause. Puis il arrive qu'on se batte pour des raisons futiles ; souvent ce n'est, à vrai dire, qu'un simulacre de duel ; alors même, un meurtre imprévu peut être la conséquence d'une querelle insignifiante. Des vies utiles et précieuses ont été sacrifiées ainsi pour peu de chose. Le duel n'est donc pas un acte raisonné, c'est un acte de colère et de haine, acte violent, répréhensible, quoique relevé au-dessus de l'homicide par ce fait que l'adversaire est consentant et mis à même de se défendre.

Dans certains pays où les mœurs sont restées sauvages, la vengeance des injures se transforme en institution. Les *vendettas* corses en sont un exemple, et le progrès n'est pas de nos jours parvenu à les déraciner. Cependant quelques hommes de devoir ont lutté pour faire entrer dans ces âmes passionnées des idées de pardon, supérieures à la haine héréditaire. En 1847, un citoyen courageux, Franceschi, s'était donné la tâche d'éteindre ces vengeances qui arment jusqu'aux femmes. Il faillit être tué, pour avoir dit en donnant asile au meurtrier d'un de ses parents : « Il faut le livrer aux juges et non l'assassiner. »

Est-il nécessaire d'ajouter que la loi morale qui défend le meurtre implique la défense de tout abus de la force, de l'homme sur la femme, de l'un ou de l'autre sur l'enfant, toute brutalité, tout mauvais traitement qui, en attaquant l'être à ses sources essentielles, détruisent la vie, ou rendent la victime à jamais incapable de s'acquitter des devoirs de l'existence ?

L'éducation, telle que nous la comprenons, écarte de la volonté les impulsions brutales, et cependant sous l'empire de la colère, ces impulsions reparaissent chez les gens les mieux élevés, en qui elles font surgir des instincts qu'on ne saurait trop s'appliquer à détruire par des motifs de nature supérieure.

Nous devons avoir à la fois le mépris de la mort et le respect de la vie : le premier, pour placer au-dessus de tout et de notre conservation même les grandes vertus qu'on nomme honneur, patriotisme, justice, dévouement; le second, parce que ces vertus, nous avons à les vivre et que les jours qui nous sont accordés y suffiront à peine. Voilà pourquoi nous ne saurions trop traiter comme sacrée notre vie et celle de tous les hommes.

DOUZIÈME CAUSERIE

Respect de nos semblables dans leur liberté.

Après la vie, ou au même rang qu'elle, le premier bien de l'homme est la liberté. En effet, à quoi nous servirait l'existence, si nous ne pouvions agir librement, dans la mesure que permet la liberté de ceux qui nous entourent? C'est le droit naturel de l'homme, en tant que personne raisonnable méritant d'être respectée. Nul n'a le droit de le contraindre par la force au travail, de l'empêcher d'aller et de venir à son gré, autrement dit de le séquestrer, de l'enfermer, de disposer de sa personne et de sa volonté. Sans cette liberté inaliénable il n'y aurait point de morale, puisque la morale est précisément le bon emploi, non instinctif, mais voulu, de notre activité et de nos facultés. On doit même être libre de mal faire, car il n'y aurait sans cela aucun mérite à faire le bien. Seulement la société a dû établir des lois et des châtiments qui parent aux inconvénients qu'aurait une liberté dangereuse, pour l'intérêt général. Si je viole ces lois, je sais à quoi je m'expose, si je veux mal agir, la première entrave est dans ma conscience;

mais le libre choix dépend de moi. Il n'y a rien de plus beau que cette liberté, rien qui relève davantage la dignité humaine.

La liberté physique doit accompagner a liberté morale. Sans doute le corps peut être enchaîné et l'âme rester libre ; cela s'est vu sous toutes les tyrannies; mais l'homme dans aucune circonstance ne peut jamais devenir la propriété d'aucun de ses semblables. C'est ce qui fait de l'esclavage une injustice odieuse et révoltante. Et cependant il a été admis comme légitime par tous les sages de l'antiquité, il a existé jusqu'à ce siècle, il existe encore en Orient, en Afrique. Il a fallu de nos jours une longue guerre et des flots de sang versé pour le supprimer en Amérique. Rappelons qu'un des instruments les plus efficaces de cette œuvre libératrice fut une femme, Mme Beecher Stowe, avec un livre dont l'effet n'a jamais été égalé : *la Case de l'Oncle Tom*, qui révéla toutes les horreurs de l'esclavage, montrant le nègre vendu, traité en bête de somme. Un traitement plus doux — tel qu'il existait chez beaucoup de possesseurs d'esclaves — ne justifiait pas davantage cette iniquité qui consiste à ôter à un homme la possession de lui-même.

Le servage qui, jusqu'à ces derniers temps, persista en Russie, comme chez nous au moyen âge, n'était que l'esclavage atténué. L'homme lié à la terre ne pouvait la quitter, il était vendu avec elle, le fruit de son travail appartenait au seigneur. Ces coutumes, qui avaient leur origine dans la constitution de la société barbare, puis féodale, devaient forcément disparaître devant d'autres conceptions de la vie sociale.

Il y a dans tout ce qui supprime la liberté une double tentation : chez le maître, celle d'abuser de son pouvoir ; chez l'asservi, celle de s'abandonner lui-même, de se dégrader en perdant toute initiative, tout sentiment de dignité humaine : le mot *esclave* n'implique-t-il pas le dernier abaissement ? Et l'esclave, tel qu'on le trouve encore, courbé sous le fouet ou rusant pour y échapper, ne devient-il pas quelque chose de moins qu'un homme ?

Nous n'avons même pas le droit de disposer de notre propre liberté, tant elle est une condition sainte et sacrée. Nul ne peut se vendre comme esclave, à moins d'obéir aux mobiles d'un Vincent de Paul prenant à Alger la place du galérien que les libérateurs n'avaient pu, faute d'argent, racheter avec d'autres prisonniers.

Pas davantage ne devons-nous vendre notre volonté en nous engageant à commettre une action injuste. Sans doute, il est permis d'aliéner son temps, son travail dans des conditions déterminées, qui ôtent le pouvoir de disposer de soi-même, mais une partie de la volonté échappe au contrat auquel elle est supérieure. C'est pour cela que ni maître ni patron n'ont le droit d'abuser de leur autorité pour forcer leurs subordonnés à compromettre leur santé ou leur vie. On n'a pas davantage le droit de contraindre ses égaux par abus d'influence, et ce droit n'existe pas plus chez les associations que chez les individus. Quelle que soit la société où nous entrons dans une intention quelconque, nous ne sommes pas *libres* d'abdiquer en sa faveur notre *liberté*, pour suivre passivement un mot d'ordre. La concurrence terrible qui gouverne toutes les branches du travail est en elle-même une lourde entrave à la liberté : la conscience capitule trop aisément devant la faim. Tous, du haut en bas de l'échelle sociale (on a toujours quelqu'un au-dessus de soi), ne sauraient être trop pénétrés du crime qu'ils commettraient en ajoutant encore à cette nécessité poignante. Exiger, par exemple, d'une pauvre ouvrière qu'elle fasse telle ou telle besogne pour un prix dérisoire, qu'elle passe les nuits pour satisfaire vos fantaisies de toilette, c'est attenter à sa liberté, puisque vous savez qu'elle ne peut dire non.

En revanche, il y a des autorités légitimes qui ont le droit et le devoir de s'exercer pour empêcher ceux qui dépendent d'elles de faire mauvais usage de cette liberté. La première est l'autorité des parents sur l'enfant; à côté d'elle, procédant d'elle, est l'autorité des maîtres chargés d'instruire cet enfant. Il ne peut être libre, puisqu'il n'a pas encore appris à faire usage de sa liberté, et que l'éducation n'a d'autre but que de le lui enseigner. Enseignons-lui avant tout l'obéissance volontaire, préparatoire à l'indépendance proprement dite. Il faudrait que l'idée du devoir fût plus puissante chez lui que celle du règlement qui entraîne une pénitence; qu'il exerçât son initiative pour vouloir raisonnablement, au lieu de vouloir par caprice, certain au fond qu'on l'empêcher c fai tout ce qui pourrait lui nuire, révolté c   t comptant sur elle cependant pour épargner l'effort le réfléchir.

La liberté est chose si nécessaire à la vie que la société n'a pas de châtiment plus grave que d'en priver ceux qui font du tort à leurs semblables. Rien ne nous touche et ne nous émeut davantage que le sort d'un prisonnier. Le Masque de fer, sur lequel on ne sait, somme toute, rien de bien précis, a suscité plus de compassion et de curiosité que beaucoup de figures historiques plus touchantes, uniquement parce qu'il était captif. Le malheur du prisonnier de Chillon a suffi pour inspirer les beaux vers de Byron et nous ne pouvons visiter sans frisson les cachots du moyen âge ou les puits de Venise, dont les horreurs dépassent la mesure du châtiment que la société a le droit d'employer, même contre les plus grands criminels. De nos jours, la prison n'est point inhumaine; elle reste sévère, puisqu'elle est une punition, mais c'est plus encore une flétrissure morale qu'une souffrance physique. On doit s'efforcer d'en faire aussi un instrument de moralisation, en aidant les coupables à se relever, et à user mieux de ce grand et noble bien de la liberté, quand ils le recouvrent.

Un vieux livre, composé par Alcuin sous forme de questions et de réponses pour l'instruction du fils de Charlemagne, renferme cette admirable définition : « Qu'est-ce que la liberté ? — C'est l'innocence. » A cette époque de barbarie, il était beau de mettre la liberté dans le respect des lois morales. Et le sculpteur inconnu des grandes statues qui gardent les portails de la cathédrale de Chartres écrivait *Libertas* au-dessous d'une femme au pur visage, les pieds détachés de terre comme pour s'élever vers le but que cherchent ses yeux tournés en haut. C'est cette liberté dont nous devons développer le sentiment en nous-même; c'est pour la pratiquer que chacun a le droit et le devoir de rester maître de sa personne et de ses actions.

TREIZIÈME CAUSERIE

Respect de nos semblables dans leur honneur, leur réputation. Calomnie, médisance.

La vie est un bien, la liberté est un bien, mais il en est un supérieur, puisque toute âme élevée sacrifiera ces deux-là sans hésitation pour le conserver. Ce bien, c'est l'honneur.

L'honneur se sent plus aisément qu'il ne se définit. L'honneur dans nos âmes, c'est le respect absolu de notre dignité morale, la fierté qui nous pousse à ne rien faire pour y porter atteinte; c'est le besoin que notre vie soit, selon le mot charmant de Mme Swetchine, « comme un champ de neige où nos pas s'impriment sans marquer de souillures ». Alfred de Vigny a dit que l'honneur était la poésie du devoir; c'en est la délicatesse et l'auréole. Le devoir a son autorité austère qui commande et interdit ceci ou cela; l'honneur nous entraîne ou nous retient, mesurant nos actes à l'idéal que nous nous créons de notre dignité personnelle, nous faisant faire tout ce qui nous en rapproche, nous arrêtant devant tout ce qui l'abaisse.

Pourvu qu'il ne s'égare pas en nous donnant un

orgueil exagéré, l'honneur est le guide par excellence. Il lui arrive d'exiger plus que le devoir. Certaines choses, permises dans le sens strict, nous sont interdites par lui. « Agir ainsi serait au-dessous de moi », cette idée suffira pour nous empêcher de profiter d'un avantage acquis aux dépens d'autrui, pour nous arrêter devant une revanche aisée à prendre. La réflexion : « Je me dois d'agir ainsi », nous stimulera à l'effort de courage nécessaire pour supporter quelque épreuve ou pour donner beaucoup de nous-même.

Corneille est essentiellement le poète de l'honneur, et ses héroïnes l'incarnent d'une façon sublime, *Chimène* et *Pauline* surtout. C'est à leur école que les femmes du xviie siècle, Mme de Sévigné et ses contemporaines, s'en étaient toutes pénétrées. Leur époque appelait cela très justement « la bonne gloire », celle qui, sans mépriser personne, voit de la honte à faire le mal, à commettre une bassesse. Il ne faut pas la confondre avec la mauvaise, qui n'est que de l'amour-propre.

On conçoit qu'un sentiment développé de l'honneur implique le souci de notre réputation. Cependant il serait dangereux de les identifier complètement l'un avec l'autre ; l'honneur qui vit en nous, qui est inséparable de nous, est supérieur de beaucoup à la réputation, ce bien fragile et précieux dont nous ne sommes pas absolument maîtres. Sans doute, le désir d'être estimé de tous a de bons côtés en morale ; il est étroitement lié à la solidarité humaine. Aussi est-ce un devoir de respecter l'opinion, d'abord parce que la heurter, c'est souvent nuire aux autres, en leur faussant le jugement, et aussi parce que, dans bien des cas, l'opinion généralement admise, la raison de tous a chance d'être plus sensée et plus sage que la nôtre toute seule. Un acte que cette opinion réprouve, innocent en soi, peut être dangereux par l'effet qu'il produit sur les témoins; c'est le grand principe de l'exemple.

Enfin, s'il est beau de faire le bien uniquement parce que c'est le bien, beaucoup de personnes ne sauraient s'élever jusqu'à ce désintéressement absolu; elles ont besoin d'être admirées, soutenues par l'approbation de ceux qu'elles aiment. Rien à cela de répréhensible. Chez l'enfant, c'est un puissant moyen d'émulation; chez l'homme, c'est un appui moral. Il peut suffire pour arrêter devant le mal une âme faible, ou la pousser à faire le bien; motif inférieur sans doute, mais qui, parce qu'il est inférieur, reste à la portée du plus grand nombre. Lorsqu'on lutte, souvent péniblement, pour la justice, il est doux de sentir l'opinion des honnêtes gens avec soi. Tous les défenseurs des grandes causes ont été consolés par cette pensée.

Mais ce qui doit nous faire réfléchir, c'est que l'histoire nous présente tant de héros acclamés un jour et honnis le lendemain! Jeanne d'Arc, après l'apothéose de Reims, s'est entendu condamner comme sorcière. Nous agirons de notre mieux et nous verrons nos meilleures intentions méconnues, nos actes les plus droits mal interprétés. C'est pour cela que le siège de notre honneur doit être dans notre conscience, et qu'il faut la contenter d'abord. Si tout le monde nous loue, ignorant la vérité sur notre compte, nous ne pouvons être satisfaits; si chacun nous attaque, nous devons, étant sûrs de la pureté de nos intentions, savoir supporter l'injure. Une faute commise, fût-elle ignorée, ne nous laisse pas en paix. L'important est donc moins de posséder l'estime que de la mériter réellement. Respectons la justice et les lois morales; désirons qu'on dise de nous que nous remplissons nos devoirs, et pour cela remplissons-les consciencieusement. Soumettons-nous à l'usage, au lieu de le fronder par vanité et désir de nous faire remarquer, mais distinguons — ce que ne font pas assez les femmes — entre ce qui est bon et utile, et ce qui est de pure convention. L'honneur et la réputation ne sont pas attachés à des questions de mode et de coutume passagères. Cependant, quoiqu'il importe surtout qu'on dise d'une femme qu'elle est bonne, raisonnable et dévouée, elle croira pour le moins aussi important qu'on lui fasse une réputation de beauté ou d'élégance, elle sera beaucoup plus inquiète d'un manque d'usage que d'un manque de cœur. Il ne s'ensuit pas que je veuille rabaisser l'utilité *d'une bonne réputation*, car de nos jours le goût serait plutôt à n'agir qu'à sa guise et pour cela à se moquer du qu'en-dira-t-on. Non, ne nous exposons pas étourdiment à nous faire mal juger et ne jugeons pas les actions des autres à la légère; ne les blessons jamais de ces deux armes, coups de poignard, coups d'épingle, qu'on appelle la calomnie et la médisance.

Un assassinat moral : — Benjamin Constant ne craint pas de qualifier ainsi la calomnie; c'est aussi un vol. Il est plus coupable encore de voler la bonne renommée de son prochain, en dénaturant ses actions ou en lui en prêtant qu'il n'a jamais commises, que de lui voler sa bourse. L'argent se retrouve, la renommée perdue ne se retrouve pas. La société a jugé cette offense grave, puisqu'elle a armé contre elle les tribunaux et que le calomniateur est passible de peines sévères. La loi juge nécessaire de protéger la réputation comme elle protège la vie et la bourse; elle interdit même de répandre des bruits injurieux, fussent-ils vrais, mais elle ne peut les saisir que s'ils ont un corps, s'ils sont écrits ou publiés. Le coup de langue dont, selon le proverbe populaire, on guérit moins que d'un coup de lance, peut faire son œuvre avant qu'elle intervienne. On connaît l'exemple du quaker dont le cheval avait été effrayé par un chien au point de ruer et de démonter son maître. Celui-ci, à qui sa religion défend l'usage d'aucune arme, se venge en criant : « Au chien enragé! » Le peuple répète après lui : « Au chien enragé! » et, sur l'heure, la pauvre bête est assommée, victime d'une calomnie.

Entre la calomnie qui déshonore et la médisance qui blesse et qui divise, il y a certes une grande distance; la première est le résultat de la préméditation et de la malice, la seconde peut être l'effet du bavardage et de l'étourderie, la conséquence fâcheuse de l'oisiveté, une tête vide étant réduite, faute d'aliment, à s'occuper du prochain. On trahit d'ailleurs les travers, les faiblesses de celui-ci sans trop s'éloigner de la vérité. C'est, assure-t-on, un défaut féminin, car il paraît que les femmes parlent plus que les hommes. La chose n'est pas cependant bien prouvée, et, au surplus, comme quelqu'un l'a dit ingénieusement, ce serait fort heureux, puisqu'elles ont, par la maternité, reçu mission d'apprendre au genre humain à parler.

Mais quand on parle beaucoup, il faut de grandes précautions pour éviter l'inconvénient qui consiste à parler pour ne rien dire. On commence par se moquer; la moquerie est la façon la plus aisée, la plus vulgaire aussi, de faire de l'esprit. Pour peu qu'on ait le mot drôle, qu'on sache faire ressortir les ridicules, conter plaisamment une histoire, trouver une épithète maligne, on obtient de faciles succès; c'est de la médisance pour rire. La pente est glissante, les critiques portent d'abord sur la figure ou la toilette; puis elles s'adressent au caractère et à la conduite. On fait très légèrement ce vilain métier; il y a des femmes peu intelligentes, qui montrent du génie pour découvrir les imperfections que nous avons tous. Ces femmes-là sont généralement malveillantes par jalousie : c'est aux meilleures qu'elles s'attaquent; elles se vengent des qualités qu'elles n'ont pas. Néanmoins pour passer de là à la calomnie, à l'histoire inventée de toutes pièces, le fossé, je le répète, est encore large. On le franchit quelquefois presque inconsciemment, parce qu'on n'a rien à conter et qu'il faut, coûte que coûte, maintenir sa renommée de personne bien informée. On se fait le simple écho d'une histoire qui circule. La boule de neige lancée du sommet de la colline roule, grossit;

chaque bonne langue ajoute un trait, un détail. Et brusquement c'est l'avalanche qui tombe, détruit, écrase une maison avec tout le bonheur qu'elle contenait.

La calomnie, la médisance seraient sans effet si elles ne trouvaient pas d'auditeurs complaisants. Un vieux proverbe dit que « si le médisant a le diable sur la langue, l'écoutant l'a dans l'oreille ».

Les femmes ne sauraient trop se méfier des relations bavardes et médisantes. J'étais un jour dans un salon et j'entendais la maîtresse de maison parler d'un mariage récemment annoncé; le fiancé, la fiancée, les deux familles, tout y passait, nul n'était épargné. La porte s'ouvre, la future mariée paraît avec sa mère. Et l'amie charitable qui venait de si bien les traiter les accueille avec un sourire : — Chère madame, nous parlions justement de vous et de ce charmant mariage....

Ces petites scènes mondaines ont un bon côté, car en sortant, nous nous disons : « Maintenant c'est moi qu'on passe au crible. » Et nous apprenons ainsi à haïr la médisance, puis à n'y pas attacher une importance exagérée, à la dédaigner même, tant qu'elle se borne à des critiques où notre honneur n'est pas en jeu. Lorsque la calomnie intervient, nous pouvons légitimement en appeler à l'opinion. Mais cet appel est souvent inutile. La calomnie et la médisance mondaines ont des ailes, comme les Harpies de la Fable antique, ces laids oiseaux, à visage féminin, hélas! Le méchant bruit court de proche en proche. Qui l'a dit? Personne et tout le monde. Il y a même des gens qui pratiquent avec un art infini le système de faire expédier leur méprisable besogne par les autres : d'un mot, d'une question, ils vous prennent au piège, paraissent savoir ce qu'ils ignorent, et, quand vous avez eu la faiblesse de commettre une indiscrétion, quand, sous l'empire d'une rancune plus ou moins justifiée, vous vous êtes plaint de vos amis et vous avez révélé leurs torts, ils affectent de les excuser, tout en se félicitant intérieurement de vous avoir fait parler à leur place.

La vie nous met en relations avec des gens qui se connaissent entre eux et dont les intérêts sont opposés. Dans ces cas-là, vous recevez des confidences des deux côtés, et le seul moyen de s'en tirer, c'est que votre oreille gauche ignore ce qu'a recueilli votre oreille droite. Autrement, avec les meilleures intentions, on arriverait à faire battre les quatre points cardinaux.

Une forme de médisance, celle-là très répandue, consiste, pour rendre service, prétend-on, à aller rapporter aux gens ce que les autres ont dit d'eux : c'est un prétendu devoir d'amitié. La phrase n'est presque jamais répétée textuellement, les rancunes s'enveniment, les haines s'allument, un petit feu sous la cendre couve un incendie. Il est si rare qu'on ne transforme pas un accès d'humeur passagère en une noirceur préméditée!

Puis nos jugements trop prompts s'égarent souvent. Sur un acte ou une parole, nous condamnons une vie et un caractère. Les hommes passent leur temps à se juger mutuellement, et à ces tribunaux improvisés, il y a plus de condamnations sans preuves que d'acquittements. Les juges sévères sont toujours les moins irréprochables; ceux-là ne songeront jamais à leurs propres torts, pour se dire que d'autres peuvent avoir les mêmes excuses. Beaucoup de jeunes filles ont sous ce rapport l'intolérance de leur âge.

Le Misanthrope de Molière met sur la scène toutes les formes de la médisance, toutes les manières de blesser la réputation d'autrui, et fait ressortir ce que de pareils procédés ont d'odieux; mais à côté de cette comédie immortelle, qui se renouvelle chaque jour autour de nous, on pourrait composer des drames très noirs avec le mal causé par les paroles imprudentes et méchantes. Les Arabes ont une maxime : « Quand tu n'as rien dit, ta parole t'appartient, mais, une fois prononcée, cette parole règne sur toi. » Prenez garde que toute votre vie ne soit gouvernée par les conséquences d'un seul mot coupable.

QUATORZIÈME CAUSERIE

Respect de nos semblables dans leurs croyances, leurs opinions, leurs sentiments.
La tolérance.

Nous ne devons pas respecter seulement la liberté, la vie, l'honneur de nos semblables, mais encore leur personne morale. Cette personne morale se compose des croyances, des convictions, de la conscience que chacun a pour devoir de développer en soi, avec le sentiment du juste et de l'injuste. Elle doit être respectée, puisqu'elle est ce qu'il y a de plus élevé dans l'homme, formée d'ailleurs chez lui selon l'éducation, le milieu, le caractère, le degré d'intelligence. On conçoit donc qu'elle puisse être très diverse et qu'il y ait des différences profondes dans les idées qui dirigent la conduite de chacun.

Les opinions de la jeunesse, en général trop absolues, sont destinées à être mûries par l'expérience. Mais n'avoir pas d'opinions indique une absence complète d'intelligence et de volonté. C'est avouer qu'on ne se donne jamais la peine de réfléchir; qu'on juge par caprice, qu'on agit par fantaisie, qu'on se laisse flotter au hasard sur les vagues de la vie comme un bateau sans gouvernail. L'une des plus hautes jouissances que la jeunesse doive à l'éducation est au contraire d'apprendre à voir le bien et à choisir les chemins qui y mènent.

Pourtant peu de jeunes filles pensent par elles-mêmes, beaucoup se contentent de répéter ce qu'elles entendent dire, à moins que, s'imaginant donner ainsi une plus haute idée de leur esprit, elles ne soutiennent absolument le contraire, sans autre motif que de prouver leur indépendance. Il y a encore le rôle de l'indifférente qui dédaigne d'avoir des idées, parce qu'au fond elle sent que cela lui coûterait trop d'effort. Aussi raille-t-elle volontiers les convictions généreuses et vives qu'elle entend émettre.

Cependant rien ne nous offense davantage que de voir attaquer ou tourner en dérision les idées que nous nous sommes faites. Nous admettons avec peine qu'on ne pense pas comme nous, et nous nous efforçons par la discussion de ramener le contradicteur aux façons de voir les plus justes à nos yeux. Chose permise et même louable si nous le faisons avec tact, sans jamais oublier envers autrui ces ménagements que nous exigeons pour nous-même. Voilà ce qu'on appelle la tolérance réciproque. Seule la société a charge d'imposer silence aux doctrines qui blesseraient ses droits et compromettraient sa sûreté.

Sans doute une des plus grandes douceurs est la complète union avec un esprit sympathique; mais il arrive aussi que, rencontrant ceux qui pensent autrement que moi, je découvre des raisons de les estimer et je les amène à me mieux comprendre.

Avant tout, la tolérance s'appliquera aux idées religieuses. Pourvu que les diverses aspirations vers Dieu soient sincères, elles se doivent un respect mutuel, ce qui ne veut pas dire qu'on les approuve ou qu'on les partage. Cette déférence pour un sentiment respectable, quelle qu'en soit la forme, sentiment lié de façon étroite à la liberté de chacun, a fait inscrire dans les codes la liberté des cultes.

La conscience humaine ne relève que de Dieu; Dieu seul a le droit d'y pénétrer pour la juger; chacun doit donc s'abstenir d'insulter la religion qu'il ne professe pas et les croyances qui lui sont étrangères, à la condition, bien entendu, qu'elles n'offensent pas les lois de la morale, mais qu'elles tendent au contraire à les faire pratiquer. Dans tous les temps, dans tous les partis, survinrent des exemples déplorables d'intolérance religieuse. C'est que l'homme, à toutes les époques, a été cruel, violent, despote et que sa foi, quelle qu'elle fût, religieuse ou philosophique, était vaincue par ses mauvais penchants. Toute accusation de ce genre a une réponse facile dans les excès semblables du parti opposé, mais jamais ces excès n'ont été ordonnés par la religion au nom de laquelle on a pu les commettre; elles ont été l'expression de haines personnelles et politiques; les grandes âmes partout les ont réprouvées comme Dieu les réprouve.

Il y a donc des devoirs de tolérance réciproque entre ceux qui croient différemment et ceux qui ne croient pas. Cette tolérance sera-t-elle de l'indifférence? Se contentera-t-on de bannir la haine de son cœur? Passera-t-on, sans les voir, auprès de ceux que séparent de nous leurs croyances? Ce serait manquer à la première loi de la charité. Ceux qui pensent comme nous et prient avec nous sont nos frères, mais en dehors de notre famille, — et aussi de notre famille morale, — il nous est ordonné d'aimer les étrangers, d'aimer même nos ennemis. Il nous est permis d'essayer de les convaincre, mais sans les blesser; l'action, l'exemple, le bien qu'on fait seront le meilleur moyen de persuasion.

Tous ceux qui cherchent Dieu sincèrement dans la bonne volonté de leur âme doivent se tendre la main, selon le mot si profond que Pascal prête à Dieu même s'adressant à l'homme : « Tu ne me chercherais pas, si tu ne m'avais pas trouvé ». Cette idée de haute tolérance qui n'implique aucun renoncement à nos convictions, car elle est possible surtout aux âmes appuyées sur une inébranlable certitude, a été magnifiquement réalisée à Chicago par le congrès des religions, ce congrès qui réunit et rapprocha les représentants des races les plus diverses proclamant la même croyance en un Dieu créateur et conservateur de toute chose, vie de l'âme humaine et but de ses efforts. Cette sorte de spectacle grandiose est de ceux qui demandent pour se produire des circonstances toutes particulières et certainement très rares, mais c'est l'honneur de notre siècle d'en avoir été une fois témoin.

Les femmes sont souvent intolérantes par étroitesse d'esprit; les convictions d'un assez grand nombre d'entre elles s'attachent plus à la forme qu'au fond. Et cependant que de bien elles pourraient faire pour rapprocher les esprits divisés! Celles qui ont le plus élargi leur action sont les âmes vraiment et fortement religieuses qui, se soustrayant à des préjugés exclusifs, ont tendu à tous leurs mains ouvertes, pleines des vérités qui vivaient en elles et se traduisaient dans leur vie par un redoublement de bienveillance et de charité. Si vous êtes sage, vous ne cesserez, selon une belle parole prononcée par Jules Simon, dans une allocution qui fut, je crois, la dernière avant sa mort, vous ne cesserez « de chercher ce qui rapproche et non ce qui divise ».

Entre gens qui veulent sincèrement le bien, il y a toujours des questions sur lesquelles on peut se rencontrer. En tout cas, la colère, la violence, la moquerie sont aussi ridicules qu'injustes. Vouloir persuader par force est impossible; chacun ne peut s'empêcher de croire ce qui lui semble vrai ni de rejeter ce qui lui semble faux.

De fait, les femmes ne sont pas destinées à disposer de la force pour peser sur les sentiments d'autrui. Une forme d'intolérance plus commune sévit sans relâche dans la société. Non seulement elle s'attaque aux divergences graves et douloureuses de croyances ou de convictions morales, mais encore aux détails mesquins de la vie. Nous ne permettons pas au voisin de juger autrement que nous d'une mode ou d'un usage. Nous voulons que nos amis aiment tout ce que nous aimons et haïssent tout ce que nous haïssons. Rien n'est difficile, il est vrai, comme de nous approprier les façons de voir d'autrui; il faudrait cependant au moins les admettre. Le plus curieux, c'est que personne ne convient de cette intolérance habituelle. Les esprits trop entiers feront bien d'éviter la discussion avec les gens d'avis radicalement différent du leur.

Gardons notre façon de juger les actes et les personnes, c'est notre droit; conservons nos principes, c'est notre devoir. Mais ne soyons jamais, même en protestant ou en discutant, injustes pour nos adversaires. Au lieu de les condamner en bloc, parce qu'ils ne sont pas d'accord avec nous, tâchons de voir le bien partout où il se trouve, même sous une forme qui peut au premier abord nous choquer ou nous déplaire.

Surtout ne blessons jamais notre interlocuteur dans ses sentiments, moins encore que dans ses idées, prenons pour cela toutes les précautions que commande la justice appuyée sur la bonté réelle. Un mot dur ou maladroit qui froisse des affections ou des préférences, un dédain marqué pour des façons de sentir qui diffèrent des nôtres, tout cela fait beaucoup de mal, et il faut s'en garder, tout comme nous reculerions devant une brutalité physique. Nous rougirions de frapper quelqu'un et nous ne ménageons pas ces soufflets moraux. Les natures courageuses, pleines d'initiative, écrasent de leurs mépris les natures passives; les êtres d'impulsion s'indignent contre les êtres froids et pondérés qui leur rendront leur indignation en pitié blessante. Quand arriverons-nous à dépouiller notre personnalité pour entrer un peu dans celle du prochain, à reconnaître que d'autres principes de conduite peuvent s'adapter à d'autres circonstances et que ce que nous jugeons bon avec raison, chez nous, peut chez d'autres être remplacé par des sentiments différents qui s'adaptent mieux à leur situation et à leur nature? Le premier moyen d'arriver à ce discernement est d'écouter au lieu de suivre sa propre idée, en ne se préoccupant que de la réponse à faire et de la contradiction qui spontanément se formule en nous.

Beaucoup de personnes manquent dans la conversation de ce tact nécessaire. Elles disent carrément ce qu'elles pensent, sous prétexte de franchise, condamnent, absolvent, tranchent sur toutes choses avec cette déclaration : — C'est ainsi parce que je le dis, — assénant leurs opinions comme des coups de massue. Pour peu qu'on leur réponde de même, la conversation tourne au pugilat; par bonheur, ceux que révoltent ces airs infaillibles y mettent ordinairement plus de mesure. Comprenons une bonne fois que si la droiture nous ordonne de ne jamais dissimuler nos manières de voir, elle ne nous oblige nullement à les proclamer hors de propos et à les ériger en lois générales.

Il arrive cependant que le devoir nous prescrive de combattre les sentiments des autres : devoir d'amitié, d'autorité familiale ou sociale qui nous impose de les blesser pour leur bien, comme le médecin fait souffrir le malade pour le guérir. Ce sont des injustices qu'il faut leur signaler, des affections aveugles auxquelles il faut ouvrir les yeux, des voies dangereuses où leur esprit s'engage, et dont le nôtre, plus libre d'influence, sait le péril. Mais, dans tout cela, que de délicatesse jointe à la fermeté est nécessaire! Si nous ne nous identifions pas aux sentiments mêmes que nous voulons combattre, si à un chagrin, à une indignation, juste ou non, nous opposons de froids conseils de patience et de calme, nous ne ferons qu'irriter au lieu d'apaiser. Combien surtout faut-il nous dégager de tout préjugé personnel! N'abordons jamais cette tâche que pour des mobiles supérieurs de devoir et de charité. Surtout point de suffisance ni d'arrogance, rien de ce qui tient au triomphe de l'amour-propre empressé à dominer.

Le doux Racine, qui ne devint tel qu'à force de travail sur lui-même, était par nature acerbe et agressif. Dans une de ses fréquentes discussions avec son ami Boileau, celui-ci finit par lui dire : « J'ai tort, mais j'aime mieux avoir tort, que d'avoir raison aussi orgueilleusement que vous. » Le mot est à retenir.

QUINZIÈME CAUSERIE

Respect de la propriété.

A notre vie physique et à notre vie morale se rattache tout ce que nous possédons, ce qu'on nomme, d'un nom d'ensemble, notre propriété. Qu'elle soit acquise par notre travail, ou qu'elle nous vienne d'héritage, c'est-à-dire du travail de nos parents, elle a droit d'être également respectée comme une dépendance de nous-même. Argent ou terres, meubles ou immeubles, la société nous en garantit la possession et la disposition exclusive, elle punit ceux qui tentent d'enlever par ruse ou par force les choses qui ne leur appartiennent pas; cela, dans l'intérêt commun. D'ailleurs il est de stricte justice que nous disposions seuls de ce que nous avons justement acquis, ce qui ne veut pas dire que nous devions en jouir égoïstement, sans en faire partager les avantages à nos semblables.

Posséder et transmettre à ses enfants est un droit nécessaire à la liberté et à la dignité de l'homme, puisqu'il crée son indépendance. C'est un puissant mobile de travail et d'économie ; si on le supprimait, on supprimerait un levier moral : chacun ne songerait qu'à jouir sur l'heure de ce qu'il aurait gagné et ne travaillerait que juste assez pour produire ce qui serait nécessaire à ses jouissances immédiates. Les forts écraseraient absolument les faibles; nul n'aurait plus ni moyen ni motif de s'élever à une situation meilleure, ce désir qui vient si puissamment en aide au progrès. Enfin, bien qu'on ait dit que le droit de propriété favorisait l'égoïsme, la suppression de ce droit le fortifierait bien plus sûrement, puisque n'ayant rien à nous, nous ne pourrions satisfaire le généreux besoin de donner. Assurément l'instinct de la possession est inhérent à la nature humaine; il suffit pour s'en convaincre d'entendre un petit enfant dire d'un objet « C'est à *moi*! », avec quelle énergie de volonté! Mais que sa mère lui apprenne à céder, par affection ou par bonté, ce jouet précieux, à partager ce gâteau avec un autre enfant, il s'élève librement à un degré supérieur, le sacrifice; il abandonne un droit en faveur d'un devoir. Pour ce triomphe sur soi, qui est une affirmation du bien en nous, il faut que le droit existe et que nul ne puisse nous forcer à nous en dessaisir.

Nous nous identifions à ce que nous possédons, autant par habitude que par nécessité. Pourquoi est-il si désagréable de perdre ou de se laisser voler un objet même de médiocre valeur et qui peut se remplacer? C'est que nous éprouvons vaguement que quelque chose s'est détaché de nous. La propriété est aussi une sécurité contre le besoin à venir. Vivre au jour le jour, comme on le fait malheureusement dans la classe ouvrière, quand le salaire ne suffit qu'à grand'peine à la dépense, habitue à une sorte d'insouciance et de désordre, tandis qu'avoir un logis à soi et quelques meubles personnels encourage au travail. On veut conserver, accroître ce commencement de bien-être. La femme surtout, chez qui l'instinct de l'épargne et de la conservation est très développé, acquiert, par le fait de posséder, l'art de ménager ses ressources et d'en tirer le meilleur parti possible.

Le droit de propriété a donc une utilité sociale; il favorise l'instinct de famille en groupant les intérêts communs, en permettant l'héritage qui transmet ce droit à nos enfants, ou, les enfants n'existant pas, à ceux que nous choisissons pour le leur déléguer. L'impôt sur les successions répond à cette idée en s'élevant d'autant plus que la parenté s'éloigne. Nos enfants sont presque encore nous-même; en passant à eux, nos biens ne changent pas de main. S'ils vont à des étrangers, la substitution des personnes étant moins directe, la société en profite pour reprendre à l'intention de tous une part des biens dont le possesseur légitime disparaît. Ce qui rend la propriété sacrée, ce qui fait que tout homme honnête s'interdit de lui-même de prendre ce qui appartient aux autres, c'est que l'épargne est le produit accumulé du travail et, dans le fond, ne diffère pas de son produit immédiat qui ne fut jamais contesté par personne : journée d'ouvrier ou salaire d'employé. Les grosses fortunes héréditaires qui semblent injustes, en dispensant du travail celui qui les possède, sont nées de lui, souvent à une date récente; le père ou le grand-père de tel personnage était lui-même un ouvrier, un petit commerçant dont l'intelligence, la persévérance ont été couronnées de succès. Tout le monde a un de ces noms dans la mémoire et à plus d'un l'on pourrait ajouter pour devise le mot d'un philanthrope qui justifia son opulence par de nombreuses fondations charitables : — Être utile, c'est ressembler au Bon Dieu. — Le labeur matériel n'est pas en effet le seul : le droit de propriété, en assurant l'existence, permet de la consacrer aux travaux de l'esprit, de la science, aux œuvres philanthropiques, travaux désintéressés qui profitent à tous.

Les fortunes tombées aux mains d'oisifs qui en usent mal et ne font rien pour les alimenter et les conserver s'éparpillent vite d'ailleurs. Ce qu'on a appelé de nos jours d'un mot brutal « la lutte pour la vie », exprime ce fait de l'effort incessant, indispensable pour acquérir d'abord, puis pour conserver ce qu'on possède. Mais cet effort ne doit employer que des moyens honnêtes, et ne doit jamais faire perdre de vue la grande solidarité humaine. Le bien conquis par violence ou injustice n'est plus digne de respect : la loi le prouve en enlevant au voleur le fruit de son vol, et en formulant des défenses qui garantissent à chacun sa juste part. Il y a des formes d'indélicatesse, de déloyauté qu'elle ne peut atteindre; mais le bien mal acquis ne profite pas et chaque jour nous montre en effet, comme pour justifier le proverbe, le bien mal acquis expié par le mépris public ou par d'inexplicables revers.

La propriété du sol, ou *propriété foncière*, a aussi le

travail pour origine. Si la terre est fertile, c'est par le labeur des générations successives : dans les sociétés primitives, le droit du premier occupant établissait la propriété; celui qui défrichait un coin de terre en devenait très légitimement le possesseur. Conquise par la guerre, acquise par l'argent produit d'un travail, à travers toutes les transformations que les conditions sociales ont subies, la terre, divisée, a désormais partout des propriétaires. Notre France est le pays où elle est le plus morcelée, c'est-à-dire où elle est aux mains du plus grand nombre.

Il n'y a guère aujourd'hui de coin du globe où le droit du premier occupant puisse se faire valoir, où l'on ne découvre la main invisible de quelque autorité s'étendant sur un sol qui semble n'être à personne. Même en pays sauvage, il faut presque toujours solliciter une *concession* de quelque gouvernement. Dans nos contrées d'Europe, il n'y a rien, sauf l'air et l'eau, qui soit à la libre disposition de tout le monde.

Rousseau [1] a formulé cette idée de façon familière : son Émile défriche au hasard un coin de jardin où il sème des fèves avec la joie d'un enfant devant une chose créée par ses efforts, doublement à lui par conséquent. Mais un jardinier vient qui, avec justice, laboure et détruit les fèves, installées outrageusement au milieu de sa plus belle planche de melons. C'est ainsi que le travail seul ne peut donner un droit complet sur les fruits de la terre appartenant à un autre; cependant il y a un droit

---

1. J.-J. Rousseau, *Émile*, liv. II.

relatif, salaire de ce travail, propriété sous une autre forme. C'est le principe du fermage, plus encore du métayage, contrat en vertu duquel le cultivateur partage par moitié la récolte avec le propriétaire. Les conflits du travail et du capital peuvent se reproduire ici. C'est ainsi qu'on a pu justement nous émouvoir sur le sort des malheureux Irlandais, réduits à la famine par les possesseurs éloignés du sol qu'ils cultivent et qu'une conquête leur a enlevé.

La misère, l'inégalité des biens de ce monde est en effet le grand argument contre le droit de propriété. On arrive bien à concevoir que l'homme laborieux, intelligent, doive acquérir forcément une fortune supérieure à celle du paresseux. Par malheur, l'inégalité des biens n'est pas toujours en rapport avec le mérite. Il y a la part du hasard, des accidents, la conséquence des erreurs d'autrui, toutes choses qu'il est impossible de prévenir. Par exemple, l'invasion du phylloxera dans nos vignobles amena de vrais bouleversements. Des familles aisées, même riches, se sont vues alors réduites à l'indigence. Il en a été de même dans certaines catastrophes financières. Mais, là encore, le courage et le travail font beaucoup pour réparer le mal. Quelques familles restent enlisées et aboutissent à la détresse absolue; d'autres remontent énergiquement le courant; dans cette inégalité qu'on accuse, la volonté a donc sa part.

Il y aurait injustice flagrante à dépouiller, au nom d'une égalité irréalisable, celui qui travaille au profit de celui qui ne peut ou ne veut pas travailler. Seule, la charité a ce droit, parce qu'elle est une forme, et la plus noble forme, de la liberté personnelle. On peut se dépouiller soi-même; on a vu des hommes, même de nos jours, aller, comme saint François d'Assise, jusqu'aux limites du renoncement, se faire pauvres volontaires pour vivre de la vie des pauvres qu'ils secouraient. Mais vouloir contraindre qui que ce soit à sacrifier ce qu'il possède ou à limiter la production de son intelligence et de son labeur serait chose inique et révoltante. Sous prétexte de supprimer l'inégalité de richesse, on établirait l'égalité de misère, en rendant impossible tout commerce, tout échange, toute industrie, lesquels découlent du droit de posséder. La richesse d'un pays profite à tous, en faisant la vie plus aisée, sans qu'il faille recourir à de chimériques communautés de biens ou à de non moins chimériques partages, qui seraient sans cesse à recommencer, l'inégalité des biens étant une loi des sociétés qui découle des inégalités de force, de santé, d'intelligence, de volonté, lois de nature auxquelles l'humanité ne peut rien. Le développement des sociétés modernes tend d'ailleurs, en France du moins, les statistiques le prouvent, à réduire le nombre des grandes fortunes et à accroître celui des petites, conduisant ainsi à l'extension du bien-être. D'ici là, le devoir général est de faciliter à tous, par l'instruction répandue, par des conditions de travail meilleures, l'acquisition de cette épargne qui leur sera une garantie d'indépendance et une sécurité.

L'attentat contre le droit de propriété est le vol, et le mépris qui s'attache à ce mot prouve combien nous respectons naturellement l'idée de possession.

Entre tous les crimes, celui-là nous semble spécialement bas et vulgaire. C'est aussi qu'il s'accompagne le plus souvent de ruse et de dissimulation. Sans doute, en certains cas, il est moins criminel, presque excusable même. Le malheureux affamé qui dérobe un pain pour soi ou pour ses enfants nous émeut de compassion; en revanche, la femme qui volera dans un grand magasin un objet de toilette, que souvent elle pourrait payer, n'excite qu'un dédaigneux étonnement.

Voler avec effraction ou par ruse, duper au moyen de pièges habilement tendus où se prennent les naïfs : tout le monde est d'accord pour condamner cela, et d'autant plus fortement que l'on en serait incapable et qu'on redoute d'en être victime. Mais il y a mille façons de manquer à l'honnêteté, dont beaucoup de gens ne se font nul scrupule; par exemple, quand le vol plus ou moins déguisé s'attaque non à un individu, mais à un être de raison; on ne se gênera pas pour frauder l'État, en passant aux frontières, sans les déclarer, des choses passibles de droits de douane et d'octroi. La contrebande est pourtant un délit, et de plus toute tromperie, toute action faite de mauvaise foi est dégradante. Certaines gens aussi, par négligence plus que par mauvais dessein, ne rendront pas des objets empruntés, conserveront des choses trouvées au lieu de prendre les mesures obligatoires pour en découvrir les propriétaires. Il y a enfin toute la catégorie des fraudes du marchand envers l'acheteur, l'emploi des faux poids, de la fausse mesure, ou la livraison d'une marchandise de qualité inférieure à celle qu'on a cru acheter. Ces fautes contre l'honnêteté vont parfois jusqu'au crime, par exemple lorsque des industriels fournissent à l'État, en quantité considérable, pour l'armée ou la marine, des marchandises avariées. Les fortunes créées par ces scandaleux procédés couvrent de honte ceux qui les possèdent; il en est de même pour les spéculations malhonnêtes, qui dépouillent toujours quelqu'un et s'alimentent de ruines.

S'enrichir rapidement et sans peine n'est jamais possible sans léser les autres. Il y a une façon plus commune encore de les léser : ne pas payer ses dettes. Outre qu'au point de vue de l'ordre et de l'économie, c'est le plus mauvais des systèmes, l'injustice en est évidente. Certaines femmes se croient charitables en souscrivant à des œuvres de bienfaisance avec un argent qui ne leur appartient pas, puisque l'ouvrière à qui elles font attendre le paiement de leur note serait en droit de le réclamer. Songent-elles que ces lingères, couturières, etc., s'endetteront à leur tour pour payer le loyer ou nourrir leurs enfants? La première obligation est de connaître ses ressources et de ne rien acheter sans avoir immédiatement de quoi payer. Toutes les maîtresses de maison devraient se pénétrer de ce devoir.

On devrait rougir aussi d'abuser de sa situation pour marchander un salaire et pour le réduire au-dessous de sa valeur réelle. « Il n'y a pas de petites économies », dit le proverbe. En fait d'économie, je ne connais que les privations, celles qu'on s'impose à soi-même et non celles qu'on impose aux autres en leur refusant le prix légitime de leur temps et de leur peine. Des femmes se font gloire d'obtenir ainsi tout pour rien, sans vouloir comprendre l'injustice du procédé qui abuse de la pauvreté d'autrui pour l'exploiter.

L'ouvrier qu'on emploie vole son salaire, par contre, s'il ne s'acquitte pas consciencieusement de sa tâche, et aussi l'ouvrière qui flâne et perd son temps, quand elle est payée à l'heure et à la journée, ou qui accomplit sans soin le travail dont elle est chargée.

Une autre forme d'indélicatesse consiste à s'efforcer de prendre la place de quelqu'un, à lui dérober la situation qu'il a acquise. La concurrence actuelle est si grande que l'avantage atteint, même légitimement, par nous, l'est presque toujours, hélas, aux dépens d'un autre moins heureux; mais quand volontairement nous battons en brèche un professeur pour lui enlever une leçon, un commerçant pour lui enlever sa clientèle, quand nous faisons congédier un employé, peut-être chargé de famille, pour mettre à sa place un de nos protégés, notre conscience devrait nous avertir sévèrement.

Bref, toute façon de s'approprier ce qui appartient aux autres, tout dommage causé volontairement au droit de propriété est coupable. Si le mal est fait, la restitution s'impose. Et on ne peut assez scrupuleusement s'interdire tous les genres de fraude : intrigue, charlatanisme, duplicité, tricherie, expédients divers, quel que soit le but qu'ils se proposent, aucune fin, fût-elle louable, ne justifiant jamais de mauvais moyens.

SEIZIÈME CAUSERIE

Respect des contrats et des promesses.

La promesse est une chose infiniment sacrée, puisque c'est le lien moral entre deux personnes, l'échange de deux volontés. Nous ne sommes jamais obligés de faire une promesse, et nous devons n'en faire qu'après de sérieuses réflexions, avec la certitude de la pouvoir tenir. Il vaut mieux refuser de rendre un service que de s'y engager pour reculer devant l'exécution; car, en agissant ainsi, nous risquons de compromettre gravement les intérêts de ceux qui se sont fiés à notre parole. Par malheur on promet beaucoup à la légère, comptant sur le hasard pour sortir d'un mauvais pas.

Lorsqu'il s'agit d'une convention réciproque où deux personnes sont engagées, cela suppose la parfaite bonne foi des deux côtés; si l'une d'entre elles prend l'engagement en se réservant de le violer au besoin, elle dupe l'autre, à moins d'une défiance réciproque qui entraîne des précautions — nécessaires, avouons-le avec tristesse, dans les arrangements entre mortels. C'est pour cela qu'ont été établis les engagements écrits ou *contrats* que la loi se charge de protéger. Mais il n'est pas de garantie contre la malhonnêteté, et celle-ci trouvera moyen de discuter même les termes d'un contrat écrit, pour s'y soustraire. La plupart des procès n'ont point d'autre cause. L'honnête homme ne doit pas avoir besoin d'être contraint par les formes légales pour s'incliner devant ce qu'il sait une parole donnée, une volonté exprimée. Dire : « Ceci n'est pas écrit », pour éviter de remplir ses engagements est un manque de probité que la conscience condamne, si la loi est impuissante devant lui.

La parole d'une personne d'honneur doit valoir à ses yeux et aux yeux du monde tous les contrats écrits par-devant notaire et témoins. Dans les temps anciens, on se bornait à la promesse orale solennelle, elle avait une valeur définitive. Cette promesse, même arrachée par force, n'en liait pas moins les consciences scrupuleuses. Sans remonter à Régulus, notre histoire nous offre un trait d'héroïsme semblable et beaucoup moins connu. Il s'agit du capitaine Porcon de la Barbinais, un breton, tombé avec son navire au pouvoir des pirates barbaresques qui infestaient la Méditerranée sous Louis XIV. Le dey d'Alger le chargea d'aller négocier un traité avec le roi de France, sous promesse formelle de revenir au bout d'un an, s'il échouait; sans quoi, tous les prisonniers seraient massacrés. Pour éviter de compromettre, en refusant, la vie de ses compagnons d'esclavage et aussi par désir de revoir sa femme, La Barbinais accepta cette mission. Il revint à Saint-Malo, résolu à ne faire aucune démarche auprès du roi, la paix avec de pareils ennemis ne pouvant être conseillée. Il mit ordre à ses affaires et, fidèle à la parole donnée, retourna, l'année révolue, chercher à Alger une mort certaine.

Tenir sa parole n'oblige que rarement à d'aussi terribles sacrifices. Il y faut parfois néanmoins beaucoup de courage. Ce courage n'est certes pas étranger aux femmes, mais la société les en tient quittes plus aisément; aussi arrive-t-il qu'on ne prenne guère leurs promesses au sérieux. Il semblerait étrange d'entendre une femme donner, comme un homme, sa parole d'honneur. Cependant le devoir de probité est le même pour tous les êtres humains; la fidélité aux engagements est obligatoire sans exception. Toute femme devrait pratiquer une loi de véracité tellement stricte qu'un mot d'elle eût la valeur de sa signature. On dit qu'elles sont plus exigeantes, plus âpres en affaires que les hommes, cherchant et poursuivant jusqu'au bout leur avantage avant toute chose. Elles ne sauraient s'imposer sous ce rapport une loyauté trop absolue; tenir non seulement la lettre, mais l'esprit de leurs promesses écrites ou verbales, ne pas se soustraire même à tels engagements qu'on n'a pas formulés, mais qui obligent tout autant. Un caprice, une impulsion passagère peuvent d'aventure faire accomplir certains actes qui, dans une mesure faible ou grande, engagent l'avenir. Aussi faut-il prendre garde à ses actes; par exemple ne pas commencer une œuvre, une tâche quelconque; si l'on n'est assuré de la mener à bonne fin. La chose une fois en train, il faut alors la poursuivre; l'erreur commise, si c'en est une, il faut en supporter les conséquences. C'est lâcheté pure que d'esquiver les engagements pris, soit envers les autres, soit envers sa propre conscience.

La promesse est chose si importante que, dès qu'elle concerne la vie publique, elle devient le serment qui prend solennellement Dieu et la société pour témoins que nous jurons de dire la vérité ou de remplir consciencieusement les devoirs de notre état. Le magistrat prête serment avant d'occuper son siège. Nombre d'actes sérieux, de fonctions publiques sont accompagnés du serment. Les femmes n'ont, sauf le jour de leur mariage, presque aucune occasion de prêter ce serment solennel. Aussi, lorsque la reine Wilhelmine de Hollande prit possession du gouvernement de ses États, y avait-il un intérêt spécial à cette cérémonie qui revêtait du pouvoir suprême une toute jeune fille. Elle s'avança, précédée de l'étendard et du glaive, jusqu'à la table où reposaient la couronne et la Bible, et ce fut d'une voix résolue qu'elle jura d'observer la devise de sa famille : « *Je maintiendrai vérité et justice* », de consacrer ses forces au bien-être et à la prospérité de son peuple, avec l'aide de Dieu.

Toutes les femmes sont reines dans leur sphère modeste et, en ce sens, toutes doivent faire, sans qu'il soit besoin d'appareil royal, ce même serment de maintenir la vérité et la justice, le faire vis-à-vis de leur conscience, s'en souvenir chaque fois qu'elles se lient par une promesse, et le tenir.

DIX-SEPTIÈME CAUSERIE

La probité.

On définit la probité : l'observation stricte de tous les devoirs sociaux. C'est donc à tort que pour bon nombre d'esprits mal éclairés, elle consiste dans l'unique obligation de respecter l'argent d'autrui. La probité a bien d'autres charges et bien d'autres délicatesses.

D'abord elle embrasse les devoirs professionnels. Quelque carrière spéciale qu'un homme ait choisie, il doit aux autres de la remplir du mieux que lui permettent ses facultés, en se proposant avant tout gain, toute ambition, même légitime, l'accomplissement scrupuleux de cette tâche qui rend sa vie utile à ses semblables. C'est sans doute aussi une question de dignité personnelle, car on se doit de bien faire tout ce qu'on fait; mais la probité suffirait à nous y obliger.

Donc les fonctionnaires s'acquitteront avec justice de leurs fonctions, les industriels mettront une rectitude sévère dans leurs procédés commerciaux, les médecins, les avocats ne refuseront jamais service ou dévouement à leurs clients, dévouement qui pour les premiers va chaque jour jusqu'à exposer leur vie. Les maîtres étendront constamment leurs connaissances, enseigneront avec zèle, s'intéresseront au développement moral de leurs élèves autant qu'à leur intelligence. Les élèves, en revanche, auront pour précoce devoir professionnel de travailler de leur mieux. L'écrivain défendra en toute occasion la vérité et les bonnes causes, il s'efforcera d'étendre par sa plume l'influence du bien; tout en cherchant la beauté de la forme, il n'en revêtira que des idées nobles et saines. En un mot, chacun tâchera d'agir de façon à ce que ses actes ne nuisent à personne et contribuent au contraire le plus possible au bien général.

La probité défend également le mensonge; elle prescrit la véracité parfaite de paroles et de pensées. Tromper quelqu'un n'est-ce pas lui voler sa confiance? Pourtant le mensonge, cette défaillance de l'énergie morale, se glisse partout, prend toutes les formes, et sans dire avec l'Ecclésiaste : « Tout homme est menteur », il faut avouer que la loyauté complète est une vertu fort rare. Le mensonge nous dégrade parce qu'il est le plus souvent une lâcheté; nous n'osons pas avouer nos actions, prendre la responsabilité de nos pensées. Aussi dire à quelqu'un en face qu'il en a menti, reste, comme aux temps chevaleresques, une injure des plus sanglantes. Les anciens méprisaient tellement ce vice qu'ils ne l'excusaient que chez les esclaves et les femmes, deux catégories d'êtres inférieurs à leurs yeux.

Pour être toujours sincère, il faut commencer par l'être envers soi-même. Que de mensonges nous nous faisons plus ou moins sciemment, déguisant à notre propre conscience les mobiles de nos actions, les justifiant coûte que coûte, nous payant de mots et d'excuses quand il s'agit de nous, d'illusions et de préjugés volontaires quand il s'agit des autres. — « Je vais peut-être blesser mon amie, pensons-nous, mais c'est pour son bien. » — Si nous ne nous mentions pas, nous reconnaîtrions que c'est pour satisfaire une rancune.

Que de mensonges muets en outre dans notre extérieur! Les hommes ne sont trop souvent que des acteurs, s'appliquant sur le visage un masque moral, qu'ils dénouent le soir, dès qu'ils ont achevé de jouer leur rôle. On n'est jamais *soi*, on revêt, pour l'apparence, des qualités qu'on sait ne pas posséder, qui sont tout l'opposé du vrai caractère. C'est de l'hypocrisie, non la noire hypocrisie qui combine des desseins criminels, mais simplement l'hypocrisie mondaine qui consiste à calculer ses gestes, à composer son visage, à feindre des qualités qu'on n'a pas, au lieu de tâcher de les acquérir. Peu de personnes se résignent à être franchement ce qu'elles sont; et pourtant combien elles y gagneraient, car rien n'est plus sympathique, même avec des défauts, qu'une nature ouverte et franche, une âme qui n'a pas peur de se laisser deviner, des yeux qui regardent la vie et les choses sans que leurs paupières se baissent pour cacher de secrètes pensées. Toutes les femmes, semble-t-il, devraient ambitionner cette beauté-là, cette suprême beauté d'un regard loyal, que le temps augmente, loin de l'altérer.

Avec autrui il ne faut jamais donner pour vraie une chose que l'on sait fausse. Sans doute les mensonges de politesse sont fréquents dans la vie mondaine et tellement percés à jour qu'ils ne sont plus que des termes convenus auxquels nul n'attache d'importance. Dire qu'on est sorti quand on ne veut pas recevoir, cela ne signifie rien au fond ; encore vaut-il mieux ne pas abuser de ces altérations insignifiantes de la vérité qui peuvent avoir des conséquences inattendues et très fâcheuses. A plus forte raison cet inconvénient est-il à craindre quand il s'agit de mensonges plaisants, de contes inventés pour s'amuser ou se tirer d'un mauvais pas. Corneille, dans sa pièce du *Menteur*, a peint d'une façon piquante les embarras qui résultent de cette mauvaise habitude et nous savons le peu d'estime que s'attirent les hâbleurs de profession. Ce qui est plus délicat, ce sont les mensonges pour rendre service, pour annoncer avec ménagement une nouvelle douloureuse, pour déguiser à un malade son état désespéré. Il y a dans la vie de ces situations angoissantes où l'on se demande si dissimuler la vérité n'est pas un devoir de miséricorde. Là encore, prenons bien garde. Sans doute la douleur veut être ménagée, la faiblesse aussi. Mais avec du tact, de la bonté, une vive sympathie, il n'y a guère de choses qu'on ne puisse graduellement dire telles qu'elles sont. Nous croyons faire un bien, éviter un mal ; que savons-nous de l'avenir, des conséquences que peut avoir tel ou tel fait, pour abuser en trompant quelqu'un, de la foi absolue qu'il témoigne en notre véracité ? Si nous avons la pénible tâche de porter un coup douloureux, nous pouvons l'atténuer par des mots de consolation et d'espoir. Mais n'altérons jamais la vérité, ni par des paroles ni même par notre silence, lorsque ce silence est une tacite réponse. Montaigne explique d'un mot profond le danger et la gravité de tout mensonge : « — Nous ne nous tenons que par la parole; c'est le seul moyen de communication entre les esprits. » — Or cet instrument, nous le faussons volontairement, nous altérons cette monnaie d'échange que les autres acceptent de nous comme bonne.

Ne pas mentir n'oblige pas à tout dire, surtout à dire ce qu'on ne nous demande pas. Remarquez que les menteurs sont souvent fort indiscrets. En usant de prudence, on évitera toujours, sans mensonge, de blesser ou d'affliger.

La franchise absolue est trop rare chez les femmes, et cependant c'est pour l'une d'elles, Mme de La Fayette, que fut introduite par La Rochefoucauld dans notre langue l'expression : *une personne vraie*, l'un des plus beaux éloges qu'on puisse mériter.

Beaucoup de femmes mentent par besoin de parler; elles composent des histoires où leur imagination dénature les faits, ce qui est certes moins grave que de les dénaturer volontairement pour nuire ou s'assurer un avantage. Ce goût de l'invention, de la *broderie*, est comme une suite de leur finesse naturelle, qui confine aisément à la duplicité. Mais quel intérêt n'auraient-elles pas à pratiquer la véracité, la probité, ne fût-ce que pour relever tout leur sexe d'une honte séculaire qui pèse sur lui! On est profondément imbu en effet du préjugé que les femmes ne peuvent être franches et précises dans leurs paroles; on se défie d'avance de leur affirmation, à moins qu'elles ne s'acquièrent, par des efforts persistants, la sérieuse renommée d'être toujours sincères. Une femme qui, dans les rapports sociaux, affaires, relations, amitiés, est connue non seulement pour ne jamais mentir, mais ne jamais exagérer, qui sait rapporter un fait, redire une phrase textuellement, sans y modifier une syllabe, sera respectée, considérée, et sa situation, modeste ou haute, s'en consolidera d'autant.

Avant toute autre revendication, les femmes feraient bien de revendiquer, avec preuves à l'appui, leurs droits à la confiance de tous et à ce franc parler qui leur fut impossible, tant qu'elles restèrent esclaves. Le manque de franchise est chez elles comme un ressouvenir de ce temps d'abaissement et d'oppression. L'esclave est toujours rusé. Par la ruse, certaines femmes croient gouverner leur famille et certaines jeunes filles croient échapper à l'autorité. Erreur grave. Gouverner par des mensonges, c'est irriter, le jour où ils s'en aperçoivent, ceux que l'on conduit ainsi. Qu'il s'agisse des enfants, des parents, du mari, une femme gagnera toujours à ne pas user de détours indignes d'elle. Toute influence qui s'édifie sur le mensonge, fût-ce pour le bien, est sans base solide et destinée à s'écrouler très vite.

L'éducation devrait donner aux jeunes filles la fierté et la passion de cette sincérité qui est une forme du respect de soi-même. Il faudrait leur faire mépriser les petites manœuvres et leur démontrer ce qu'elles y perdent. Je me souviens de deux sœurs, réprimandées pour une faute quelconque : la plus jeune protestait vainement, quand l'aînée survint et se contenta d'affirmer que cela n'était pas. Grande indignation de la cadette : « Vous la croyez, disait-elle à leur mère, et vous ne vouliez pas me croire ! — Ta sœur ne m'a jamais menti », répliqua simplement la mère. L'impression produite par ce tout petit fait sur cette enfant de seize ans fut si vive, si humiliante, que des années après elle en parlait encore.

Quant à la fausseté systématique qu'a flétrie La Bruyère : « menterie de toute la personne, art de placer un mot ou une action qui donne le change », le caractère en est tellement odieux et répulsif, qu'il semble inutile de la condamner. Mais craignons de nous engager par mégarde dans les avenues qui y mènent, manquons d'adresse plutôt que d'en avoir trop ; ce sera d'ailleurs au fond plus habile ; la sincérité et la droiture réussissent souvent beaucoup mieux à atteindre leur but que toutes les roueries dites féminines, à l'égard desquelles l'indulgence trop générale est toujours nuancée de dédain. Si l'on vous excuse de mentir, c'est parce qu'on vous croit incapables de l'énergie, du sentiment d'honneur qui veut la vérité. Les jeunes filles disposées à n'être pas toujours parfaitement loyales devraient reculer devant une honte pareille.

L'indiscrétion est encore une faute contre la probité. Le secret qu'on nous confie ne nous appartient pas plus qu'une somme d'argent remise en dépôt : le secret qu'on nous cache est la propriété d'autrui ; nous ne devons pas plus chercher à le dérober qu'à voler une bourse. Combien de fois le besoin de nous donner de l'importance, d'intéresser un auditoire, nous fait-il révéler les choses que nous devrions taire ! Une parole indiscrète est une balle tirée au hasard ; souvent elle se perd, mais parfois elle tue ou elle blesse grièvement. On voit des femmes, excellentes du reste, ne pas se douter du mal qu'ont produit leurs bavardages ! Pour qui a des secrets importants, le plus sûr est de ne les confier à personne ; si l'on nous en confie, gardons-les et tâchons pour cela d'oublier que nous les avons entendus. Il y a des gens qui, sans parler, par une physionomie trop révélatrice, un geste, un silence, trahissent le secret de leurs amis.

La flatterie, qui est une forme du mensonge, porte atteinte elle-même à la probité. Si rien n'est de plus mauvais goût que d'adresser en face aux gens des réflexions désobligeantes, nous ne sommes pas pour cela contraints à des compliments qui n'enfermeraient pas un mot de vérité. Efforçons-nous d'avoir sur les autres des jugements bienveillants dont alors l'expression sera franche et spontanée. Si nous ne pensons pas de bien d'une personne, sachons nous taire. Mais n'employons pas cette monnaie courante et banale des flatteries, tellement exagérées dans certaines bouches, que la personne qui en est l'objet se demande si vous vous moquez d'elle.

Une anecdote amusante nous apprend que la grande Marie-Thérèse rencontra un jour dans son parc un vieux soldat à qui elle demanda s'il connaissait l'impératrice. Le soldat répondit qu'il l'avait vue, il y avait quinze ans de cela. « Eh bien ! c'est moi, dit la souveraine, me reconnais-tu? — Vous, Majesté! s'écria le brave homme, peu rompu au langage des cours. Oh bien ! vous êtes vraiment changée; vous étiez si jolie autrefois, et que vous voilà grosse! » Marie-Thérèse rit beaucoup de cette franchise et la récompensa en écus bien sonnants, ce qui prouve qu'elle avait de l'esprit.

L'éducation nous empêchera d'imiter le soldat autrichien; il ne faut pas cependant qu'elle nous conduise à l'autre extrême en nous habituant à prodiguer ces fausses louanges aussi nuisibles à ceux dont elles développent la vanité qu'à nous-mêmes qui prenons ainsi l'habitude d'exagérer notre pensée.

Sans loyauté, sans droiture, il n'y a pas d'affections solides, parce qu'elles se sentent sur un terrain mouvant. Sans loyauté, sans droiture, toutes les qualités deviennent vaines, parce qu'il est impossible aux autres de savoir jusqu'à quel point elles sont en nous feintes ou sincères.

« J'ai dit la vérité, amie de Dieu, chaque jour », lit-on sur une sépulture égyptienne. C'est une épitaphe qui, dans sa brièveté, contient beaucoup de choses, et que peu de gens pourraient réclamer.

DIX-HUITIÈME CAUSERIE

La charité.

Nous avons vu que nous devions respecter tous les droits de nos semblables, et qu'au besoin la société se chargeait de nous y contraindre. C'est la loi de justice, elle rend possible la loi de charité. Sans la justice et les vertus qui l'accompagnent, la charité pourrait s'égarer, devenir injuste. En assurant nos droits, la justice nous concède le glorieux privilège d'en faire le libre sacrifice. Si la charité est un devoir volontaire que seuls nous pouvons nous prescrire, c'est pourtant encore un devoir; c'est aussi un besoin. Quand le principe de justice est fortement établi dans notre âme, nous sentons s'y développer l'amour de nos semblables. Une réflexion nous vient tout naturellement. Que de choses nous avons nous-mêmes obtenues dans la vie sans les avoir méritées, que de torts nous avons eus qui n'ont pas été punis, que de bien on nous a fait que nous n'avons pu reconnaître! N'est-il pas juste de rendre aux autres ce bien, de leur pardonner, à eux aussi, les erreurs, les défauts qui souvent découragent notre sympathie. de tâcher de les aimer, si difficile que ce puisse être, comme nous-mêmes avons été aimés, gratuitement?

Charité veut dire amour, l'amour très large de la grande famille humaine. Voici la définition d'un philosophe, Leibnitz : « Aimer, c'est faire sa félicité de la félicité d'autrui, c'est surtout souffrir de sa souffrance. »

Aimer, donner son âme, être sensible au bonheur d'autrui ou à sa peine, nul ne peut nous y forcer. Mais notre sens moral nous dit qu'une existence où l'on se contenterait de ne nuire à personne serait après tout une existence blâmable, comme celle du serviteur de la parabole qui enfouit sa pièce d'or au lieu de la faire fructifier. Nous avons en nous des forces diverses, la fortune, l'intelligence, le cœur, qui ne nous ont pas été données pour rester sans emploi, ou pour ne servir qu'à nous-même.

Certains prétendent manquer d'occasions pour faire le bien. On pourrait leur répondre que, s'ils veulent ouvrir les yeux, leur vie et leurs forces ne suffiront pas à profiter de toutes celles qui se présentent. C'est autour de nous d'abord, dans la famille et avec nos inférieurs, dans le monde, parmi nos amis, parmi les inconnus même, que se multiplient les services à rendre, sous forme d'aide, de conseil, de sympathie; c'est l'immense champ de la bienfaisance qui nous appelle, c'est l'innombrable armée des pauvres.

« Si l'on n'est pas souvent à portée de rendre de grands services, dit Fénelon, il n'est point de jour où l'on ne puisse travailler à rendre la situation de quelqu'un meilleure... Une existence ainsi tournée au profit de nos semblables serait le vrai secret d'être toujours en jouissance, car en se rendant propre à celle des autres, c'est comme si l'on avait plusieurs âmes pour jouir. »

Il ne faut pourtant pas que ce mot de jouissance nous fasse illusion jusqu'à nous laisser croire que l'exercice du bien puisse jamais devenir une bonne affaire. La reconnaissance est rare, la compréhension parfaite de nos intentions plus rare encore; l'incapacité à s'aider eux-mêmes des gens que nous aidons, leurs défauts, leur sottise sont souvent de nature à décourager. Ce dont nous jouirons, ce qui nous prendra bien vite le cœur, ce sera le sentiment de participer à l'accroissement du bien en ce monde, d'en être les humbles agents ; ce sera aussi cet attrait incomparable de la tâche entreprise, d'autant plus vif qu'elle exige plus d'efforts. Ainsi se sont créées ces innombrables œuvres de bienfaisance qui soulèvent un peu la lourde montagne des misères humaines : misères de l'âme et du corps. Nous ne devons donc jamais nous dire : « A quoi bon? Ce que je ferais est si peu de chose! » De même que dans l'océan Pacifique, les énormes roches de corail se sont lentement agglomérées par le travail d'êtres infiniment petits, de même le progrès moral, le bien accompli en ce monde dans le passé et sur lequel s'édifie celui de l'avenir, est dû à l'accumulation des efforts individuels. Pas une semence qui ne germe, pas une bonne pensée, une impulsion généreuse qui soit perdue, même si nous n'en voyons pas l'effet. Les œuvres les plus grandes, les plus utiles ont été le résultat d'une inspiration charitable qui ne se proposait rien au delà du moment présent. Valentin Haüy, pauvre lui-même, emmenant chez lui un pauvre enfant aveugle pour essayer de l'instruire, ne prévoyait pas qu'il inaugurait ainsi cet admirable enseignement des aveugles qui a rendu tant d'infortunés à la vie intellectuelle et active dont ils semblaient exilés pour jamais. D'ailleurs notre action ne dût-elle avoir d'autre suite que le bien immédiatement accompli, notre influence ne dût-elle pas s'étendre au delà d'une étroite limite, cela vaudrait encore la peine d'essayer.

Des penseurs qui ont longuement pesé ces graves questions nous l'affirment : « Quels que soient notre état ou notre âge, notre sagesse ou notre ignorance, notre richesse ou notre pauvreté, nous pouvons concevoir la noble ambition de mettre dans les destinées du monde notre poids de justice et de bonté [1]. » Et cette ambition est singulièrement fortifiante pour nous-même, en nous donnant un but supérieur à celui de nos intérêts ou de nos satisfactions personnelles. Vivre pour sa petite personnalité, c'est bien étroit et bien humiliant. Abattons donc les murs dressés autour du jardinet de notre existence et, si notre premier devoir est de le cultiver, sortons-en souvent et laissons-y entrer tous ceux qui ont besoin de nous.

De nos jours, le mot d'altruisme tend souvent à remplacer celui de charité; il a le défaut d'être trop savant, d'exprimer d'une façon quelque peu pédan-

---

1. Le Père Gratry, *les Sources.*

tesque la faculté de s'identifier aux autres. Ceux que le mot de charité offense s'imaginent que celui-là exprime plus d'égalité. Ils oublient que la charité est l'amour, cette suprême égalité des âmes.

Charité ou altruisme, il y a des êtres qui pensent tout naturellement aux autres avant de penser à eux-mêmes. Mais, quand ce penchant n'est pas spontané, il peut et doit s'acquérir. Ajoutons que le domaine de la charité serait infiniment trop restreint si on le bornait à l'aumône. La vraie charité est l'âme même de l'existence, elle s'applique à toutes les situations, elle connaît tous les moyens de réparer l'œuvre du mal par celle du bien. D'abord avec le respect de nos semblables, quels qu'ils soient, elle inspire ces délicatesses qui permettent de panser d'une main légère toutes les blessures. A chaque devoir de justice, elle vient, miséricordieuse, ajouter une obligation volontaire. Il ne suffit pas à une personne charitable de respecter la vie de son semblable; elle exposerait la sienne pour sauver le prochain. Les femmes pratiquent, on le sait, malgré leur faiblesse physique, ce genre d'héroïsme; le courage qu'elles déploient dans les épidémies, par exemple, est si habituel que nul ne songe à s'en étonner. Une femme abandonnant son poste près d'un malade qui lui tient par quelque lien de famille ou d'amitié nous paraîtrait aussi coupable que le soldat désertant le sien. Beaucoup d'entre elles font mieux encore, elles recherchent les malades isolés, sans famille, qui ont besoin de trouver à côté des soins matériels cet appui moral que nous implorons aux heures d'affliction. Ne craindre ni l'ennui ni la fatigue auprès de ceux-là, c'est un devoir de charité essentiellement féminin. La plupart des femmes auraient honte de n'apprécier leurs amis que joyeux et bien portants; un penchant naturel de leur cœur les entraîne vers ceux qui souffrent. Elles sont les dépositaires et les dispensatrices du parfum de grand prix dont parle l'Évangile, le baume divin de la pitié.

Que n'ont-elles pas fait en 1870 pour adoucir les horreurs de la guerre! Un beau tableau a popularisé l'énergique action de cette religieuse qui s'opposa à ce qu'on lui enlevât ses blessés prisonniers de l'Allemagne, et fit plier devant sa volonté l'impitoyable droit du vainqueur.

Elle était de cette famille des grandes âmes, Mme Cahen, veuve d'un médecin de Nancy, qui, après avoir vaillamment, comme ambulancière, pris part au siège de Metz et à la campagne de la Loire, obtint, la paix une fois signée, d'aller porter des secours à nos soldats qu'enfermaient les forteresses allemandes. Ce qu'elle leur apportait surtout, c'était la consolation de retrouver en elle un peu de la patrie. Dire seulement à ces inconnus : « Je suis Française », leur parler de la famille, se charger de leurs messages était un acte de suprême charité. De plus, par ses sollicitations auprès de l'impératrice Augusta, elle obtint la liberté de trois cents prisonniers.

La simple justice, nous l'avons montré, respecte la liberté d'autrui, mais la charité va bien au delà; elle aide au développement de cette liberté en répandant les lumières qui rendent chacun plus capable de diriger sa propre conduite. Elle nous engage à ne jamais refuser, par peur des responsabilités, ni nos conseils ni notre appui, lorsqu'on sollicite l'un ou l'autre. Tant de gens ont si vite fait de dire qu'ils ont assez de leurs propres affaires !

Ceux qui travaillent à instruire les ignorants accomplissent un acte de charité au moins aussi efficace que s'ils aidaient à les nourrir, car il est bien vrai que l'homme ne vit pas seulement de pain. Autour de nous, parmi nos inférieurs, parmi nos égaux même, moins favorisés par les circonstances ou moins éclairés que nous, il y aura toujours à qui distribuer ce pain de l'esprit, sans supériorité affectée de notre côté, mais par une conversation sérieuse, par un enseignement offert, par un mot dit en passant. Tout ce que nous avons de clartés dans l'intelligence — et pour cela cherchons à en acquérir le plus possible, — tout ce que nous avons de sagesse dans l'âme, peut être utile à d'autres et nous devons y laisser largement puiser. Plus nous travaillerons au bonheur d'autrui, de quelque façon que ce soit, plus nous avancerons dans cette voie royale. L'aumône de l'esprit et du cœur, le don de soi par miettes innombrables, don d'autant plus gratuit que ceux qui en profitent ne s'en aperçoivent pas, est l'aumône obligatoire entre toutes. A la mort d'une femme de mérite, ceux qui l'avaient connue disaient ce mot touchant : « Qu'allons-nous devenir ? Tous, nous étions ses pauvres. ».

On voit combien il est indispensable dans la jeunesse d'amasser le plus de gerbes possibles pour avoir la joie de distribuer par la suite très largement ce que nous aurons récolté.

Que veut encore la charité, cette dominatrice exigeante, obstinée à porter très haut les cœurs dont elle s'empare?

Elle veut que, non contents de faire du bien à tous, nous en fassions spécialement à ceux dont nous pourrions nous plaindre. En cela, elle impose silence à la justice qui, plus rigide, nous pousse à maintenir notre droit, à laisser le méchant subir sa peine, résultat souvent de ses propres torts. « Mais, disait déjà Platon, si on les abandonne, ils n'en deviendront que plus mauvais. » C'est d'après ce précepte, transformé en commandement par le christianisme, que se sont fondées toutes les œuvres de régénération sociale. Si décourageante que semble la tâche, il n'est pas un être qu'on ne puisse améliorer par de bons procédés, de la douceur, de l'indulgence toujours ferme. Quand le mal commis l'a été envers nous-même, c'est alors le pardon des injures, — le plus admirable, le plus divin effort de la charité, parce qu'il triomphe en nous de l'orgueil.

Au pardon pur et simple peut se mêler encore une bonne part de mépris; le but doit être d'aimer ses ennemis, non comme des amis sans doute, ce serait impossible, la sympathie étant un mouvement du cœur qui ne s'impose pas, mais enfin d'agir à leur égard comme si on les aimait. Rappelez-vous le beau récit de Victor Hugo, *Après la bataille*. Sur le champ couvert de cadavres, un mourant crie : « A boire! — Tiens! donne à ce pauvre blessé », dit un officier, le propre père du poète, en tendant sa gourde à un soldat. Et, pendant que le soldat se penche, l'homme se redresse et tire sur l'officier.

Le coup passa si près que le chapeau tomba.
« Donne-lui tout de même à boire », dit mon père.

DIX-NEUVIÈME CAUSERIE

La bonté. — Le dévouement.

« De même que les torches et les feux d'artifice pâlissent à l'aspect du soleil, ainsi l'esprit, comme le génie et la beauté, sont rejetés dans l'ombre et éclipsés par la bonté du cœur. L'intelligence la plus bornée ou la laideur la plus grotesque, dès que la bonté les accompagne et parle en elles, en sont transfigurées... Quand elle habite un cœur, elle l'ouvre si largement qu'il embrasse le monde. »

Ces belles paroles, plaçant la bonté à la hauteur qu'elle mérite, sont, chose intéressante, du pessimiste Schopenhauer; il définit ainsi la bonté : « Avoir envers les autres cette indulgence intime dont chacun n'use habituellement qu'envers soi-même »[1].

C'est une autre forme du précepte : aimer son prochain autant que soi. Ici peut-être cependant l'application ne serait-elle pas absolument juste. L'indulgence que nous nous témoignons à nous-mêmes n'est nullement une vertu, mais une erreur faite de fai-

---

[1]. Schopenhauer, *Le Monde comme volonté et représentation*, trad. Burdeau, vol. III, page 48.

blesse et d'aveuglement. Transportée aux autres, elle ne vaudrait pas mieux. La vraie bonté doit être énergique et clairvoyante; c'est lui nuire que de la confondre avec cette excessive facilité à laisser faire qui n'est que la paresse de la résistance, ou une de ces illusions qui viennent de l'inintelligence des situations. On a ainsi gâté la réputation de la bonté; on a pris l'habitude de la traiter de haut en bas. Lorsque nous disons : « C'est une bonne personne », le portrait s'esquisse aussitôt dans notre esprit : — plutôt médiocre. Nous lui accordons la bonté pour réserver le reste, qu'évidemment nous estimons bien davantage.

Et cependant la bonté, la vraie, *ce sourire du ciel*, est une chose exquise, sans laquelle aucun être n'est complet. Les âmes dans lesquelles elle habite la révèlent par tous leurs actes, toutes leurs paroles et tracent, là où elles passent, un sillon de douceur et de consolation. Certes, l'esprit qui jaillit, l'intelligence qui luit comme une flamme sont des dons rares, mais sans la bonté, ils peuvent être dangereux pour nous-même et pour les autres. Elle les guide, elle en fait des flambeaux éclairant la route. Avec un très bon cœur, on évitera des fautes de toute sorte, même les fautes de tact dont l'intelligence seule d'un égoïste ne le préserverait pas.

L'égoïsme est le mal de notre temps, la conséquence forcée du développement considérable de l'individualité. Nous avons une telle conscience de notre *moi* qu'il nous paraît simple de rapporter tout à lui. Cela existe surtout dans la jeunesse. L'âge se charge de nous apprendre que la bonté est encore la qualité dont nous tirerons le plus profit dans la vie. Car beaucoup de gens ont pour les autres tout juste autant de bonté qu'on en a pour eux, craignant d'être dupes dans cet échange. Ajoutons que rien n'attire et ne retient l'affection comme la bonté, que tous nous la cherchons d'instinct chez ceux que nous aimons et que nous souffrons irrémédiablement de son absence, même quand toutes les autres qualités sont réunies.

Pour qu'on nous aime, donnons donc de notre cœur; il y a tant de cas où cette aumône de l'âme est plus méritoire et plus utile que celle de la bourse! La charité qui consiste à secourir le pauvre n'est pas toute la charité, nous l'avons déjà dit. Il y a envers ceux dont la vie nous rapproche à chaque instant, famille, amis, étrangers même, mille occasions d'exercer l'autre, « celle qui est patiente et *bonne*, ne se vante pas, ne cherche pas son avantage, ne s'irrite point, ne suppose pas le mal..., excuse tout, croit tout, espère tout, supporte tout. » (Saint Paul.)

Cette bonté-là n'est pas toujours innée dans nos cœurs. Sans parler des êtres chez qui la malveillance domine, ni de ceux qui ont le malheur, souvent parce que la souffrance les a aigris, de haïr leurs semblables, les meilleurs d'entre nous ont besoin parfois de se forcer à aimer. L'ingratitude et l'insuccès découragent, ils produisent assez naturellement le besoin de vivre pour soi au lieu de se dépenser pour d'autres. De cet instinct involontaire la bonté a bien de la peine à triompher. Cependant on a eu raison d'affirmer que tous les hommes pouvaient être bons, si tous ne pouvaient être grands. Et la bonté est aussi une grandeur : faire le bien tous les jours de sa vie n'est-ce pas une forme humble, mais néanmoins réelle, de l'héroïsme? Ceux qui la pratiquent savent ce qu'il en coûte de travail sur soi-même.

Il y a des natures toutefois — heureusement elles ne sont pas si rares — en qui la bonté s'épanouit comme une fleur, rayonnant de tout leur être, les douant ainsi du plus grand de tous les charmes. Nous avons rencontré de ces hommes ou de ces femmes desquels on dit : — « Ils respirent la bonté! » Cela signifie qu'un élan spontané du cœur leur donne la compréhension de toutes les souffrances et le désir d'y porter remède. Ces êtres favorisés sont *nés bons*, ce sont des âmes de largeur et de tendresse inclinées vers tous. Prenons garde seulement que cette tendresse se contente de jouir d'elle-même, sans agir; car elle ne serait alors qu'une stérile sympathie. Puis il ne s'agit pas d'être bon à ses heures, il faut l'être à toute heure et surtout à celles où l'on a besoin de nous. Et en l'étant, on éprouvera selon le mot de Joubert « que le bonheur est de sentir son âme bonne ». Il n'y en a point d'autre à proprement parler, et ce bonheur-là peut exister dans l'affliction même. Joubert ajoute : « Il faut faire du bien quand on le peut, et faire plaisir à toute heure, car à toute heure on le peut. » — Les âmes bonnes, en effet, trouvent sans cesse l'occasion d'être telles. C'est l'art des petites choses, des petites joies prodiguées à autrui, l'art d'écouter les confidences, de partager les soucis, de supporter les défauts, l'art suprême de la femme. Les mille incidents journaliers changent d'aspect, selon qu'on les éclaire de ce soleil intérieur. Bénie soit la maison qu'habite une femme douée de bonté! Ceux qui du dehors sont attirés vers ce refuge, savent qu'il leur sera bienfaisant, qu'ils y trouveront le conseil demandé, l'affection cherchée, le service désiré, doublé par la bonne grâce et le sourire, enfin et surtout l'indulgence.

L'indulgence appuyée sur la fermeté est un des grands caractères de la bonté. Elle ne s'aveugle pas sur les défauts du prochain, mais, reconnaissant les siens, pardonne ceux-là même dont elle se sent incapable. Sévère sur les principes, elle est miséricordieuse pour le coupable; auquel souvent une bonne parole, un accueil inespéré rend le courage de réparer sa faute. La bonté s'est acquis le droit, doucement, affectueusement de la lui signaler, car l'indulgence peut fort bien s'accorder avec la justice. On s'imagine à tort que la justice doit revêtir une mine rébarbative et marcher en assénant de droite et de gauche des condamnations. Nous avons assez à faire de nous juger nous-mêmes avec la sévérité voulue; tâchons de reconnaître chez les autres les bonnes intentions dont nous nous sentons remplis, bien inutilement, hélas, quant à l'effet. Ne partageons pas impitoyablement le monde en bons et en méchants, car ceux qui nous semblent méchants ont d'autant plus besoin que notre bonté les aide à se transformer.

Sommes-nous personnellement offensés? Montrons-nous indulgents, surtout si notre situation nous place au-dessus du coupable. La bonté est assurément la distinction la plus vraie, et la supériorité, soit sociale, soit intellectuelle, a le devoir de s'appuyer sur une égale supériorité de cœur. Autrement elle se rabaisse, en manquant de délicatesse, au-dessous de ceux auxquels elle prétendent imposer.

Si la bonté est de toutes les situations, elle est aussi de tous les âges. La vieillesse s'identifie presque avec elle; nous ne nous représentons pas un grand-père, une aïeule, sans cet attribut. Dans la force de l'âge, chez ceux à qui l'autorité, l'influence sont dévolues, la bonté tempère l'énergie, elle est indispensable pour adoucir ce que l'action a de trop âpre, pour donner à la vie son vrai sens qui est l'accomplissement du bien. Mais ce sont la jeunesse et l'enfance qui, usant sans cesse de la bonté des autres, doivent se former à ce devoir de bonté dans les paroles et dans les actes. On ne s'y forme qu'en commençant par l'oubli de soi, lequel demande un certain effort. Lorsqu'on s'y accoutume avec suite, on arrive à ne plus admettre l'idée d'un avantage qui nuirait à autrui, et l'esprit reste constamment occupé des moyens d'être utile. La bonté de choix pratiquée ainsi est infiniment supérieure à la simple bonté de nature, parce qu'elle résulte d'une victoire sur nous-même. Elle ne subira pas l'influence du plus ou moins de sympathie; il est trop facile d'être bon envers les gens qui nous plaisent; elle s'exercera sans distinction de mérite. Soyons bons toujours; que ce soit l'attitude habituelle de notre âme. Nous gravirons ainsi, lentement, mais sûrement, les échelons qui montent à ce degré supérieur qu'on nomme le dévouement.

« Celui-là, dit La Bruyère[1], celui-là est bon qui fait du bien aux autres; s'il souffre pour le bien qu'il fait, il est très bon; s'il souffre de ceux à qui il a fait ce bien, il a une si grande bonté qu'elle ne peut être augmentée que dans le cas où ses souffrances viendraient à croître; et s'il en meurt, sa vertu ne saurait aller plus loin, elle est héroïque et parfaite. »

La bonté simple n'entraîne pas le complet sacrifice de soi-même, l'immolation absolue de sa personnalité, tandis que le dévouement implique tout cela et peut aller jusqu'à la mort ou faire davantage même, car il est souvent plus dur de vivre pour quelqu'un qu'il ne le serait de mourir pour lui. Voyez les dévouements obscurs dont l'occasion se trouve dans beaucoup d'existences de femmes, dévouements incompris, mal récompensés, d'autant plus admirables.

Il ne faudrait pas toutefois que le dévouement éclipsât trop cette pauvre bonté, d'usage plus constant, plus à la portée de tous, ni qu'il en dispensât personne. Nous avons connu des êtres qui se dévouaient sèchement, âprement, en faisant sentir toutes les pointes de leur sacrifice. Une fille, par exemple, consacrant son temps et ses soins à sa mère âgée ou infirme et refusant avec obstination le moindre allègement à sa tâche, peut, tout en étant fort dévouée dans le sens matériel, rendre ce dévouement très dur à accepter, si elle l'accompagne de raideur. Mieux vaudraient quelques négligences, quelques oublis, qu'excuse ensuite un redoublement de tendresse. Se

---

[1]. La Bruyère, *Caractères*, p 63.

donner par devoir ou par vertu, en témoignant bien de ce qu'il en coûte, ce n'est plus le dévouement; celui-ci ne va pas sans élan de l'âme.

Se dévouer, c'est préférer absolument quelqu'un à soi-même et s'immoler à lui. (Le dévouement des mères pour leurs enfants, par exemple, est continuel durant ces premières années de l'existence qui réclament des soins si pénibles.) C'est bien la pierre de touche de la véritable affection. Nous croyons aimer quelqu'un; pour savoir si nous l'aimons, attendons l'heure de l'épreuve. Si notre affection hésite, c'est qu'elle n'était qu'un égoïsme déguisé; nous aimions pour nous, pour notre satisfaction personnelle, affection d'ordre inférieur que nous devons chercher à ennoblir.

L'idéal du bien se trouverait chez l'homme dominé et possédé tout entier par la passion du dévouement à ses semblables et leur consacrant sa vie. Cela s'est réalisé de tout temps chez les héros de charité dont saint Vincent de Paul, le patron par excellence depuis deux siècles des grandes créations philanthropiques, est le modèle; aussi chez ceux qui, dans un moment de crise, ont placé leur volonté à la hauteur du sacrifice. Les six bourgeois de Calais se livrant en rançon pour obtenir la grâce de leurs concitoyens trouvent dans l'histoire des émules assez nombreux. Le cri du chevalier d'Assas : « A moi, Auvergne, voici l'ennemi ! » pour sauver à ses risques l'armée surprise, retentit à travers nos annales. Dans les mémoires de guerre, on rencontre à chaque page l'écho de dévouements parfois anonymes, le nom du héros s'étant perdu, ce qui ajoute encore à la beauté de l'acte. Se dévouer ainsi, c'est le suprême de l'abnégation. Mais il n'y a pas que la guerre qui en fournisse l'occasion; la vie civile offre journellement l'exemple du sacrifice de l'individu au bien de tous. Car ce que le dévouement a d'admirable, c'est qu'il est le don volontaire des forces de l'homme, selon sa situation et ses devoirs propres. Tous, nous pouvons nous dévouer, mais nous devons le faire d'abord et surtout dans le sens de nos devoirs : le soldat comme soldat, le citoyen comme citoyen, le savant comme savant. La femme qui négligerait son mari et ses enfants pour se consacrer à des tâches générales, se tromperait de route et commettrait une erreur de jugement. C'est pourquoi le champ de son dévouement est pour elle avant tout la famille; chacune de nous y trouvera de suffisantes occasions de se dévouer.

Ce n'est pas dire que la femme, même timide et craintive, reculera devant le sacrifice de sa vie. Rappelons-nous quels actes généreux ont marqué l'incendie du Bazar de la Charité, où des jeunes filles ont aidé de plus faibles qu'elles à sortir les premières, où des Parisiennes, des mondaines sont mortes pour laisser leur chance de salut à d'autres. Il est vrai qu'en ces tragiques circonstances, on est soutenue par l'exaltation du moment. Le dévouement le plus difficile est peut-être l'immolation journalière de ses goûts et de ses penchants, le don de son temps à d'humbles devoirs, en un mot le dévouement familial dont les joies sont faites de ce qu'il coûte.

VINGTIÈME CAUSERIE

La bienveillance. — La politesse.

« Une femme sans bonté est une fleur sans parfum. » La bienveillance serait plus spécialement ce subtil parfum, quoiqu'elle compte parmi les qualités sociales, tandis que la bonté est une qualité naturelle. Il y a des bontés réelles, actives, d'un abord rude et âpre, enveloppées de piquants comme la châtaigne. La bienveillance est douce, accueillante, disposée d'avance à tout voir du bon côté, à juger favorablement les gens et les faits. C'est la bonne volonté du cœur. Les choses sont si différentes selon qu'on les prend sous l'un ou l'autre aspect! L'un des hommes les plus bienveillants qui aient jamais existé eut cette parole d'une ironie douce : « Quand mes amis sont borgnes, je les regarde de profil [1]. »

Au fond, la bienveillance est moins active que la bonté, moins méritoire aussi, parce qu'elle tient beaucoup de cette condescendance qu'amène la connaissance approfondie du monde. Les personnes très

---

[1]. Joubert, *Pensées*.

supérieures sont généralement bienveillantes; elles ont trop de largeur d'esprit pour s'abaisser aux mesquineries du mauvais vouloir. A la jeunesse, au contraire, la vie n'a pas enseigné l'indulgence. Plus d'une jeune fille convient que chez les autres, elle est surtout frappée des côtés défectueux. La vanité s'en mêle et l'on fait des comparaisons tout à son propre avantage. Un ridicule de toilette ou de manières fera condamner quelqu'un sans rémission, malgré les meilleures qualités.

La bienveillance qui ne s'exerce qu'à l'égard de ceux que nous aimons, que nous voyons en beau, à qui nous donnons raison à tort et à travers, tout en nous montrant impitoyables pour les indifférents, n'est pas la vraie. Celle-ci peut se comparer au soleil qui luit également sur tous.

Certaines personnes ont un accueil qui inspire courage et confiance à qui les aborde. Elles y ajoutent le tact, ce doigté délicat qui devine le point sensible de chacun, qui se garde d'appuyer, qui évite à la bonté bien des maladresses. Il y a des *gens douloureux de partout*[1]; la bonté seule ne les manierait pas sans les faire crier; la bienveillance, doublée de tact, lui viendra en aide. Les femmes qui ont fait le plus de bien, exercé le plus d'influence, possédaient ce talisman qui ouvre les cœurs fermés. Accepter les secours d'une bonté qui nous juge sévèrement est dur; si cette bonté s'enveloppe de bienveillance comme d'un manteau, elle se glissera doucement sans être aperçue et sans

1. Nicole.

qu'on songe à lui résister. L'art de donner est indispensable à acquérir, car peu de gens apprennent celui d'accepter, et, sans bienveillance, il est presque impossible de rendre service; les meilleures intentions seront paralysées. Grâce au désir de ne froisser personne, désir que la bienveillance implique, vous arriverez, sinon à vous identifier pleinement avec l'âme d'autrui, chose impossible peut-être, du moins à vous dire que les souffrances, les peines, les difficultés auxquelles vous assistez sont tout aussi lourdes que les vôtres; vous arriverez à les juger, non du dehors, mais du dedans, à les soulager par le moyen approprié. Règle générale : on se croit toujours plus fragile, plus délicat, plus sensible que le voisin. Nos malheurs nous semblent sans exemple et notre pitié se réserve pour nous-mêmes. Ayons de la bienveillance : nous mesurerons beaucoup plus équitablement le fardeau du prochain et, le trouvant pesant, nous nous ingénierons à l'alléger.

Ne jamais voir les bonnes qualités des gens ou des choses est l'indice d'une très petite âme. Le laid et le mal existent; mais le bien et le beau n'existent pas moins; pourquoi ne pas nous appliquer à les envisager? Il n'y a guère d'être si déshérité qui ne possède quelque mérite caché. C'est là ce qu'il faut s'efforcer de découvrir, avec le point, unique peut-être, sur lequel nos sympathies ont chance de se rencontrer, et peu à peu, en faisant fructifier ces germes, nous accroîtrons la somme de bien existante.

Au contraire, la malveillance, la moquerie font un mal disproportionné avec leur importance. La moquerie en persiflant une infirmité ou un défaut peut gâter ou ruiner toute une vie : par elle, des amitiés ont été détruites, des réputations perdues. Rien de plus fâcheux que l'habitude du dénigrement. Mlle de Lamoignon disait à Boileau : « Je n'approuve pas que vous écriviez des satires, cela blesse la charité. — Puis-je au moins, mademoiselle, répondait malignement Boileau, en faire contre le Grand Turc? — Non, c'est un souverain, il ne faut jamais manquer aux princes. — Mais, contre le diable? — Non, monsieur, ne disons de mal de personne. »

La bienveillance nous est utile à nous-mêmes : outre qu'elle nous fait aimer, elle élargit l'âme et la rend plus fortement intelligente de toutes choses. George Eliot a là-dessus une belle image : « L'esprit prompt au dédain et à la condamnation est comme une main fermée, qui peut porter des coups de poing, mais ne saurait rien recevoir ni garder de précieux, quand ce serait la manne céleste. » — Il est très vrai qu'un esprit malveillant se nuit d'abord à lui-même.

La bienveillance habituelle, au contraire, nous établit dans une sérénité où nous sommes plus aptes à recevoir les inspirations heureuses et à comprendre les idées grandes et belles. « Ne nous lassons donc pas de jeter sur notre route des semences de bienveillance et de sympathie. Sans doute il s'en perdra beaucoup, mais s'il en est une seule qui lève, elle embaumera notre route et réjouira nos yeux [1]. »

---

1. Mme Swetchine.

La politesse est intimement liée à la bienveillance. Être poli! on dit que cela devient hors d'usage, et pourtant ce fut longtemps l'honneur des mœurs françaises et le charme des relations sociales; il y entrait beaucoup d'ingrédients divers : finesse, mesure, discernement, bon goût, aisance, parfaite éducation. La politesse procède du respect et constitue une gêne dont on ne veut presque plus. Autrefois, on reconnaissait des supériorités d'âge et de rang qui imposaient la déférence; entre égaux, on mettait dans les rapports une courtoisie, étudiée peut-être, mais qui agissait, avons-nous déjà dit, comme l'huile dans les rouages. A notre époque d'égalité, l'huile de la politesse est tout à fait en défaveur.

C'est une méprise pourtant que de placer la douceur et la grâce des manières, l'art de paraître aimable au rang des vertus secondaires desquelles on peut se passer. Il faut d'abord distinguer entre ce qui est vertu et ce qui est forme, cérémonial variable selon les temps et les pays. Cette dernière espèce de politesse est la *civilité*, qui a cours chez toutes les nations, avec des modifications dans les formes extérieures. On la trouve même chez les sauvages; la politesse des indigènes de Taïti a été maintes fois vantée. L'étiquette chinoise et japonaise si minutieuse, pour différer de la nôtre, lui est certainement supérieure par certains côtés, et il ne serait peut-être pas mauvais que l'éducation des jeunes filles comprît chez nous, comme au Japon, un cours de politesse, ou plutôt ces leçons de *bonne grâce* qui, au XVIIe siècle, ne consistaient pas seulement à savoir faire la révérence, mais à témoigner à chacun les égards extérieurs qui lui étaient dus.

Le mot de *politesse*, au sens moral, vient de celui de *polir*, et signifie effacer toutes les rugosités, donner à la surface ce lustre, ce fini qui rehausse les matières précieuses. L'or n'a-t-il pas besoin d'être poli? Il en est de même des plus grandes qualités; elles perdront beaucoup à se revêtir d'un extérieur rude et grossier.

La Bruyère donne d'une femme de son temps, Catherine Turgot, Mme d'Aligre, un portrait délicieux dont bien des traits sont ceux de la politesse idéale. « L'esprit dans cette belle personne est un diamant bien mis en œuvre.... Elle vous parle comme celle qui n'est pas savante, qui doute et cherche à s'éclaircir; elle vous écoute comme celle qui sait beaucoup, qui connaît le prix de ce que vous lui dites, et auprès de qui vous ne perdez rien de ce qui vous échappe. Loin de s'appliquer à contredire avec esprit, elle s'approprie vos sentiments, elle les croit siens, les étend, les embellit; vous êtes content de vous d'avoir pensé si bien, et d'avoir mieux dit encore que vous n'aviez cru. Elle est toujours au-dessus de la vanité, soit qu'elle parle, soit qu'elle écrive, elle oublie les traits où il faut des raisons, elle a déjà compris que la simplicité est éloquente. »

Certaines gens, pour se dispenser d'être polis, allégueront que la politesse est une sorte de mensonge, de duplicité, puisqu'elle nous fait affecter des sentiments que nous n'éprouvons pas. C'est ainsi qu'on s'indigne contre les mensonges sociaux. Il y a une manière fort simple d'en faire des vérités, et nous pourrons alors être aussi polis qu'il faudra, sans le scrupule de cacher notre personnalité sous un masque. Appliquons-nous à penser tout ce que la politesse nous fait dire d'aimable et de bienveillant; *éprouvons* cette sympathie que nous sommes tenus à *témoigner* pour les joies et les peines des autres; que nos condoléances comme nos félicitations soient sincères, que nos ménagements dans la conversation comme dans les actes partent d'un mobile élevé. Ces précautions, qui seules rendent possibles les rapports sociaux et l'échange des idées, ne sont des mensonges que si on le veut bien. Sans abandonner votre avis, vous pouvez le soutenir avec modération ; sans exprimer tout ce que vous sentez d'une façon brutale, vous pouvez le laisser deviner, fût-ce par le silence, qui est encore une forme de la politesse. A juste titre, on nomme cette science le *savoir-vivre*, puisqu'elle est la science de toute vie en commun. Cette politesse de savoir-vivre et de ménagement est indispensable aux femmes dans leurs rapports avec la société, et surtout dans leur rôle de maîtresse de maison. Lorsque nous lisons la biographie de celles qui ont eu des salons célèbres, nous y découvrons qu'elles pratiquaient avec un art savant les égards et la politesse raffinée, sachant mettre chacun en lumière.

Une femme sera aimable, partant polie, toutes les fois qu'elle consentira à penser aux autres plus qu'à elle-même et à ses convenances ou à ses amusements. On est poli d'ailleurs pour sa satisfaction personnelle autant que pour celle des autres. On l'est donc envers les inconnus comme envers ses amis, on l'est partout et toujours : chez soi, parce qu'on y exerce l'hospitalité, chez les autres, parce qu'on l'y reçoit. Une personne réellement polie ne saura même pas cesser de l'être, dans certains cas de légitime défense contre l'insolence d'autrui; l'habitude l'emportera, il faudrait se dégrader à ses propres yeux, on préfère subir l'injustice ou le mauvais procédé. C'est une grande force pour les gens impolis, et voilà sans doute pourquoi ils deviennent si nombreux.

L'impolitesse est faite de deux très laides choses : l'égoïsme et l'injustice : ajoutez-y souvent une dose de vanité qui rend impoli envers tous ceux que l'on sent supérieurs, à moins que l'obséquiosité n'entre en jeu, si l'on croit en tirer profit, et que la flatterie ne s'en mêle. Cette fausse politesse-là qui s'aplatira devant le riche et s'en vengera sur les petits, est la pire des vulgarités et marque de ce cachet ineffaçable ceux qui la pratiquent. L'impolitesse envers les inférieurs mérite surtout le blâme. En traitant ceux qui sont au-dessous de vous avec arrogance, vous ne faites qu'attiser des haines, et de plus, vous manquez lâchement à la simple justice, car ils sont dans l'impossibilité de réclamer. Louis XIV réprimanda un jour la duchesse de Bourgogne, qui, ayant gardé une brodeuse toute la journée dans son appartement, avait oublié de lui faire donner à dîner. La princesse, fort jeune alors, essaya de tourner sa négligence en plaisanterie, mais le roi déclara sévèrement que plaisanter d'une chose pareille lui serait impossible, et que la pauvre femme était en droit de dire qu'on avait omis de lui donner son dû. Louis XIV pouvait exiger rigoureusement la pratique d'une parfaite civilité, lui qui ôtait son chapeau aux femmes de service, lorsqu'il les rencontrait balayant les couloirs de Versailles.

Enfin, la politesse a une importance plus grande que nous ne l'imaginons parfois, car c'est d'après ces formes extérieures que souvent on nous juge. Il faut s'y résigner; pour le monde en général, nos qualités les plus sérieuses ne comptent guère. Les gens qui ne nous voient que superficiellement n'auront pas le temps de les approfondir. Tout ce qu'ils demanderont, ce sera l'amabilité du ton et des manières, l'observation scrupuleuse des lois que l'usage a prescrites. Il arrivera que non seulement nous serons jugés en conséquence, mais qu'un procédé affable nous vaudra des avantages sérieux. Envisagée à ce point de vue peu élevé, la politesse, si négligée, serait un fort utile moyen de succès. Joseph de Maistre raconte plaisamment à sa fille [1] que le savant suisse Haller se trouvait un jour placé à table auprès d'une *sénatrice* de Berne qui se vanta, dès le début de leur conversation, de savoir faire quatorze espèces de gâteaux. Haller lui en demanda le détail et l'explication. Il écouta patiemment jusqu'au bout, sans distraction, et la Bernoise fut si charmée de la science et de la courtoisie de son voisin qu'à la première élection, elle mit tout en œuvre pour lui faire avoir un emploi que jamais il n'aurait obtenu sans toute cette pâtisserie.

---

[1] J. de Maistre, *Lettres.*

Ne craignons pas de parler *gâteaux* quand nous avons des interlocuteurs ennuyeux, c'est-à-dire parlons-leur de ce qui les intéresse. Et si l'idée d'agir pour un avantage matériel nous révolte, faisons-le par bonté. Le bien qu'on dira de nous sera le même, et nous aurons la satisfaction de l'avoir vraiment mérité, sans aucun mensonge, même un mensonge admis comme tous ceux sur lesquels vit la politesse de forme, si creuse, si factice au fond, quand elle n'est pas doublée de cette politesse du cœur qui soudain la relève.

VINGT ET UNIÈME CAUSERIE

La bienfaisance.
L'aumône. — Divers modes d'assistance.

Se douterait-on que le mot adorable de bienfaisance n'est guère vieux que de cent ans? Au temps d'Amyot et de Sully on disait *bénéficence*; au temps des affreuses misères de la Fronde, on avait la chose, sinon le mot; car jamais il ne s'est vu plus sublime éclosion d'œuvres charitables, où toutes celles de nos jours trouvent leur type primitif, à commencer par les fourneaux économiques, qu'imaginait alors un magistrat, M. de Bernières, et pour lesquels s'échangeaient entre lui et la célèbre Mère Angélique les recettes de bonnes soupes peu coûteuses.

Les premières tentatives de ce qu'on appelle aujourd'hui l'assistance par le travail et l'hospitalité de nuit sont du même temps; mais enfin le mot de *bienfaisance* n'existait pas. Il naît seulement au XVIIIe siècle, et Voltaire consacre par des vers assez médiocres l'expression nouvelle, qui lui paraît hasardée, qui lui plaît cependant et dont, dit-il, « l'univers entier doit chérir l'idée ».

La forme la plus aisée de la bienfaisance est l'aumône; c'est assurément la plus répandue, peut-être parce qu'en beaucoup de cas, elle exige moins que les autres le sacrifice de l'égoïsme. Devant le froid, la faim, devant toute souffrance matérielle, nous éprouvons une impression pénible qui nous pousse à les faire cesser. C'est ce qui perpétuera toujours l'aumône dans la rue, malgré les critiques adressées très justement à ce mode aveugle de bienfaisance, qui est souvent un métier de dupes, une façon d'entretenir la paresse et le mensonge. Mais les impulsions auxquelles obéit la vraie charité sont supérieures à ce genre de pitié presque physique où les nerfs entrent pour une bonne part; elle ne consiste pas en un simple don d'argent, qui d'ordinaire ne représente pas la moindre privation, car si chacun réserve dans son budget la part de l'aumône, ce chapitre n'empiète que fort peu sur les autres, même sur celui du superflu. Sans compter que l'aumône crée entre celui qui l'offre et celui qui la reçoit, un lien de dépendance qu'il faut une bonté double pour effacer.

La charité privée a aujourd'hui des procédés d'une autre sorte et, il faut le dire à son honneur, infiniment nombreux. Toutes les misères de l'enfance ou de la vieillesse, de la maladie ou de l'abandon suscitent une œuvre pour y remédier. Les ingéniosités de la charité sont aussi complexes que le zèle des quêteurs est inlassable. On a suffisamment critiqué les bals, les ventes, les kermesses, toutes ces façons « de forcer le diable à faire l'aumône au bon Dieu », mais peut-être faut-il se montrer indulgent pour le désir d'amusement qui s'y mêle aux bonnes intentions, tout en reconnaissant que danser pour les pauvres n'a jamais été un mérite égal à celui de les visiter. Ce genre de charité collective sert du moins à prouver la puissance de l'association, laquelle ne doit au reste sous aucun prétexte nous dispenser de l'initiative personnelle. Sans doute on opère des merveilles avec des sommes minimes accumulées; mais il est relativement facile d'inscrire son nom sur une liste, de contribuer dans la mesure de ses moyens à une fondation charitable. Seulement les œuvres, les refuges, les hospices ne peuvent tout soulager. Il y a d'autres misères très réelles qui, faute d'être classées dans telle catégorie déterminée, restent sans secours. C'est celles-là que chacun de nous doit chercher à découvrir, précisément parce qu'il est plus aisé d'envoyer une cotisation que de payer de sa peine et de son temps. On voit ainsi des personnes indigentes elles-mêmes accomplir des prodiges. Telle vieille demoiselle, avec de très minces ressources, ramasse dans la rue une ou deux petites abandonnées; la famille improvisée s'accroît, tout ce monde vit on ne sait comment, s'élève par miracle : voilà des créatures sauvées de la misère et de toutes ses suites lamentables. Depuis des années que cela dure, qui en dirait le nombre? D'autres se donnent la tâche de rechercher les pauvres honteux, de veiller sur les apprentis orphelins, d'assurer des vacances à la campagne aux enfants qui ne connaissent que l'atmosphère étouffée d'une mansarde.

Cette initiative personnelle doit être le premier

devoir de la charité privée. Les infortunes que l'État n'assiste pas lui appartiennent. Dans toutes les existences naufragées, il y a eu un moment où, si on les avait un peu soutenues, elles remontaient le courant qui a fini par les entraîner. C'est une place à trouver, des outils de travail qui manquent ou qu'on a dû engager, c'est un ménage chargé d'enfants qu'il faut secourir pendant les années mauvaises, sans toutefois l'habituer à vivre d'aumônes; ce sont des malades qu'accable un chômage forcé. Dans bien des cas, une faible somme serait le salut, mais plus efficace est le travail. Procurer du travail est encore la meilleure des aumônes. Pour cela, nous devons nous évertuer, faire des démarches, solliciter souvent, ce qui coûte d'autant plus qu'on risque d'être mal reçu. Pour celui qui oblige, comme pour celui qui reçoit, le service rendu est très supérieur au don en argent.

Il faut reconnaître cette vérité assez triste : le pauvre ne peut apprécier chez celui qui est plus riche que lui d'autre vertu que la bienfaisance; c'est d'après celle-là seule qu'il le juge. Notre bienfaisance doit donc s'efforcer de ne pas lui faire sentir le contraste entre sa situation et la nôtre; il serait blessant d'aller le voir avec une toilette trop élégante, ou de témoigner du dégoût pour le taudis qu'il habite. Tout au contraire, un mot aimable, une caresse aux enfants, des questions discrètes prouvant qu'on s'intéresse aux affaires de ceux qu'on visite, sans vouloir forcer leur confiance, donnent au don matériel son caractère de vraie fraternité. Ensuite la bienfaisance ne doit pas être capricieuse, dépendre de notre humeur ou des contrariétés qui peuvent nous atteindre; elle doit agir avec discernement et persister sans se décourager, sans tenir trop de compte non plus des sympathies personnelles. Ne faire du bien qu'aux pauvres qui nous plaisent serait un mauvais système; ce serait d'abord encourager la flatterie et le mensonge, puis exciter des révoltes et des aigreurs. Il y en a déjà assez. Comment le pauvre se résignerait-il à cette lutte incessante, accablante, dont la seule fin sera la fin de sa vie, et qui ne peut le conduire qu'à manger chaque jour, sans espoir d'atteindre au bien-être? On a vite fait dans de pareilles conditions de haïr la société. La charité seule porte remède à ces haines, et pour cela, il ne faut pas qu'elle soit impersonnelle. Quand la sympathie, la reconnaissance naissent de personne à personne, le pauvre finit par penser qu'il y a pourtant de bons riches, et il leur pardonne un peu cette richesse qu'il s'exagère et dont il ne voit pas le revers.

Des femmes capables de donner beaucoup, membres d'une multitude d'œuvres, ignorent souvent une forme élémentaire de la charité : celle qui s'adresse aux gens que l'on emploie pour de grosses besognes mal rétribuées, journaliers, manœuvres, petits ouvriers. Elles acquittent strictement le prix convenu, sans se demander si ces gens-là ne sont pas plus pauvres que beaucoup de pauvres de profession. « Mais ce sont des gens qui gagnent leur vie! » — Soit! Comment la gagnent-ils?

L'ouvrière surtout, la femme isolée descendue parfois de quelques degrés dans l'échelle sociale, plus

difficile à aider parce qu'elle est plus fière, devrait
toujours nous intéresser. Que serait-ce si nous parlions d'une autre catégorie de femmes qui demande
au travail son existence, l'institutrice modeste, par
exemple, en quête de leçons qu'elle ne trouve pas?
Envers celles-là, il faudrait que la charité redoublât
de délicatesse. Mais combien de moyens d'obliger
pourtant, en augmentant les heures de travail ou en
les payant un peu trop cher! Puis un cadeau utile
offert gracieusement, une invitation à la table de
famille, une prévenance qui adoucit ces âmes sur la
défensive, une recommandation opportune, que sais-
je? En tout cela, l'art suprême de la charité est de
savoir se faire accepter, selon la manière dont Bossuet
caractérise ce qu'eut d'exquis cette vertu chez la
princesse Henriette d'Angleterre[1] : « Elle donnait non
seulement avec joie, mais avec une hauteur d'âme
qui marquait tout ensemble et le mépris des dons et
l'estime de la personne; tantôt par des paroles touchantes, tantôt même par son silence, elle relevait ses
présents ». Quand on sait donner ainsi, il n'est rien
qu'on ne puisse offrir, il n'est pas de fierté qui se
révolte. Et que de choses superflues ou hors d'usage
autour de nous, qui seraient des trésors pour certaines
personnes industrieuses! Les armoires à réserves ne
devraient s'emplir que pour se vider au bon moment.
Tout s'utilise, tout peut servir à quelqu'un, et c'est
ainsi que, sans grande fortune, on arrive encore à faire
beaucoup de bien.

1. Bossuet, *Oraison funèbre de la duchesse d'Orléans.*

Une femme du xviii° siècle, la fameuse Mme Geoffrin, a excellé dans la manière de donner et de faire donner les autres. A côté de la grâce royale de la duchesse d'Orléans, sa bonhomie bourgeoise n'est pas sans mérite. On lui disait un jour que le lait servi à sa table était mauvais : « Je ne peux pas changer ma laitière, je lui ai donné deux vaches. »

Mais voici peut-être le plus joli trait que nous sachions d'elle, même en comptant tous les traits d'esprit. Un ouvrier, en lui apportant des vases de marbre, œuvre de Bouchardon, brise un de ces objets précieux. Mme Geoffrin se montre naturellement fort contrariée. Le maladroit cependant est père de famille. Non seulement elle promet de ne pas dénoncer son méfait à Bouchardon, mais, après réflexion, elle lui envoie de l'argent pour le consoler, elle en donne aussi à ses camarades pour avoir plaidé sa cause. Et elle cache soigneusement tout cela, en répétant la maxime orientale qui lui est familière : « Si tu fais du bien, jette-le dans la mer; si les poissons l'avalent, Dieu s'en souviendra. » Quand sa bourse n'y suffisait pas, elle tâchait d'entraîner ses amis en racontant devant eux quelque infortune : « Je n'enfonce pas la porte, disait-elle, je me place tout auprès et j'attends qu'on veuille bien m'ouvrir. »

Il est dangereux et désobligeant d'enfoncer les portes; commençons par prêcher d'exemple en ouvrant largement la nôtre. Une chose que l'on peut toujours donner sans préjudice pour personne, c'est son temps, gaspillé parfois en inutilités. Si nous récapitulions nos journées, nous découvririons le moyen d'économiser au profit de la charité une somme considérable de minutes. Je sais une jeune femme qui a toujours une layette en train ; sa layette achevée, elle la donne et en recommence une autre. Ce qui rend la chose plus touchante, c'est qu'elle n'a pas d'enfants, et fait ainsi l'aumône de ses regrets et de ses rêves déçus.

Les jeunes filles qui, leurs études terminées, ne sauraient comment employer leurs loisirs, ne pouvant se contenter, si elles ont l'âme élevée, des menus talents d'agrément ni des plaisirs du monde, ont un bon emploi de cette charmante adresse aux travaux d'aiguille qu'elles possèdent à peu près toutes ; les vestiaires des asiles de nuit se recommandent à leur zèle. Il y a telle œuvre modeste des *vieux chapeaux* qui rend des services inestimables. Grâce au chapeau refait par des doigts de fée, grâce à de vieilles nippes rafraîchies de la même façon, une pauvre femme peut, convenablement vêtue, se présenter et obtenir l'emploi qu'elle cherchait. L'initiative personnelle se développe chez nos jeunes filles ; elles imaginent de nouveaux modes d'action comme la visite aux enfants dans les hôpitaux à l'heure des repas ; elles vont voir ces petits malades, leur porter des jouets, des douceurs, donner quelques leçons aux plus grands et en même temps jeter en eux des semences d'idées morales qui leur étaient étrangères. Elles fréquentent les foyers d'ouvrières, les patronages, les écoles enfantines du jeudi ; elles collaborent pour leur part à l'action sociale.

La vraie charité est ainsi, non pas celle qui donne

le plus, mais celle qui donne le mieux. Les pauvres ont plus souvent que d'autres des façons réciproques de se venir en aide. De voisine à voisine, dans ces ménages humbles où le moindre don, même celui d'un peu de temps, représente une privation, on a, pour soigner les malades, garder les enfants, se prêter secours dans les moments de détresse, des industries touchantes. On recueille un vieillard sous prétexte de lointaine parenté; on se serre au foyer pour faire place à un orphelin. Auprès de ces générosités, les nôtres semblent bien mesquines!

Et, quand nous lisons l'histoire de certaines femmes qui ont fait des débris de leur vie brisée un bienfaisant usage et se sont absorbées dans la douleur d'autrui pour oublier la leur, que devons-nous penser? Voici Mme Gros qui, veuve, isolée, attire par un ascendant extraordinaire les pires gamins lyonnais, précoces criminels qu'elle appelle ses « brigands du dimanche », et les transforme en honnêtes ouvriers, à force de bonté maternelle. Voilà Mme Garnier qui, à vingt-deux ans, a perdu sa fortune, ses enfants, son mari et se met à soigner les femmes atteintes de maladies incurables, œuvre qui lui a survécu, où d'autres veuves, d'autres mères désolées ont trouvé l'emploi bienfaisant et courageux de leurs heures les plus lourdes. Car ce qu'il y a de remarquable c'est le bénéfice que l'on tire pour soi-même de l'exercice de la charité. Prenez une personne qui s'ennuie, — il y en a, si étonnant que cela paraisse, — qui est à charge par conséquent à elle-même et à son entourage. Jetez-la dans quelque besogne charitable, introduisez-la dans une de ces maisons où d'ingénieuses initiatives ont multiplié les moyens de soulager les déshérités de l'existence; elle ne tardera pas à trouver les journées trop courtes et ses nerfs cesseront de tourmenter tout le monde autour d'elle. On a toujours, en cherchant bien, une spécialité quelconque; le mieux est de suivre la pente de sa nature et de voir ce qu'on peut faire avec le plus d'attrait.

Ceci est très bien pratiqué par nos voisins d'Angleterre. A leur exemple fonctionnent depuis longtemps, dans les quartiers pauvres de toutes les grandes villes des États-Unis, ces établissements qui tendent aujourd'hui à surgir chez nous, maisons du peuple, colonies sociales ouvertes aux différentes classes pour un échange de bons offices; nous disons un échange, car il est constant que les pauvres font encore plus de bien aux riches, en les aidant à développer les meilleures forces de leur âme, que les riches n'en font matériellement aux pauvres. Dans le *settlement*, il y a des classes du soir, une bibliothèque, des salles de conférence et de musique, des bains, un gymnase, une cuisine modèle, que sais-je? Tout cela est alimenté par la charité privée, mais collective, administré et gouverné par des agents dévoués. A jours fixes, les jeunes filles ou les jeunes garçons du quartier se rassemblent pour le délassement ou pour l'étude. Les pères et mères de famille viennent de leur côté initier amicalement des gens d'une condition inférieure à ce qui peut leur être utile. Ils ont compris qu'une ville ne doit pas être divisée entre riches et pauvres, les uns, les favorisés, faisant l'aumône de très haut, les autres réclamant leur part avec de sourdes révoltes. Dans un pays démocratique surtout, où rien n'est accompli que par les masses, il importe d'élever l'idéal de celles-ci et ce ne peut être que par des relations suivies avec les classes cultivées.

Donc, sur le terrain neutre du *settlement*, de bons conseils sont proposés, des secours opportuns surviennent, des conversations utiles s'engagent. Pendant une classe de couture, telle jeune fille du monde lit un livre bien choisi, telle autre raconte des histoires instructives et amusantes aux petits enfants, telle autre encore donne une leçon d'histoire, de littérature ou bien met son beau talent de musicienne à la disposition d'auditeurs charmés, leur enseignant ensuite à chanter en chœur. Ce sont les jeunes gens des deux sexes qui, chacun de leur côté, contribuent le plus activement à cette grande œuvre d'humanité, laquelle tend — nous sommes dans une république — à *sociabiliser la démocratie*.

Les étudiants des universités, réunis en une association chrétienne, offrent spontanément de consacrer quelques heures de loisir à ceux de leur âge qui désirent s'instruire. Les demoiselles de chaque ville se cotisent en vue de former ces fonds de *vie au grand air* qui permettent d'assurer un congé à de pauvres ouvrières épuisées; elles patronnent les restaurants à bon marché, les *homes* où ces existences si différentes de la leur sont rendues plus douces et plus faciles.

Ce qui m'a frappée surtout dans l'exercice de cette intelligente philanthropie, c'est la distinction établie entre le problème de la pauvreté tel qu'il se présente chez la classe laborieuse et celui de la pauvreté des paresseux et des incapables. Les confondre, en effet, c'est les rendre insolubles. Les gens qui travaillent ont besoin de notre fraternelle obligeance, qui n'a rien à faire avec l'aumône; il ne s'agit que de stimuler leurs aspirations, les aider à réussir, les élever le plus possible par le contact.

Pour ce qui concerne un autre ordre de misérables, l'État peut beaucoup plus facilement intervenir; mais, dans notre propre intérêt, ne nous reposons pas trop sur lui de ce qui en somme nous regarde tous; redoutons la mauvaise habitude d'agir pour ainsi dire par procuration, sans voir de nos yeux et sans toucher de nos mains. Se concerter pour rendre service aux travailleurs manquant d'ouvrage, ne pas leur laisser perdre l'habitude de l'effort, voilà une des plus belles formes de la charité, voilà le but de ces *settlements* d'Angleterre et d'Amérique, qu'on pourrait appeler œuvres de bon voisinage, et auxquels toutes les classes sont appelées à participer. La France les leur empruntera de plus en plus; ils s'ajouteront à nos antiques institutions charitables. Nulle part dans tous les temps ne se sont multipliées plus généreusement que chez nous les œuvres de protection de l'enfance moralement abandonnée, de relèvement et de patronage, d'assistance par le travail, etc. L'organisation systématique de la charité est aussi en grand progrès. Nous arrivons à découvrir que les pays où elle réalise les meilleurs résultats sont ceux où existe l'association des sociétés de bienfaisance tant religieuses que laïques, réunies sous cette belle devise : « Point d'aumônes, mais des amis. »

VINGT-DEUXIEME CAUSERIE

La charité chez l'enfant.

La charité doit être apprise dès l'âge le plus tendre. L'enfant naturellement égoïste est trop souvent élevé dans l'ignorance absolue des misères de la vie. Cela rappelle la légende de Çakya Mouni, le fondateur du Bouddhisme, que son père tenait enfermé dans un palais loin de toutes souffrances et qui, le jour où il en sortit, rencontra sur sa route avec stupeur la pauvreté, la maladie, la vieillesse. Du même coup, il sentit dans son âme jaillir l'immense pitié.

Toutes les obligations de charité prescrites à l'homme doivent, sous une forme appropriée à son âge, être pratiquées par l'enfant. Très jeune, il peut apprendre à être dévoué et serviable envers ceux qui l'approchent. A l'école, on reconnaît vite les enfants qui ont reçu les premiers principes de bonté.

Les petites filles, si elles n'en viennent pas au pugilat brutal comme les petits garçons, s'en dédommagent par les coups de langue, et il est inquiétant de voir combien la médisance, la méchanceté, l'ironie se manifestent parmi des fillettes de dix à douze ans, qui jalousent mutuellement leurs chiffons ou leurs succès de classe. Le rôle des enfants au cœur généreux et bon — il y en a beaucoup et partout — consiste précisément à faire ce qu'ils feront plus tard sur le grand théâtre de la vie, et c'est là l'utilité incontestable de l'éducation commune : combattre par la bonté, par l'amicale assistance, l'effet de ces taquineries qui s'attaquent le plus souvent aux défauts physiques, à la pauvreté, à l'intelligence moins vive. Quelques enfants charitables peuvent ainsi réduire au silence un groupe de moqueuses et faire régner dans une classe la bienveillance réciproque et l'harmonie. Il y a tant de façons d'exercer cette charité morale! Aider dans leur travail les intelligences paresseuses, consoler les isolées, les nouvelles venues dépaysées comme des oiseaux hors du nid, raisonner avec les mauvaises têtes. On a vu des enfants obtenir ainsi, par la bonté qui rayonnait d'elles, une très utile influence.

Il y a aussi un genre de charité qui leur est aisément accessible : la bonté envers les inférieurs. Les enfants sont le plus souvent à l'égard de leurs bonnes de vrais tyrans. Ces ménagements que tous nous devons aux domestiques qui dépendent de nous, l'enfant doit d'autant plus les apprendre qu'il peut moins se passer des services qu'on lui rend. C'est à la fois charité et justice de sa part de ne pas épuiser par ses exigences les personnes qui le soignent et de leur être reconnaissant.

Tous les devoirs sociaux, obligatoires dans une certaine mesure pour les enfants, afin qu'ils en prennent le pli de bonne heure, le sont à plus forte raison pour les jeunes filles déjà grandes dont l'esprit et le jugement sont presque formés, et chez qui l'initiative ne demande qu'à éclore. Qu'elles cultivent surtout la charité des paroles. A un âge où l'on ne devrait croire qu'au bien, certaines d'entre elles trouvent des mots d'une méchanceté savante, des dédains écrasants, des moyens ingénieux de blesser leurs compagnes. Rien n'est plus triste et ne donne davantage le sentiment d'une laideur.

Pour l'aumône matérielle, les jeunes filles comme les enfants sont obligés d'avoir recours à la bourse de leurs parents. Ce serait peu sérieux, si elles ne renonçaient en même temps de leur plein gré à une dépense égoïste, à la satisfaction d'une fantaisie, car la charité qui ne coûte rien n'en est pas une. Mais, en se privant de certains plaisirs personnels, l'enfant peut vraiment donner.

Il n'y pensera cependant qu'à la condition de connaître l'existence de la misère. Pourvu abondamment de toutes choses, il s'imagine que c'est le lot commun. On l'attendrira sans peine en lui décrivant une famille qui meurt de faim; mais, pour que sa légèreté naturelle s'imprègne plus fortement de l'idée de la pauvreté et du devoir de la secourir, ne craignez pas de la lui laisser aborder en personne. Sous ce rapport un passage des *Confidences* de Lamartine est la meilleure des leçons :

« En rentrant de nos promenades dans la campagne, notre mère nous faisait toujours passer devant les pauvres maisons des malades et des indigents du village... Nous l'aidions dans ses visites quotidiennes. Nous apprenions ainsi à n'avoir aucune de ces répugnances qui rendent plus tard l'homme faible devant la maladie, inutile à ceux qui souffrent, timide devant la mort... Elle faisait de nous les ministres de sa charité... Ces petits messages étaient pour nous des plaisirs et des récompenses. »

Toutes les femmes qui s'intéressent aux œuvres de bienfaisance ont raison d'y associer leurs enfants. Et ce sera pour ceux-ci « une récompense », car la charité est attrayante, passionnante même, dès qu'on s'y livre assidûment.

Une excellente pensée a fait naître depuis peu la Ligue des enfants de France. Cette ligue forge une chaîne entre les pauvres et les riches par l'intermédiaire de la jeunesse, elle facilite l'échange du bienfait et le rapprochement des classes. On ne se résiste pas longtemps entre enfants d'âge semblable; l'influence des plus intelligents et des mieux élevés s'établit quand elle n'affecte pas des airs de protection. Et réciproquement les riches reçoivent parfois des plus pauvres l'exemple de la patience et d'une précoce raison. Offerte par une main enfantine, l'aumône est toujours acceptable; car ce sont les enfants qui la portent eux-mêmes, formant dans chaque ville des comités et rendant compte de leurs travaux au comité central. Le but est de créer une grande famille d'assistants et d'assistés qui s'étendra sur toute la France. Les présidentes de chaque comité, autant de jeunes filles, soumettent dans des rapports très intéressants les idées heureuses qui leur viennent. L'une d'elles, qui habite une sous-préfecture de l'Est, imagine un goûter à l'Hôtel de Ville où les provisions fournies par chacun sont fraternellement partagées avec les invités pauvres et où deux cents enfants réunis s'amusent franchement toute une après-midi sans qu'il en coûte rien. Une autre dit cette parole déjà profonde : « Tant qu'on n'a pas vu le mal et la misère, on se croit bon trop facilement. »

Par l'exercice de la charité, la jeunesse apprend donc à se connaître, à vouloir plus réellement le bien.

Quelle que soit la tâche à laquelle on se sente disposé : visiter les familles, patronner les enfants isolés, les placer, les instruire dans la religion, les rassembler autour de soi le jeudi pour de petits amusements, toutes ces choses sont à la portée des jeunes filles de bonne volonté, et c'est ce qui assure le succès de la Ligue des enfants de France.

Au printemps, en Angleterre, les enfants qui habitent la campagne s'occupent à cueillir la fleur nationale, la primevère (primrose), qui arrive par panerées énormes dans les hôpitaux à l'occasion de Pâques. Et rien ne m'a touchée davantage que ce cri d'un citoyen américain de sept ans qui, réglant devant moi l'emploi très futile de l'argent qu'il avait reçu pour ses bons points, se reprit tout à coup : « J'oubliais la part de fleurs pour les petits malades ! » Dîme prélevée non à titre d'aumône, mais de taxe obligatoire. Nous n'avons peut-être pas encore en France les fleurs de Pâques, mais nous avons pris la mode de l'arbre de Noël chargé de jouets, constellé de lumières, autour duquel se réunissent les enfants qui auparavant ne connaissaient point de fêtes et ne recevaient jamais d'étrennes. Mêlés désormais à d'autres enfants riches dans une commune réjouissance, ils ne sont plus réduits à les envier; une fois l'an, du moins, ils ont leur part de superflu.

De très bonne heure nous devons arriver à comprendre que la société a droit à la somme d'effort et de dévouement que nous pouvons lui donner. « Le sentiment d'être inutile est le pire des désastres pour une créature humaine, dit le grand naturaliste Huxley, car son résultat, s'il persiste, est l'atrophie de toutes les fonctions de l'être. » Cet axiome d'égoïsme apparent : *Charité bien ordonnée commence par soi-même,* a un autre sens qu'on ne croit, puisqu'en se donnant aux autres on évite cette atrophie honteuse, on développe ses plus belles facultés. Le meilleur moyen de se rendre utile, comme le meilleur mode de développement moral, paraît être l'exercice de la charité.

En même temps, le plus faible travaille ainsi à l'union et à la grandeur de la patrie. Un enfant même, dès qu'il a senti le devoir du partage, contribue, ni plus ni moins qu'un savant sociologue, au développement des cœurs et des bonnes volontés. De ses petites mains, il apporte sa pierre au rempart dressé contre tous les cataclysmes qui menacent notre monde moderne et, l'habitude étant prise, il continuera d'être *utile*, il ne se laissera pas *atrophier*. Que toutes les mères y songent et y veillent.

VINGT-TROISIÈME CAUSERIE

Devoirs envers les animaux.

La première leçon de charité sera donnée aux enfants à l'occasion des animaux. Très souvent, pour s'amuser, pour rire, les enfants commettent envers de pauvres bêtes inoffensives des actes de véritable férocité. Outre que cette conduite est mauvaise en elle-même, elle l'est encore parce qu'elle excite des instincts cruels. Apprenons-leur donc, tout petits, que, si nous avons le droit de supprimer les animaux nuisibles et de sacrifier ceux qui sont indispensables à notre nourriture, il nous est défendu, même en ce cas, d'infliger à la victime des tortures inutiles. Combien plus sommes-nous coupables de faire souffrir un animal pour notre seul divertissement! Il n'y a pas à nier l'influence malsaine des courses de taureaux en Espagne et des combats de coqs en Angleterre. Quiconque est cruel par plaisir envers les bêtes le devient aisément envers ses semblables. Les devoirs de bonté qui nous incombent s'étendent à l'immense multitude des êtres, animaux compris. Le temps est loin où l'on considérait ces derniers comme des machines ingénieuses; nous savons aujourd'hui qu'ils possèdent tous, dans une plus ou moins grande mesure, la sensibilité et l'intelligence. Ceux qui partagent la vie domestique se développent singulièrement à notre contact; on finit par *causer* positivement avec son chien, ce compagnon fidèle auquel un grand esprit tel que Lamartine ne craint pas de donner le nom de frère :

> Frère à quelque degré qu'ait voulu la nature,
> O mon chien, Dieu seul sait la distance entre nous.
> Seul, il sait quel degré de l'échelle des êtres
> Sépare ton instinct de l'âme de ton maître;
> Mais seul il sait aussi par quel secret rapport
> Tu vis de son regard et tu meurs de sa mort [1].

De fait, tous les animaux sont, chacun à son rang, les frères inférieurs de l'homme et cette infériorité même défend à l'homme d'abuser lâchement de son pouvoir sur eux.

Le bébé, encore inconscient, doit donc être averti, dès qu'il peut entendre, qu'il ne faut pas abuser de la patience du bon chien qui joue avec lui; l'écolier qui tourmente un hanneton ou une mouche apprendra que cette conduite ne vaut pas mieux que celle de tout autre tortionnaire; il fait ce qu'il peut contre un être infime et sans défense et c'est quelque chose de beaucoup plus coupable que de casser par maladresse un objet précieux; cependant il arrive qu'on le punisse de ceci plus que de cela, grosse erreur de jugement. Les étourdis dénicheurs de nids d'oiseaux

---

1. Lamartine, *Jocelyn*.

s'arrêteront, si une sage maman leur montre comme une impiété l'acte d'arracher les petits à leur mère, et il suffit de faire remarquer aux enfants que le plus grand des potentats ne peut à aucun prix rendre la vie au moindre des insectes, pour qu'il se fasse scrupule de tuer. Un mot l'aura subitement éveillé au respect que chacun de nous doit avoir de ce grand mystère : la vie.

Selon la doctrine de Pythagore, il ne serait même pas permis de tuer les animaux pour s'en nourrir. La Bible dit : « Le juste s'inquiète de la vie des animaux. » Moïse ordonne de laisser le bœuf de labour se reposer le jour du sabbat ; dans l'Inde, les théories de la métempsycose, qui font croire à la captivité des âmes humaines dans le corps des animaux, durant une suite de migrations, existent aujourd'hui encore.

« Regardez ce malheureux cheval que l'on accable de coups. Peut-être, avant de devenir cheval, était-il un charretier qui maltraitait ses bêtes. Et le charretier qui le maltraite à présent pourrait bien un jour habiter aussi le corps d'un cheval. Alors il comprendra combien il fut inhumain et il dira dans son pauvre cœur de bête : « Ah ! si je redevenais charre-« tier, je serais meilleur pour mes chevaux [1]. »

La loi pour la protection des animaux en général doit être considérée comme une loi aussi sérieuse, aussi obligatoire que celles qui règlent les rapports entre humains. Elle condamne à des peines sévères, l'amende et même la prison, quiconque fait subir en

---

1. Maurice Bouchor, *Métempsycose*.

public de mauvais traitements aux animaux domestiques. Qu'on le dise bien aux enfants. Qu'on leur explique que le régime végétarien, plus ou moins discutable comme hygiène, s'appuie sur des principes analogues de morale, prouvant la préoccupation que certains esprits, parmi les meilleurs, ont eue de ne pas détruire sans nécessité. Notez que cette destruction s'accomplit souvent même au détriment de l'espèce humaine. En faveur des oiseaux, tués par milliers, n'a-t-il pas fallu prendre certaines mesures protectrices, puisque la chasse qu'ils donnent aux insectes rend de réels services à l'agriculture? Les dames Américaines se sont liguées pour ne pas sacrifier à la mode générale des ornements de plumes et pour sauver les dernières aigrettes. Si l'on eût agi de même à l'égard du castor, l'un des animaux les plus intéressants de la création n'aurait pas presque entièrement disparu.

Oui, enseignons ces choses aux enfants, et il y aura bien des chances pour que, éclairés une bonne fois, ils ne soient jamais de ceux qui s'exercent contre les animaux au despotisme du plus fort contre le plus faible, despotisme qui, à l'école, entre camarades, devient absolument odieux.

VINGT-QUATRIÈME CAUSERIE

L'amitié. — Devoirs des amis.

Qu'un ami véritable est une douce chose ! [1]

Parmi nos sentiments l'amitié a sa place à part : c'est un sentiment de libre choix, qui ne nous est point imposé par le devoir, qui ne trouve sa récompense que dans l'affection qu'il donne et celle qu'il reçoit. C'est une sympathie réciproque, jaillissant de qualités spéciales, sympathie qui met en commun les joies et les peines. Quand on est jeune, on y porte parfois une vivacité extrême, un enthousiasme exclusif; avec les années, le cœur apaisé ne prodigue plus ce titre d'ami à la légère, il fait un choix sérieux aidé par l'expérience.

L'amitié de Montaigne et de La Boétie, prématurément brisée par la mort, reste célèbre, ainsi que la page où le survivant l'a racontée. « Si on me presse de dire pourquoi je l'aimais, je sens que cela ne se peut exprimer qu'en répondant : parce que c'était lui, parce que c'était moi... Si je compare tout le reste de

---

1. La Fontaine, *Fables.*

ma vie aux quatre années qu'il m'a été donné de jouir de sa douce compagnie et société, ce n'est que fumée, ce n'est qu'une nuit obscure et ennuyeuse, depuis le jour où je le perdis je ne fais que traîner languissant... Nous étions à moitié de tout, il me semble que je lui dérobe sa part : j'étais déjà si fait et si accoutumé à être deuxième partout qu'il me semble n'être plus qu'à demi [1]. »

Ceci est la perfection de l'amitié, et, comme toutes les perfections, elle est presque exceptionnelle; mais conclure, avec beaucoup de gens, que l'amitié n'existe pas serait une erreur manifeste. La vie de chacun de nous, prise par mille devoirs, mille affections obligatoires, peut difficilement se donner ainsi toute à un sentiment qui est en marge des autres, quoiqu'il tienne souvent la première place dans notre cœur. Il faudrait une indépendance complète, il faudrait en outre n'avoir qu'un seul ami, pour arriver à cette fusion morale de deux existences dont Montaigne fait le tableau. Pourtant elle peut se réaliser, partiellement tout au moins, et il se forme alors autour de nous un groupe très peu nombreux sans doute, mais où notre cœur trouve les sympathies diverses dont il a besoin; chaque ami, en effet, lui donne à sa manière, suivant sa propre nature. N'avoir qu'un ami serait souvent une forme d'égoïsme; nous avons en nous trop de forces aimantes et bienfaisantes, pour en limiter le don, si plusieurs le sollicitent et nous le rendent. De bons juges sont d'avis que

---

1. Montaigne, *Éloge de La Boétie.*

la multiplicité des affections élargit l'âme. Aucune n'est d'ailleurs semblable aux autres. Nous ne compterons pas parmi elles ces simples accointances nouées par quelque occasion ou commodité dont parle avec dédain l'ami de La Boétie. Ce ne sont là que des amitiés mondaines, « jolis nœuds de rubans »[1] dont les femmes surtout abusent, gaspillant à tort et à travers ce grand mot d'*amie*, qu'elles appliquent à toutes les personnes qui leur plaisent. Pour celles-là, si nous sommes sages, nous nous contenterons du titre de relations, en leur témoignant une bienveillance aimable. Cela suffira tout à fait pour nous permettre de remplir envers elles nos devoirs de charité. N'ouvrons pas nos portes à la foule, et ne faisons pas de notre amitié un logis banal accessible à tout venant, ce qui nous conduirait bien vite à l'indifférence.

Pour qu'une amitié soit solide, il faut qu'elle se fonde sur l'estime et sur une certaine conformité de vie. Une amitié très puissante pourra exister entre deux personnes d'âge différent, comme la charmante amitié de Mme du Deffand et de la duchesse de Choiseul, qui, ayant bien quarante ans de moins qu'elle, s'amusait par un curieux renversement de situation à nommer sa « petite fille » cette amie septuagénaire, laquelle en retour la traitait de « grand' maman ». Plus difficilement, quoique ce ne soit pas sans exemple, l'amitié s'établira-t-elle avec une grande différence de conditions sociales. Il faut alors que ce soit le supérieur qui fasse les frais et les distances

---

1. Eugénie de Guérin, *Journal*.

seront comblées par un surcroît d'affection. Mais, en général, l'amitié suppose une parité d'éducation, de goûts et d'idées qu'on trouve malaisément dans des milieux trop opposés.

La Bruyère nous montre l'amitié une fois née « se formant peu à peu avec le temps par la pratique, par un long commerce ». Sans qu'elle soit purement l'effet de l'habitude, il n'en est pas moins vrai qu'à la longue, elle se fortifie de tous les souvenirs accumulés, de toute la confiance acquise. Si elle a eu pour motifs de réelles qualités, pourquoi changerait-elle, ces qualités subsistant toujours? On en a vu résister à des années de séparation, au bout desquelles se ressoudent sans peine les anneaux de la chaîne. On a vu mieux encore : des amitiés qui résistaient non seulement au malheur, mais à la faute. Sans doute l'estime est indispensable à la naissance de l'amitié; nul, s'il est honnête, ne s'attachera à un méchant; mais cette estime peut se tromper, elle peut assister aux défaillances de ceux à qui la sympathie s'est donnée. Puis, à côté des torts, il y a parfois des mérites qui les font pardonner, il y a surtout le besoin de dévouement, un des plus beaux attributs de l'amitié, qui s'obstine à ressaisir le coupable et se dit : « Qui donc l'aidera, si ce n'est moi, à remonter la pente? » Ainsi arrive-t-il qu'on puisse, qu'on doive aimer en dehors de l'estime, tout en réprouvant le mal. Rien n'est d'ailleurs plus douloureux : c'est l'héroïsme, la couronne d'épines de l'amitié.

Il y a des amitiés de différentes sortes : toutes ont leur caractère et leur charme; de même que notre être est multiple, toutes ne sont pas égales en force et en valeur. Je ne parle pas de ce qu'on nomme amitié d'intérêt, qui n'existe que par le profit que nous en pouvons tirer, ou amitié de plaisir, par l'amusement qu'elle nous procure; ces amitiés-là ne sont pas des affections; et, ce qui le prouve, c'est qu'elles cessent avec leur cause, sauf chez les gens très délicats qui se jugent tenus à payer les obligations d'autrefois. Qu'une personne riche devienne pauvre, qu'une femme gaie, spirituelle soit triste et malade, si le vide se fait autour d'elles, vous pourrez conclure qu'elles n'ont jamais eu d'amis. L'amitié vraie ne peut se fonder sur ces motifs, bien qu'ils aient parfois leur part dans l'attrait qu'une personne nous inspire, car il est naturel que des goûts analogues lient très étroitement les âmes. Entre écrivains, entre savants, des amitiés de ce genre ont parfois duré toute la vie; celle de Racine et de Boileau, par exemple, ou celle de Goethe et de Schiller. Il est vrai que lorsque les esprits se comprennent si bien, l'affection se met toujours plus ou moins de la partie. Quant à la pure amitié d'esprit, se bornant au plaisir de causer, il ne faut pas non plus en médire, elle a fait les salons littéraires de toutes les époques qui, depuis l'hôtel de Rambouillet, ont, par l'effet des affinités réciproques, groupé une société d'élite. Mais là encore, le mobile est plutôt personnel, et c'est ce qui fait l'infériorité de ce genre d'amitiés, si nobles soient-elles.

Les amitiés d'enfance sont d'espèce toute spéciale et constituent des liens très étroits. Ce n'est guère un choix; on était trop jeune pour choisir. Quelque chose vous a rapprochés, l'intimité des familles, l'éducation commune du pensionnat. On ne s'en souvient plus, mais ce dont on se souvient, c'est d'avoir toujours cheminé côte à côte. Et il arrive, comme dans la famille, qu'on ait ainsi des amis qui ne vous ressemblent en rien, que mille circonstances séparent de vous, et qui vous sont néanmoins infiniment chers, si bien que les répudier serait retrancher comme une part de la vie. Ces amitiés ont des racines profondes, elles sont très confiantes, parce qu'elles ont un long passé, très familières parce qu'elles datent de l'âge où l'on ignore les susceptibilités; avec elles, on se retrouve jeune, et rien n'est plus touchant que deux aïeules à cheveux blancs qui ont gardé entre elles le tutoiement, qui s'appellent par leur nom de baptême. On ne peut se faire trop de ces amitiés-là dans la saison où elles poussent comme des fleurs hâtives et vivaces; nous en perdons par la mort un si grand nombre!

L'amitié supérieure cependant, la seule qui mérite vraiment ce nom, est celle qui est exempte de tout calcul, où le hasard n'est pour rien, où le cœur domine; elle enfermera quelque chose de toutes les affections dont nous venons de parler. Éclose dès l'enfance, ou résultat d'une rencontre plus tardive, d'une élection de nos âmes ou de nos esprits, de la reconnaissance peut-être pour un service rendu, sa force est la même, du jour où elle confond deux cœurs « d'un mélange si universel qu'ils effacent et ne retrouvent plus la couture qui les a joints »[1].

1. Montaigne.

Ce n'est point une preuve de faiblesse d'âme que d'avoir un irrésistible besoin d'affection, pas plus que ce n'est une preuve de force morale que de s'enfermer dans un isolement qui n'est souvent que de l'égoïsme, puisque, pour avoir des amis, il faut savoir se donner à eux et se donner sans compter. Toute existence sans amitiés est incomplète, au contraire.

Le bruit court que les femmes n'entendent rien à l'amitié. Trop absorbées et dominées par les affections de famille, elles seraient au fond indifférentes pour tout ce qui sort de ce cercle étroit. A en croire leurs détracteurs, elles se lient trop aisément et oublient de même; elles ont peu de bienveillance entre elles, se dégagent difficilement des rivalités, manquent de franchise. De fait, plus d'une femme rappelle cette grande dame du XVIIe siècle qui, dans un salon, après avoir comblé certaine personne d'amitiés et d'embrassades, lui demanda son nom, en accusant sa mémoire : « Avoir oublié le nom de ma meilleure amie! » Et les protestations de tendresse n'arrêtent pas toujours une médisance, parfois même une méchanceté. Mais tout cela n'a rien à faire avec l'amitié, et les femmes qui abusent ainsi de ce mot prouvent simplement qu'elles sont incapables de le comprendre. Elles ne s'aiment pas sincèrement; ces relations ne sont pour elles qu'un amusement ou une nécessité de la vie sociale.

Auprès d'elles, il y a, Dieu merci, d'autres femmes à l'âme assez loyale, assez profonde pour aimer tout aussi solidement et intelligemment que les hommes. Mme de la Fayette et Mme de Sévigné, pourtant si absorbée par sa fille, sont restées unies, jusqu'à la mort de la première, par une affection qui remontait à leur jeunesse. « Je me trouvais, écrit Mme de Sévigné, heureuse d'être aimée d'elle depuis un temps très considérable. Jamais nous n'avions eu le moindre nuage dans notre amitié. La longue habitude ne m'avait pas habituée à son mérite : ce goût était toujours vif et nouveau,... j'étais assurée aussi que je faisais sa plus tendre consolation. » Entre ces deux femmes, qui eussent pu être rivales d'esprit et de succès, la jalousie n'avait pas trouvé place ; leurs caractères étaient trop hauts pour ce sentiment mesquin.

Donc c'est calomnier les femmes que de dire qu'il ne peut exister entre elles d'amitié durable et sincère. Cependant chez elles, et ailleurs, ce sentiment est toujours rare, si on n'appelle amitié que la parfaite solidarité des âmes ; de même est rare l'acceptation franche de tout ce qui impose des devoirs et le don de soi.

Il y a un joli proverbe oriental : « Ne laissons pas croître l'herbe sur le chemin de l'amitié ». Cette herbe pousse vite, si nous négligeons de l'arracher, ou même simplement de l'user sous nos pas. On a très vite fait, dans notre vie pressée, de négliger ses amis. On perd ainsi le fil conducteur qui aide à se comprendre. Il y a bien les grands événements, épreuves ou douleurs, qui vous rejettent soudain l'un vers l'autre. La sympathie se retrouve, mais l'intelligence du cœur n'y est plus, cette intelligence bienveillante, affectueuse, de nos sentiments et de nos intentions, qui fait tant de bien.

De la catégorie d'amis qui ne sont tels que jusqu'à la bourse, nous dédaignerons de parler ici. Aider ses amis de façon matérielle, autant qu'on le peut, est un devoir qui n'a pas besoin qu'on l'enseigne. A qui recourraient-ils donc? A des indifférents? Il faut accomplir de son mieux, il faut aussi ne pas craindre de demander ce genre de sacrifices, le moins difficile de tous. On connaît le mot de La Fontaine laissé sans gîte par la mort de Mme de la Sablière et répondant à un ami venu pour le recueillir chez lui : « J'y allais. »

Un autre devoir de l'amitié, c'est la fidélité qui résiste à toutes les vicissitudes de la vie. Tels engouements excessifs cessent comme ils sont venus; d'autres fois, le temps use un intérêt passager qui se refroidit peu à peu. Pour les cœurs affectueux, ces ruptures, lentes ou brusques, sont également pénibles, même quand on a appris à aimer de façon désintéressée, non pour ce qu'on reçoit, mais pour la joie de donner. Et, ce qu'il y a de cuisant, c'est lorsque de tels abandons se produisent après des revers, quand l'affection serait le plus précieuse. L'amitié vraie s'affirme dans le malheur; elle s'empresse de prêter son secours. C'est en cela que les femmes devraient se montrer les meilleures amies, délicates et ingénieuses, avec leur sensibilité de détail, l'entente qu'elles ont des petites choses.

Le devoir d'aider nos amis, celui de les soutenir et de les défendre en toute circonstance, ne signifie nullement que nous devions approuver leurs torts, embrasser leurs préjugés, détester tout ce qu'ils détestent. Entre amis, au contraire, on se doit la vérité, le conseil donné avec prudence, la sympathie qui rend attentif aux confidences sérieuses, la discrétion qui amène la sécurité absolue. Un ami doit être assez sûr, assez intelligent, assez dévoué pour qu'on puisse le consulter sans crainte, certain qu'il nous exposera sincèrement sa pensée. La vérité dite par quelqu'un qui nous aime a sur nous une très grande puissance. Mais l'amitié usera prudemment de ces délicates fonctions de juge. Donner, même à ses amis, sur leur conduite, une opinion qu'ils ne demandent pas, est toujours épineux : il faut s'assurer de l'utilité et de l'efficacité de cet avis, qu'une amitié véritable accueillera avec reconnaissance, s'il est offert sans arrière-pensée par une personne que nous savons aussi préoccupée de notre bonheur que nous-mêmes.

Pour tout cela, le point essentiel est de bien choisir ses amis. C'est d'après ce choix que le monde nous juge. Quand nous les avons éprouvés, que nous sommes sûrs d'eux, ne les fatiguons pas d'exigences. Les amitiés les meilleures sont celles qui se passent de protestations, de manifestations extérieures, qui, se sentant très sûres, n'ont pas de doutes ni de vaines susceptibilités. Une fois parvenu à cette sécurité et à ce calme, on s'aperçoit que l'amitié est l'un des plus forts et des plus solides appuis que l'on puisse trouver dans la vie.

TROISIÈME PARTIE

LA PATRIE

VINGT-CINQUIÈME CAUSERIE

L'idée de la patrie. — Le patriotisme.

L'amour de la famille, l'amour de nos semblables viennent se fondre et s'unir dans un sentiment général, instinctif, indéfinissable et tout-puissant : l'amour de la patrie.

Ce sentiment, l'éducation le développe, mais elle ne le crée pas; car il existe avant elle, en dehors d'elle, il a été de tout temps une source d'héroïsme, il a été le principe de vie des nations. « Pour le philosophe, pour l'homme d'État, la patrie se compose d'abstractions sublimes : la patrie, c'est la succession continue d'une race humaine, possédant le même sol, parlant la même langue, vivant sous les mêmes lois et qui, ne mourant jamais, se perpétue en se renouvelant toujours, comme un être immortel qui n'a que Dieu avant lui et Dieu après lui. Pour l'homme des champs, la patrie est quelque chose de plus près du cœur. Ce qu'il aime dans la patrie, c'est le petit nombre d'objets auxquels son âme s'est attachée toute sa vie ; ce sont toutes ces images sensibles devenues des sentiments pour lui. Il y a autant de patriotisme dans le petit champ que dans le grand domaine..... C'est pour cela qu'on vit, c'est pour cela qu'on meurt avec joie quand il faut le défendre contre la profanation du pied étranger [1]. »

Cet amour, comme beaucoup d'autres sentiments, fait tellement un avec notre âme qu'à travers les mille soucis de l'heure présente nous l'éprouvons sans y penser. Nous le respirons avec l'air natal. La patrie est pour nous la mère, dont ses fils sentent toute la tendresse le jour où ils sont séparés d'elle. En effet, franchissons la frontière, souvent marquée d'une ligne imaginaire, sans qu'il y ait ni fleuves, ni hautes montagnes, ces barrières naturelles mises entre les contrées. Le train roule à travers la plaine : deux drapeaux sont plantés à une certaine distance l'un de l'autre : celui-ci a les couleurs qui nous sont familières, c'est l'emblème pour lequel nos pères sont morts, le symbole sensible de cet être insaisissable et pourtant si réel, si vivant, de ce corps dont nous sommes les membres : la patrie ; l'autre est tout cela pour d'autres hommes, mais à nous il est étranger. Le train passe : nous éprouvons une secousse. Rien n'a changé, c'est toujours le ciel et la plaine, mais ils ne nous semblent plus tout à fait les mêmes. Et à la

---

1. Lamartine, *Discours*.

première rencontre où sonne à nos oreilles une langue inconnue, nous avons l'impression d'être un peu des exilés. Chez certains, ce sentiment va jusqu'à la langueur singulière qu'on appelle *mal du pays* et dont on peut mourir. A l'étranger, le plus indifférent jeté par hasard en face d'un compatriote va spontanément à lui comme à un ami retrouvé.

Cette idée de patrie, — le « pays de nos pères », ainsi que l'indique l'étymologie —, a dans l'antiquité possédé toutes les grandes âmes; mais alors la patrie, étroite et limitée, s'enfermait dans la cité : « Passant, va dire à Sparte, que nous sommes morts pour obéir à ses saintes lois! » Voilà, avec Léonidas aux Thermopyles, le patriotisme antique. L'empire romain si vaste repose sur la même idée : partout on est citoyen de Rome. Le patriotisme hébraïque, lui, a un caractère tout religieux; le peuple juif, si étroitement uni, est le peuple élu de Dieu. Dans les temps plus modernes, les nations se sont lentement formées du groupement de diverses races, et longtemps il y eut autant de petites patries que de provinces. Mais lorsque la vierge lorraine, cette incarnation idéale du patriotisme, s'émut « de la grande pitié qui était au royaume de France », et s'arma, pauvre paysanne, pour en chasser l'Anglais, l'étranger qui prétendait dominer, c'est bien l'amour de la patrie française, tel que nous le comprenons aujourd'hui, qu'elle avait au cœur, preuve que cette patrie existait déjà. C'est aussi pour la patrie que travaillent les Sully, les Richelieu. Et Vauban commence un de ses ouvrages par ces mots : « Je suis Français, très attaché à ma patrie. » « Si l'on est obligé d'aimer tous les hommes, dit Bossuet, à plus forte raison doit-on aimer ses concitoyens. L'amour qu'on a pour soi-même, pour sa famille et pour ses amis se réunit dans l'amour qu'on a pour sa patrie où notre bonheur et celui de nos familles est enfermé. »

Ce serait donc être injuste envers notre histoire que de soutenir, comme l'ont fait quelques-uns, que l'idée de patrie est essentiellement moderne. Qu'elle se soit longtemps confondue avec celle de la royauté, c'est possible, mais on pourrait dire en ce cas que la royauté était alors la personnification de la patrie. De même aujourd'hui, en Russie, un lien mystique unit le tzar à ses sujets qui le nomment leur père. Il n'en est pas moins vrai que, depuis les guerres de la Révolution, l'esprit national s'est singulièrement développé. Cette notion de patrie s'est dégagée, accentuée, idée forte et vivante, quoique abstraite, idée faite du passé glorieux de la nation, de l'espoir d'un non moins glorieux avenir, d'une communauté d'intérêts, de langue, de race, de pensées, de caractère, et enfin, ce qui est la résultante commune de tous ces facteurs, volonté plus ou moins consciente chez tous les citoyens qui composent une patrie de lui rester unis. C'est au fond cette volonté qui est l'âme de la patrie, et qui fait une patrie inviolable comme une conscience humaine. Entre concitoyens existent en outre de ces ressemblances à la fois indéfinissables et frappantes, analogues à « l'air de famille », qui, dans une réunion cosmopolite, permettent de déterminer sans peine la nationalité de chacun.

Fût-on né aux colonies, voire à l'étranger, on sent l'orgueil de son pays, le souci de sa prospérité, la solidarité qui unit entre elles les familles. Chaque nation possède sous cette même forme le sentiment patriotique. Que ce soit l'amour sentimental de l'Allemand pour le *Vaterland*, ou l'orgueil âpre de l'Anglais, le patriotisme est toujours louable, et nous devons l'estimer chez autrui, en faisant respecter le nôtre. On voit ce sentiment indestructible résister à la conquête, à l'absorption par une nation ennemie : témoins la Pologne, l'Irlande, le Canada, l'Alsace-Lorraine.

Le patriotisme a encouru l'accusation de rétrécir les esprits et de nous rendre intolérants pour tout ce qui n'est pas *nous*. Le cosmopolitisme apparaît à quelques-uns comme un idéal supérieur. Sans doute l'humanité et la solidarité universelle veulent que nous traitions tous les hommes en frères; mais nos frères seront d'abord naturellement nos proches, nos compatriotes envers lesquels nous avons des occasions fréquentes de nous dévouer. La fraternité universelle n'exclut pas les sentiments plus étroits, et la patrie humaine, si elle doit jamais prendre forme, ne sera qu'une association, un groupement de patries. De même, sans qu'il y ait grand mal à cela, le patriotisme pour beaucoup est d'abord l'*amour du clocher*. Notre cœur, si large soit-il, se donne plus aisément à ce qu'il comprend mieux sous une forme précise.

L'amour de la patrie renferme tout : amour des nôtres, amour du sol, que nous sentons nous appartenir, amour des mœurs, des coutumes, de l'indépendance nationale, toutes choses qui font partie de nous, comme nous faisons partie d'elles. Pas un honnête homme ne pourra se concevoir sans patrie, isolé de tout, sans devoirs et sans droits. De tous les sentiments élevés, celui-là est le plus puissant et celui qui a inspiré les actes les plus surhumains; c'est un culte pour beaucoup d'âmes dont il demeure l'unique idéal, au-dessus des intérêts personnels. On a remarqué que les pays pauvres, tristes, déshérités, sont peut-être plus fortement aimés de leurs enfants, comme pour prouver que ce n'est pas par ses charmes et sa beauté, mais par elle-même que la patrie se fait chérir.

Comme toute médaille a son revers, le patriotisme peut avoir ses exagérations dont il faut se garer. De la vanité nationale, de l'estime exagérée de soi aucun peuple n'est exempt. Cette estime de soi ôte toute curiosité d'esprit et rend indifférent à ce qui n'est pas semblable en tous points à nous-mêmes. Les peuples expansifs le laissent voir; ceux qui sont plus fermés le dissimulent, mais leur dédain silencieux est aussi grand. Entre gens de races diverses, on s'entend assez mal jusqu'ici; la justice impose donc l'indulgence et la bienveillance à l'égard d'habitudes ou d'idées qui, pour ne nous être pas familières, n'en ont pas moins leur valeur. C'est toujours le mot des *Lettres persanes* : « Comment peut-on être Persan? » Il semble inadmissible à certaines gens que, n'étant pas leur concitoyen, vous envisagiez différemment les questions. Ceci n'est plus du patriotisme, sentiment noble et large, c'en est la réduction en caricature et, lorsque cette inintelligence va jusqu'à la haine, elle amène les querelles sanglantes d'individus, les luttes autrement sinistres de nations.

Malgré les erreurs du sentiment patriotique, qui peut se déformer comme tout autre idéal, en passant par le cœur humain essentiellement imparfait, on ne saurait assez lui rendre hommage. C'est par lui qu'une nation vit, se groupe, conserve sa dignité et son caractère individuel; c'est lui qui rapproche tous les citoyens en leur donnant un bien commun à garder, l'honneur national, de même qu'ils ont à développer et à grandir la prospérité, la richesse nationales. Au-dessus de l'intérêt personnel, la patrie est le mobile grandiose du travail et des efforts. A un moment de péril, on l'a vu, elle transforme les individus et rend forts les êtres les plus faibles.

On s'imaginerait à tort que le patriotisme n'est pas une vertu féminine, parce que les femmes ont moins que les hommes l'occasion de le manifester activement. Combien sont-elles tenues, au contraire, d'aimer la patrie, pour pouvoir infuser ce sentiment dans l'âme de leurs fils, qu'au besoin elles lui offriront en sacrifice, et à qui dès l'enfance il faut inculquer ce principe : « Vous devez votre temps, votre fortune, votre vie, au service de la patrie! » Mâles conseils qui se retrouvent sur les lèvres, dans les lettres des mères d'autrefois. Peut-être, de nos jours, bien des femmes ont-elles le tort de se désintéresser des questions générales. Sous prétexte d'être tout à la famille, elles oublient qu'elles sont, au même titre que les hommes, membres de la nation. Celles qui ne savent pas s'élever au-dessus de la vie quotidienne risquent de sacrifier l'amour de la patrie à l'amour du foyer, et songeront avant tout à préserver leur propre bonheur. C'est pourquoi elles doivent se fortifier l'âme, se dire qu'elles sont appelées, elles aussi, à payer, autrement, plus péniblement leur dette à la mère commune. On s'attache en proportion des sacrifices que l'on fait. Si le patriotisme est vivant dans le cœur des femmes jusqu'à l'action, jusqu'au dévouement, elles en sèmeront chez leurs fils le germe vivace. — C'est le rôle du père, dira-t-on. — Oui, mais c'est tout autant celui de la mère, dont la tâche bien comprise est de développer, chez l'enfant, la passion du bien sous toutes ses formes, de manière que, plus tard, il lui semble l'avoir toujours éprouvée.

Les femmes, comme les hommes, ont aussi une autre façon de servir et d'honorer la patrie, en accroissant sa bonne renommée par leurs actes, par le développement moral qu'elles savent se donner. Je me rappelle avoir entendu un conférencier allemand exposer combien il avait été frappé en parcourant nos provinces françaises, particulièrement la Normandie, de l'industrie, de l'activité, de l'intelligence des femmes de condition moyenne, commerçantes ou fermières, travailleuses infatigables, membres actifs de la communauté, contribuant par leurs efforts à augmenter le bien-être de la famille et, en même temps, la fortune publique. C'est aimer sa patrie que de ne pas en être un membre inutile. La patrie est une famille agrandie; il y a entre concitoyens pauvres et riches un lien analogue aux liens du sang. Le vrai patriotisme féminin, nous l'avons vu, est celui qui se manifeste par la sympathie et la collaboration que les femmes apportent à toute tentative faite pour soulager les misères sociales; là elles trouvent admirablement l'emploi de leurs qualités et servent leur pays d'une manière que nul ne saurait suppléer.

M. de Tocqueville le dit très justement : il faudrait apprendre à tous que chacun se doit à cet être collectif qui s'appelle la Patrie, avant de s'appartenir à soi-même. A l'égard de cet être-là, il n'est pas permis de tomber dans l'indifférence; tous sont responsables de ce qui lui arrive, et tous, suivant leurs lumières, sont tenus de travailler constamment à sa prospérité. Il ajoute qu'on doit enseigner cela *surtout aux femmes*; car, en cette matière, leur influence est d'autant plus grande qu'elle est indirecte; ce sont elles surtout qui donnent à chaque nation son tempérament moral. « J'ai vu cent fois, dit-il, des hommes faibles montrer de véritables vertus publiques, parce qu'il s'était rencontré à côté d'eux une femme qui les avait soutenus dans cette voie, en exerçant une influence fortifiante sur la manière dont ils devaient considérer le devoir et même l'ambition [1]. » Tandis qu'au contraire une femme bonne, honnête, mais chez laquelle la grande idée de patriotisme, de civisme n'a jeté aucune racine, amènera son fils ou son mari à faire un cas démesuré de la vie facile et du bonheur personnel.

1. A. de Tocqueville : Lettre à Mme Swetchine.

VINGT-SIXIÈME CAUSERIE

L'État, la constitution et les lois.

Il y a une distinction essentielle entre le mot d'État et celui de patrie.

L'État, c'est la patrie abstraite, c'est le lien politique qui unit les individus, les familles, rattachés par l'affinité naturelle et la mystérieuse parenté de la patrie commune. La nation se forme en État pour assurer l'indépendance et faire respecter les droits de chacun. Il y a des États qui embrassent plusieurs nations différentes groupées par la conquête ou les intérêts politiques, mais qui vivent généralement en mauvais accord, tant le sentiment de la nationalité passe avant tout : par exemple les races si diverses, Tchèques, Allemands, Slaves, etc., composant l'empire d'Autriche.

Chaque État doit avoir un gouvernement qui est chargé de la gestion des intérêts communs, de la défense des lois. Nul ne pouvant ni ne devant se défendre lui-même, sauf le cas de force majeure, il est nécessaire qu'un pouvoir supérieur soit le protecteur de la liberté de chacu, net possède l'autorité devant laquelle toutes les volontés en conflit sont contraintes de s'incliner. La forme de gouvernement n'est d'ailleurs pas partout la même; elle peut être la souveraineté absolue comme en Russie, où le tzar est tout-puissant; la monarchie constitutionnelle comme en Angleterre, où, à côté du souverain, les représentants élus par la nation ont le droit et le pouvoir de faire les lois; enfin la démocratie ou gouvernement du peuple par lui-même, comme en France, où il prend le nom de *république* (la chose publique), à laquelle tous les citoyens ont part. Qu'il s'agisse d'une république ou que le chef de l'État soit un souverain héréditaire avec des droits déterminés, quel que soit le gouvernement d'un pays, quelque forme que prenne l'État, son autorité n'est et ne peut être fondée que sur le devoir qu'il a à remplir; il existe pour le peuple qu'il gouverne et seulement pour accomplir sa mission envers lui. En ce monde, on n'a de droits qu'avec des devoirs correspondants dans une mesure égale. Le despotisme est contraire à l'idée même de l'État, puisque celui-ci existe uniquement pour faire respecter les droits de chaque citoyen. C'est ainsi que, sous l'ancienne royauté, les États-Généraux élus de la nation, voire le Parlement de Paris, élevaient la voix pour adresser au souverain de respectueuses remontrances, quand il abusait de ses privilèges.

Dans une république, où il n'y a pas de souverain et de sujets, tous les citoyens ont leur part de souveraineté et ne sont sujets que de la loi. L'État est personnifié par l'ensemble des individus chargés, du consentement général, de faire observer ses lois et de veiller sur l'unité nationale, de sauvegarder la paix au dehors et au dedans, d'assurer la liberté légitime en faisant régner l'ordre et la justice.

La constitution, différente suivant la forme du gouvernement, règle les conditions dans lesquelles ce gouvernement doit s'exercer. Quel que soit le gouvernement, il a pour mission et pour tâche de songer avant tout au bonheur et au progrès de la nation; le titre de Père du peuple est le plus beau qu'on ait jamais trouvé à appliquer aux rois; la popularité de Henri IV repose beaucoup sur la poule au pot légendaire qu'il voulait assurer à tous les Français. Il est interdit à un État d'exister pour un parti. Dans les pays démocratiques où la base de l'autorité est la volonté nationale, celle-ci ne peut être unanime; comment le serait-elle puisque, dans une famille même, petite réduction de l'État, les volontés n'arrivent pas toujours à se mettre d'accord? C'est donc la volonté du plus grand nombre qui prévaut, mais cette majorité n'opprimera pas pour cela la minorité, qui doit compter, quoiqu'elle doit s'incliner. Aussi le droit de punir, ce droit formidable dont l'histoire de tous les siècles retrace les abus, n'est-il légitime que dans la mesure de la loi et limité par les droits imprescriptibles de la justice et de la morale. De même, les lois ne doivent pas être oppressives d'une minorité.

L'État est chargé en outre des fonctions publiques : il y pourvoit par ses diverses administrations ou ministères, qui sont comme autant de rouages compliqués et délicats contribuant à l'action d'une immense machine. Par leur intermédiaire, il protège la vie et la fortune des citoyens, il défend le pays contre les attaques des autres nations; il assure la paix intérieure nécessaire au travail et donne à celui-ci tous les moyens de s'exercer à l'aise en créant les moyens de communication et d'accès, en facilitant le commerce, l'agriculture, l'industrie. Il garantit à chacun au moins le minimum d'instruction indispensable; enfin il administre la fortune publique au mieux de l'intérêt général.

Tout cela demande qu'un nombre plus ou moins considérable de fonctionnaires s'y consacrent. L'État se charge de les rétribuer justement de leur peine, et en retour, ils doivent honnêtement se donner tout entiers à leurs fonctions, et les remplir en bons serviteurs de la patrie. Ce sentiment du devoir professionnel ne connaît guère de défaillances. Depuis le poète Rotrou qui revint à Dreux mourir de la peste (1650) en luttant contre le terrible fléau, à son poste de lieutenant général, jusqu'à Casimir Perier, ministre de l'Intérieur, succombant au choléra de 1832 pour avoir visité les hôpitaux, la plupart des hommes qui ont accepté la tâche grave d'être les guides et les chefs d'un groupe plus ou moins nombreux de leurs concitoyens, maires d'un village ou chefs de l'État, n'ont jamais hésité, dans les cas de danger public, à exposer leur vie. C'est le courage civil, aussi noble que le courage militaire; tous les deux glorifient le pays où ils se manifestent.

Les idées de nation et d'État sous-entendent entre

les citoyens des rapports qui sont déterminés par la loi, arbitre impartial, égal pour tous. Il faut distinguer les lois politiques des lois civiles. Les premières, dont l'ensemble compose la constitution, déterminent la forme du gouvernement choisi et la manière dont la volonté nationale est appelée à s'exprimer. Dans une démocratie, les lois qui établissent le droit de suffrage sont fondamentales. Chez nous, ce suffrage est aujourd'hui accordé à tous, c'est le *suffrage universel*. La constitution d'un pays peut être modifiée dans son ensemble ou dans quelques détails par la volonté nationale qui l'a créée; elle l'a été fréquemment en France, comme en d'autres pays. Les lois civiles ne s'occupent que des rapports des citoyens entre eux; elles règlent toutes les conditions auxquelles ces rapports sont soumis : par exemple, pour le mariage, le droit d'héritage, etc.

Les lois sont faites seulement par les représentants de la nation, réunis en assemblées qui, selon les pays, portent des noms différents, et chez nous sont la Chambre des députés et le Sénat. Les lois ne deviennent lois que lorsque les Chambres y ont donné leur assentiment. Ces lois ne sauraient être immuables, les circonstances qui les ont fait naître pouvant changer ou disparaître. Le code Napoléon, rédigé au commencement du siècle par de savants jurisconsultes, a vu nombre de ses articles transformés, à mesure que se modifiait l'état social, qui n'est plus le même en France qu'il y a cent ans. Mais, dans la loi, il y aura toujours une partie immobile et inattaquable, celle qui détermine les droits de chaque individu au respect de ses semblables, celle qui répond à la loi naturelle inscrite au cœur de l'homme et dont nous avons déjà parlé.

Le pouvoir public se produit donc sous trois formes : le pouvoir législatif, qui fait les lois, représenté par les députés de la nation; — le pouvoir exécutif, qui les applique : ministres et fonctionnaires; — le pouvoir judiciaire qui châtie ceux qui les violent : magistrature. Au-dessus de tous, le chef de l'État, chez nous président de la République, est la personnification de cet État même et de la volonté nationale qui en est l'âme; aussi a-t-il gardé le plus beau des droits de l'ancienne royauté, celui de faire grâce.

Il va sans dire que l'impartialité dans l'application des lois, le respect de la justice et de la liberté lorsqu'on légifère, sont le devoir absolu des différents pouvoirs publics. Faire une loi, c'est créer des délits et des peines; obliger à l'observer, c'est limiter la liberté personnelle. L'intérêt collectif étant souvent contraire à l'intérêt individuel, la loi doit veiller à ne pas devenir oppressive. Mais une fois qu'elle existe, tant qu'elle existe, la loi est une autorité inattaquable, qu'appuient au besoin toutes les forces de l'État. C'est ce qui rend si grave la mission du législateur, de même qu'est redoutable et sacrée l'autorité des pouvoirs exécutifs et judiciaires.

Du gouvernement d'un pays dépend sa destinée, et par là les destinées individuelles de tous ses habitants. Il y a de quoi faire réfléchir ceux qui recherchent le pouvoir, s'ils ont le sentiment développé de la responsabilité. Ceux qui les délèguent ne devraient choisir pour cette tâche importante que les hommes les plus dignes, par leur honnêteté, leur intelligence, leur capacité, leur dévouement à la nation, d'être les mandataires de tous, des hommes capables de respecter eux-mêmes l'autorité qu'on leur confie et qu'ils n'auront ni recherchée par ambition, ni refusée, quand ils y sont appelés, par lâche préférence pour leur repos. La gloire la plus belle d'une nation est, dans l'histoire, la succession à travers les temps de tous les grands hommes qui l'ont gouvernée.

VINGT-SEPTIÈME CAUSERIE

**Devoirs du citoyen. — Obéissance aux lois.
Service militaire. Vote. Impôts.**

Louis XIV disait : « L'État, c'est moi ». Le citoyen français peut dire : « l'État, c'est nous », puisque, en vertu du vote, il prend part au gouvernement.

Comme il n'y a pas de droits sans devoirs, chaque Français a donc des devoirs envers l'État, et des devoirs plus grands que ceux des citoyens d'un pays moins libre.

Le premier de ces devoirs est la fidélité du citoyen à son pays. Elle se manifeste par l'attachement à sa nationalité; car on ne se résout à en changer, au moyen de la naturalisation, que pour des motifs singulièrement impérieux. L'intérêt de la patrie passe avant tout; il défend de s'allier à des étrangers pour faire quoi que ce soit qui lui soit nuisible.

Le second précepte est l'obéissance aux lois. Il peut arriver que ces lois contredisent nos intérêts, bien plus, qu'elles nous semblent injustes, qu'elles froissent nos droits légitimes. Nous avons des moyens de protester dans une certaine mesure, déterminée par la loi même; mais la chose une fois jugée, nous devons nous incliner. Ce serait le désordre universel si chacun décidait quand il doit ou non se soumettre à la loi. Certes le gouvernement ne s'identifie pas avec la patrie; on peut aimer plus ou moins celui de son pays; néanmoins il s'agit d'obéir, non par peur du gendarme ou de la prison, mais par sentiment du devoir. Le nom de Socrate reste glorieux à travers les siècles, parce qu'il refusa de s'enfuir devant la mort, acceptant l'arrêt qui le condamnait quoique innocent. « Il faut, lui fait dire Platon, respecter la patrie dans sa colère, la ramener par la persuasion ou obéir à ses ordres, souffrir sans murmurer ce qu'elle commande de souffrir. » — Et il voit dans la loi la volonté de la patrie. Ce qui n'ôte rien au droit et au devoir que possède tout esprit éclairé de s'employer à l'amélioration des lois, toujours modifiables, de travailler dans la mesure de ses forces à les rendre plus justes et meilleures. La civilisation n'est même, à vrai dire, que le perfectionnement continuel des lois et des coutumes. Mais, tant que la loi dure, le citoyen lui doit soumission absolue; il doit en outre aider le pouvoir à en assurer l'accomplissement. Il est tenu aussi de respecter les représentants de la loi, quels qu'ils soient, dans l'exercice de leurs fonctions.

C'est ce que l'esprit français, naturellement frondeur, oublie parfois. Il tourne volontiers en ridicule tous ceux qui possèdent l'autorité. Rien n'est plus contraire à l'intérêt du pays, car on supporte mal une autorité qu'on ne respecte pas. D'ailleurs cette autorité, une fois établie, est indépendante des qualités bonnes ou mauvaises des personnes. Si un sergent de ville m'enjoint de circuler à droite ou à gauche, ce n'est pas à lui que j'obéis, mais à l'intérêt général qui veut l'ordre dans les rues. Et ce principe peut s'appliquer à tous les pouvoirs.

Le service militaire est une obligation très lourde, un impôt qu'on nomme l'impôt du sang, (car il deviendrait tel en cas de guerre), et qui est dans tous les cas l'impôt du temps, de la fatigue, un effort pénible et soutenu. Sans doute il est dur d'abandonner sa carrière, ses intérêts personnels, et cela tout autant pour le paysan qui quitte son champ que pour le jeune homme riche qui interrompt ses études. Mais chaque nation a besoin d'une armée disciplinée, exercée, prête à défendre, avec le sol de la patrie, les biens et la tranquillité de chacun. C'est pourquoi tous doivent à leur tour rendre dans une certaine mesure ce service au pays, puisque tous profitent de la tranquillité ainsi garantie.

L'impôt proprement dit est une autre obligation, inséparable de l'association des citoyens en État et en nation. L'État exerçant des fonctions dans l'intérêt commun, décidant des travaux qui servent à tous (routes, canaux, ports de mer, etc.), entretenant une police pour faire respecter la paix au dedans et ayant une armée pour la défendre au dehors, dépense de fortes sommes à cet effet, et il est juste que ceux qui profitent des avantages contribuent aux frais préalables. Cet impôt ne peut être décidé par la masse des citoyens; il l'est donc par les représentants qu'ils nomment. On a cherché à le fixer de différentes manières, aussi équitables que possible et que l'on s'efforce toujours d'améliorer, soit en taxant directement d'une certaine somme chaque citoyen (impôt direct), soit en prélevant un droit sur la vente de telles ou telles denrées (impôts indirects). Il est coupable de frauder l'impôt; d'abord c'est un mensonge et un vol; puis, en refusant notre part, nous augmentons celle que les autres doivent payer. Le devoir d'un citoyen est de s'acquitter de ses impôts, tels qu'ils sont, tout en gardant le droit de réclamer contre ce qui serait arbitraire et d'en poursuivre la réforme, mais le seul moyen pour cela est de choisir des représentants soucieux de bien administrer la fortune publique.

C'est toujours ce choix des représentants qui, dans les gouvernements procédant de l'élection, reste le point essentiel dont tout dépend. Le devoir le plus grave du citoyen est donc le vote. Nous disons bien : le devoir. On parle du droit de vote : c'est du devoir de vote qu'il faut parler. Qu'on le considère comme une obligation de conscience dont il n'est pas permis de se dispenser pour des convenances personnelles. Chacun doit s'inspirer, dans l'exercice de cette souveraineté, non de ses préférences, mais des véritables intérêts de tous et, qu'il s'agisse d'élire un conseiller municipal de village, un député ou un sénateur, choisir « les meilleurs » en toute honnêteté, sans se laisser influencer ou intimider.

On pourra dire à ceci que les femmes, n'étant ni électeurs ni éligibles aux fonctions publiques, n'ont pas à s'en préoccuper. Ce serait une erreur grave. Tout ce qui concerne l'obéissance à la loi les oblige autant que les hommes; elles sont soumises aux lois civiles, elles encourent toutes les peines, la prison, même la mort; elles doivent donc s'instruire dans le respect intelligent et la connaissance de cette loi.

Une pièce moderne, *la Maison de Poupée*, d'Ibsen, met en scène une jeune femme, Nora, bonne et intelligente, mais ignorante comme un enfant, qui, pour se procurer de l'argent dans une intention louable, croit pouvoir, sans mal faire, commettre un faux, imiter la signature de son père. Nora est l'exemple du danger qu'offre l'ignorance de la loi chez les femmes; sous d'autres formes moins graves, elles courent sans cesse le même risque; elles courent au moins celui de ne pas savoir s'appuyer sur le code pour défendre leurs intérêts, lorsqu'elles sont seules obligées de veiller elles-mêmes à leurs affaires. Ne sont-elles pas d'ailleurs des êtres de conscience ? Eh bien, cette conscience doit être éclairée sur tous leurs devoirs, sur les responsabilités diverses qu'elles encourent comme membres actifs de la nation. Elles sont commerçantes, propriétaires, ouvrières; elles sont surtout épouses et mères, elles sont enfin femmes, créatures vivantes, pensantes et agissantes. Dans tous ces rôles, à chaque pas, elles rencontrent la loi comme protection, aide ou obstacle. Parce qu'elles ne sont pas appelées à la faire, il serait absurde de dire qu'elles doivent subir celle qui existe d'une façon ignorante et passive, sans savoir pourquoi elles obéissent, sans se donner le mérite de la soumission réfléchie et volontaire.

Le même raisonnement s'applique à l'impôt qu'elles paient sous toutes ses formes dans le groupe de famille dont elles font partie et souvent même isolément; de là, nécessité d'en comprendre l'obligation stricte.

Le service militaire et le vote ne les concernent pas directement, soit, elles n'ont pas le devoir de figurer sous les drapeaux, ni le droit de choisir les représentants du pays par le bulletin de vote. Est-ce à dire qu'elles soient totalement étrangères à l'accomplissement de ce devoir et à l'exercice de ce droit? Lorsqu'elles donnent leurs fils, se séparant d'eux, bien souvent avec de lourdes appréhensions, même aux heures de paix, n'ont-elles pas leur part dans le service rendu à la patrie? Et par là même ne doivent-elles pas se familiariser avec les idées nobles et austères que cette obligation représente, pour savoir élever leurs enfants?

Enfin, si elles n'inscrivent pas, sur un bulletin déposé dans l'urne, le nom des mandataires de la communauté, il ne s'ensuit nullement qu'elles se désintéressent de ce choix. Leur influence compte; elle ne compte parfois que trop si elle est partiale et passionnée. Mme de Rémusat[1], qui écrivait au lendemain du premier empire et dont la vive pénétration avait pu apprécier bien des gouvernements successifs, dit

---

1. Mme de Rémusat, *Essai sur l'éducation des femmes*, pages 86 et suivantes.

ceci : « On doit regarder la qualité de citoyen comme le vrai mobile de l'existence sociale de l'homme. La destinée d'une femme est comprise dans ces deux titres non moins nobles : épouse et mère d'un citoyen. Qu'on les place là où elles deviendront le conseiller soumis de celui qui agit, on verra de quel développement et de quelle sagesse leur intelligence est capable. »

Ce développement et cette sagesse, tous leurs efforts doivent tendre à les acquérir. Recevant le contre-coup, parfois douloureux, des événements, dans leur vie personnelle et au travers de ceux qu'elles aiment plus qu'elles-mêmes, elles ne peuvent faire autrement, comme l'exprime si bien Mme de Rémusat, que d'être attentives aux choses importantes qui se passent au dehors, d'y appliquer leur intelligence et leur sollicitude, afin de suivre, de seconder toujours par des paroles sages, des opinions sensées ceux qu'elles sont appelées à conseiller; et cela d'autant plus qu'assez souvent ils sont inférieurs en instruction, moins à même de s'éclairer. La Révolution en France a modifié le caractère des hommes en les forçant au sérieux; les femmes ne sauraient donc, sous peine de déchoir, rester auprès d'eux légères et frivoles.

Après quatre-vingts ans écoulés, Mme de Rémusat sur ce chapitre nous semble encore avoir raison.

VINGT-HUITIÈME CAUSERIE

**Devoirs des nations entre elles. — La guerre.
Les femmes pendant la guerre.**

On a défini avec justesse les nations des personnes morales, qu'il est convenu de nommer des *puissances*. Ces puissances ont entre elles, absolument comme les individus entre eux, l'obligation du respect réciproque, et la loi morale, la même pour toute l'humanité, doit régler leurs rapports. Ces rapports sont forcés et constants. Les nations ne vivent qu'à la condition d'échanger leurs produits et leurs idées avec d'autres, l'émulation étant pour elles comme pour les hommes le grand stimulant, et les différences même qui les séparent apportant leur concours au développement mutuel.

Pour présider à ces rapports, on a établi, du consentement général, un certain nombre de lois et de coutumes reposant sur la conscience et la raison universelle. Ce code international s'appelle le droit des gens (du latin *gens*, nation), et un de ses articles les plus utiles est la convention de Genève en 1867. La croix de Genève, rouge sur fond blanc, a brillé depuis sur bien des champs de bataille, arrêtant la fureur ennemie, protégeant les blessés. Elle demeure un signe de miséricorde et de paix, symbole de la grande fraternité humaine aux heures qui semblent le plus la démentir.

Les devoirs des nations sont, avons-nous dit, absolument analogues aux devoirs des individus. Chaque État doit respecter d'abord l'existence des autres États, sauf lorsqu'un de ceux-ci prend le caractère de danger public, comme il arriva pour les pirates de la régence d'Alger qui menaçaient sans cesse la navigation méditerranéenne; à moins aussi qu'il ne s'agisse, ce qui est plus délicat à déterminer, des peuples encore barbares, auxquels la conquête apportera un état meilleur avec la civilisation. En dehors de ces cas, la plus petite nation est inviolable. Abuser de sa faiblesse pour la supprimer est un crime : tel, par exemple, l'inique partage de la Pologne. Un autre crime est d'imposer par la force à une nation, en attentant à son indépendance, une autorité qu'elle repousse, chaque nation, comme chaque personne, ayant seule le droit de disposer d'elle-même, de choisir son gouvernement et ses lois. C'est ce qui rend détestables les guerres de conquêtes qui arrachent à un pays des âmes vivantes et douloureuses. Les nations doivent aussi respecter réciproquement leur honneur, ce bien si précieux que, sous l'insulte, un peuple fier se cabre aussitôt. Les guerres les plus sanglantes n'ont pas eu d'autres causes. Les possessions d'un peuple sont sacrées, nul ne doit s'en emparer par force, ruse ou mauvaise foi. Cela est vrai, non seulement du territoire même de chaque État, mais de ses possessions lointaines ou colonies. De plus, la mer, ce grand chemin des nations, appartient à toutes en commun ; aucune n'a le droit de l'intercepter.

En un mot, les peuples ont les uns envers les autres tous les devoirs de justice à remplir, sans compter les devoirs de fraternité et d'amitié réciproque, qui découlent de la solidarité humaine. Ils doivent se prêter loyalement leur concours pour travailler à l'œuvre de la civilisation, s'aider dans les calamités, les épidémies, les désastres, s'entendre pour protéger les faibles, s'ils étaient opprimés par les forts. Seulement les nations, comme les individus, pratiquent rarement leurs devoirs et le respect de leurs droits. Il en résulte qu'au lieu d'une bonne entente favorable aux vrais intérêts de l'humanité et que des esprits généreux ont maintes fois, l'histoire le dit, rêvé d'établir, elles vivent sur un pied de défiance mutuelle, plus ou moins voilée par la correction extérieure des relations diplomatiques.

Le respect des conventions, des traités, est obligatoire pour les nations comme le respect des promesses peut l'être entre particuliers. Ces traités devraient être plus sacrés encore, puisque la vie, la prospérité d'une foule de gens en dépendent, et pourtant ils sont très difficilement maintenus. Le mieux serait que les différends entre peuples pussent être toujours, comme ils l'ont été quelquefois, réglés par un arbitrage. Mais toute nation ayant sa dignité à sauvegarder, et les sujets de conflits étant fréquents et divers, il arrive un jour que la guerre éclate entre deux pays. L'histoire est le long récit de ces querelles sanglantes.

Nous avons parlé de la guerre à propos du devoir qui existe pour chacun de nous de respecter la vie de son semblable. Sans doute, en principe, elle n'est pas légitime, elle est odieuse, mais la défense de la patrie est chose louable et sainte. Le coupable, c'est l'agresseur véritable, qui n'est pas toujours — loin de là — celui qui déclare la guerre, car il y a bien des manières de provoquer à l'excès ceux par qui on veut se faire attaquer. Certaines guerres ont été salutaires en réveillant le patriotisme dans les âmes : ainsi le mouvement déterminé par Jeanne d'Arc à la fin de la guerre de Cent Ans, ou l'élan qui, en 1792, porta toute la nation à la frontière pour défendre la patrie en danger.

Fénelon, dans sa célèbre Lettre à Louis XIV, a osé lui dire de la guerre de Hollande : « Elle n'a eu pour fondement qu'un motif de gloire ou de vengeance, ce qui ne peut rendre une guerre juste ».

Malheur à qui ose déclarer une guerre injuste! Les conquêtes violentes ne sont que le triomphe de la force et ne profitent pas à la nation qui les fait.

On a pu à certains égards justifier la guerre en parlant des héroïsmes qu'elle suscite, des dévouements qu'elle crée. Le fait est qu'elle représente jusqu'ici un mal inévitable qui deviendra, il faut l'espérer, plus rare si les peuples se décident à observer entre eux les grands devoirs de justice et de fraternité. Mais tant que la guerre existera, tant que la patrie pourra être attaquée, tous les citoyens devront se tenir prêts à la défendre. C'est, avons-nous dit, la haute raison du service militaire. Aucun citoyen ne peut se soustraire à ce devoir, aucun n'y songe, s'il est digne de ce titre. Haïr la guerre est aussi naturel que de haïr la mort. Toutefois quand la mort se présente, sous quelque forme que ce soit, force est bien de se soumettre et de l'accepter.

Les femmes ont-elles des devoirs en cas de guerre? Ne pouvant porter les armes, s'associeront-elles, quand même, à la défense de la patrie?

Plusieurs Françaises ont, en vrais soldats, combattu et légué leurs noms à l'histoire. Avec Jeanne d'Arc qui ne versa jamais le sang et dont la pure figure plane au-dessus de toutes les gloires, il y a Jeanne Hachette dont Beauvais célèbre encore chaque année le courage en un cortège où les femmes ont le pas sur les hommes; — il y a Philis de la Tour du Pin, défendant sous Louis XIV, à la tête des habitants du pays, les passages des Alpes envahis par les troupes de Savoie, et préservant ainsi le Dauphiné d'une invasion; — il y a les deux sœurs Fernig combattant à Valmy et à Jemmapes aux côtés de Dumouriez. Mais ce rôle est tout d'exception, créé par des circonstances que les guerres actuelles ont peu de chance de reproduire, quoique Mme Stoëssel se soit tenue bravement aux côtés de son mari durant le terrible siège de Port-Arthur.

D'autres femmes, plus nombreuses, ont montré, dans le cas d'invasion, ce que rendent de services le sang-froid, l'énergie, la volonté. Une de ces héroïnes obscures, Mlle Toussaint, vient de mourir; en 1870, à travers l'armée assiégeant Paris, elle porta maintes fois des messages importants; arrêtée, fouillée, conduite au mur pour être fusillée, en dépit du droit des gens qui interdit de tuer le vieillard, la femme et l'enfant, son calme impassible la sauva. Il en fut de même de Mlle Dodu, une directrice de télégraphes qui vit encore. Celle-là, toute jeune — vingt ans, — dans la maison qu'elle occupait avec sa mère, à Pithiviers, détournait la nuit les dépêches allemandes au moyen de ses appareils et renseignait l'armée française sur tous les mouvements du corps ennemi qui l'entourait. Elle aussi, prise sur le fait et condamnée, dut la vie à l'intervention personnelle du prince Frédéric-Charles, qui fit ensuite à cette vaillante patriote l'honneur de lui dire : — « Vous êtes une dangereuse ennemie ». — Bien des exemples encore seraient à citer. Toutes les femmes n'ont pas l'occasion de se distinguer par ces actes éclatants, mais il en est une qu'elles trouvent toujours : celle du sacrifice. En 1870 encore, les chanteurs populaires bretons répétaient dans les fermes une naïve complainte, rappelant, quoique nouvelle et poignante, les vieilles poésies celtiques dont ce peuple conserve la mémoire, *les Bretons au siège de Paris*, et un des couplets faisait dire par la bouche des femmes, « vraies Bretonnes, dignes des défenseurs de la patrie envahie », à leurs fils et à leurs maris : « Votre place « est là-bas. Partez vite, arrivez à temps pour la « bataille.... » « Et, — ajoute la chanson, — elles cachaient dans leurs cœurs leurs regrets et leurs larmes. » Ceci est le premier devoir des femmes en cas de guerre.

Toutes les obligations de dévouement elles ont su

les remplir : « Leur attitude a été magnifique,... dit Jules Simon. Partout elles ont soufflé le courage par leurs discours et leurs exemples. A Paris, j'ai pu voir de près leur énergie pour pousser à la résistance, leur activité pour diminuer les privations de leurs familles, leur charité pour secourir les pauvres, leur résignation pour souffrir le froid et la faim.... Elles n'ont pas faibli un instant. On n'entendait de leur part ni plaintes publiques ni plaintes privées; femmes du peuple et grandes dames faisaient leur devoir avec la même simplicité et la même fermeté. L'ambassadeur d'une grande nation amie me disait : « Vos femmes font votre force [1]! »

Pour que sous le coup de l'épreuve jaillissent ainsi des cœurs le courage et l'abnégation, il faut les y porter d'avance et s'y préparer. Ce que faisaient les femmes à l'intérieur de Paris assiégé, d'autres femmes, leurs sœurs, l'imitaient par toute la France, infirmières volontaires, à l'abri de la Croix Rouge, dans les villes envahies.

Aujourd'hui, ces temps sont loin, mais le passé a laissé des traces dans de nombreuses associations de secours aux blessés, dont l'organisation est en majeure partie féminine et qui, dans toutes les campagnes coloniales, ont réconforté nos soldats.

Ceci sans préjudice de la *Ligue de paix*, qui, fondée par une femme, une Autrichienne, Mme de Suttner, accueille les adhérentes de toutes les nations. La politique de conciliation est la vraie politique de la

---

1. J. Simon, *La Femme du XXᵉ siècle*.

femme, « juge désintéressé des combats de la vie », comme l'appelle Mme de Staël. C'est aux femmes à prêcher le désarmement général et l'arbitrage. Il est douteux qu'elles arrivent à supprimer la guerre, mais elles pourraient la rendre plus rare et moins cruelle par leur pouvoir de douceur. Depuis les reines jusqu'aux ouvrières, toutes devraient s'unir dans cette tâche, car, selon un mot poignant qui remue le cœur, « ce sont elles qui souffrent le plus de la guerre, puisqu'elles survivent [1] ».

1. Jules Simon.

QUATRIÈME PARTIE

DEVOIRS PERSONNELS

VINGT-NEUVIÈME CAUSERIE

Devoirs relatifs au corps. — La tempérance.

Des devoirs envers nous-mêmes? Cela paraît d'abord une contradiction; comment se lier, s'obliger soi-même? Ce désaccord toutefois n'est qu'apparent. Les devoirs envers nous consistent à respecter, en notre être comme chez autrui, la personne morale qui est en nous, à nous rapprocher autant que possible de l'idéal que nous sentons en nous, supérieur à nous. Cet idéal de vertu, d'intelligence et de bonté est la marque de Dieu sur nos âmes, marque plus ou moins effacée, et que notre but doit être de rétablir dans son intégrité et sa beauté.

En outre, plus nous développons le bien chez nous, plus nous pouvons le répandre parmi nos semblables, de sorte que les devoirs envers nous-mêmes seraient, par surcroît, une conséquence de nos devoirs envers autrui.

Chacun, se devant à tous, est tenu de se mettre en mesure de bien remplir cette tâche immense avec toutes les facultés de son âme et de son corps; mais fût-il *seul*, — ce qui ne peut être, vu l'impossibilité de dégager absolument de toute autre existence notre existence propre, — il serait encore obligé à l'observance des lois morales sous peine de se dégrader et de tomber au niveau de la brute. Nos devoirs envers nous-mêmes sont donc de nous élever toujours, de développer toujours nos facultés supérieures, en réprimant les instincts qui nous feraient descendre vers l'animalité.

Ces devoirs peuvent se diviser en devoirs envers le corps et devoirs envers l'âme. Nous sommes âme et corps, dieu et bête, a dit Balzac au XVIIe siècle. Le corps, étant l'intermédiaire de nos sensations, mérite notre attention et nos soins. On l'a comparé à un instrument de musique dont l'âme serait le virtuose. Quel artiste néglige de maintenir son instrument d'accord? Il sait bien que sans cela, malgré tout le talent du monde, les sons seront discordants. Le vers latin « Une âme saine dans un corps sain » a toujours raison.

L'excuse qu'on allègue est celle-ci : « Je puis agir à ma fantaisie, je ne fais de tort qu'à moi-même ». Rien de plus faux : d'abord, nous l'avons dit, on nuit toujours en faisant le mal à quelque autre que soi; toutes nos fautes font des victimes, ne serait-ce que par le mauvais exemple. Ensuite nous n'avons pas le droit de nuire à nous-mêmes, de gaspiller les biens que Dieu nous a donnés : vie, santé, intelligence, temps, fortune. Pour rester dans l'ordre, nous sommes tenus envers la société de développer et d'entretenir toutes nos facultés physiques et morales. Plus ces facultés sont puissantes, plus le devoir est impérieux, puisque nous sommes honorés d'une mission supérieure; ces dons exceptionnels nous imposent une responsabilité d'autant plus lourde.

Les devoirs de l'homme envers lui-même sont, comme ceux qu'il a envers ses semblables, négatifs et positifs. Les premiers lui interdisent de se nuire à lui-même : par exemple, ils défendent le suicide. Les seconds lui ordonnent de conserver, d'améliorer toutes les forces de son être pour le bien.

Les devoirs envers le corps sont fréquemment dédaignés de la jeunesse. On se sent tant de vigueur qu'on croit pouvoir en abuser impunément. C'est au contraire une obligation absolue de ménager et de fortifier sa santé, toutes les fois qu'on le peut sans sacrifier d'autres devoirs supérieurs. Par exemple, on ne s'exposera pas pour s'amuser, par pur désœuvrement, à une contagion; mais on n'hésitera jamais à le faire pour secourir un malade qui a besoin de soins.

Nous avons parlé du suicide : de graves motifs nous l'interdisent, nous défendant de disposer de la vie que nous avons reçue, de nous soustraire à nos responsabilités en même temps qu'au malheur qui fond sur nous. Même le déshonneur, tout en l'expliquant, ne le justifie pas; si nous sommes innocents, nous pouvons mépriser l'injustice du monde; si nous sommes coupables, nous n'avons pas le droit de mourir sans nous être réhabilités. Abréger sa vie, pour cesser d'être à charge à ceux qui l'entourent, est défendu au malade le plus incurable. Son suicide serait une erreur de conscience; si cruelle que soit la dépendance, il n'est jamais permis d'avancer l'heure où nous rendons au Créateur de toutes choses la vie qu'il nous reprend. Le but de cette vie n'est pas de jouir et de supprimer la douleur; mais, de lutter, d'agir, d'accepter, s'il le faut. Il n'est pas de malheureux si malheureux qu'il ne puisse encore être utile aux autres, ne serait-ce que par l'exemple de sa résignation et de son courage.

A un degré inférieur, l'obligation de conserver sa santé est tout à fait analogue. C'est un devoir que de se bien porter. Sans doute chacun de nous hérite d'un tempérament plus ou moins robuste; mais, tel qu'il est, nous devons par une hygiène sensée le maintenir dans le meilleur équilibre possible. Et pourquoi? Parce que l'âme est liée au corps; combien de nerveux, en perdant tout empire sur leur volonté, deviennent insupportables à eux-mêmes et aux autres! Combien de jeunes filles sont maussades, quinteuses, désagréables, parce qu'elles se surmènent, digèrent mal, mènent une vie trop surexcitée, abusent de la danse et des plaisirs mondains, se couchant tard, courant tout le jour d'une occupation à l'autre, sans un moment de répit et de détente, et commettant par coquetterie des extravagances qui gâtent leur santé dans le présent et l'avenir. De même il est coupable de s'exposer follement à un danger certain. Autant l'explorateur, l'aéronaute, le savant qui meurent dans le cours d'une expérience utile à l'humanité sont louables, autant il n'y a qu'un manque de prudence chez ceux qui se livrent par bravado, et sans autre but que l'amusement, à des exercices physiques exagérés.

Une autre raison pour ménager notre santé est de ne pas abuser du dévouement des autres, en les obligeant à nous soigner, à s'imposer ainsi de pénibles fatigues. Les jeunes filles devraient avoir ce scrupule au sujet de leurs mères. Elles se disent trop tard, quand la souffrance est venue : « Si j'avais pensé! » C'est avant que le mal vienne qu'il faut y penser, et, pour l'éviter, s'imposer une gêne momentanée, sacrifier un caprice, s'astreindre à une précaution ennuyeuse. Le devoir d'observer les préceptes d'une bonne hygiène entraîne celui de les étudier; certaines connaissances nécessaires à tous le sont plus encore aux femmes, qui seront mères et responsables de leurs enfants. Elles apprendront que la propreté scrupuleuse en est le premier de ces préceptes, — presque une vertu, — et deviendront ainsi meilleures maîtresses de maison. Notre époque s'est vu inculquer une terreur salutaire et presque exagérée du microbe, que l'on pourchasse par tous les moyens. Il y a ainsi des soins nombreux à prendre, tant pour la propreté et l'aération des appartements, que pour sa propre personne. Cela se rattache au respect de nous-même et au respect d'autrui, la malpropreté étant une sorte de dégradation. Mais, en revanche, ces soins physiques ne doivent pas être pour la femme, comme ils le sont pour quelques-unes, une idolâtrie de sa beauté et devenir son unique souci. La propreté est un devoir, la vanité et la préoccupation perpétuelle de soi un défaut; passer des heures à soigner et à parer son corps, sans s'inquiéter de l'esprit et de l'âme qui y logent, serait un véritable abaissement moral.

Un abaissement certain de l'intelligence c'est aussi l'abus d'une chose excellente en elle-même : *le sport*, comme on veut appeler à l'anglaise l'exercice physique. Si la bicyclette nous dérobe le temps de lire et de penser, si le golf et le tennis donnent aux femmes des allures garçonnières, si les mots de *pneu* et d'*auto* sonnent sans relâche dans la conversation, les sports deviennent un mal au lieu d'être un bien.

Une vertu doit présider à toutes nos sensations, à tous nos plaisirs permis : la tempérance. Cette vertu s'applique au corps et à l'âme.

« Un peu de tout, rien à souhait, c'est le moyen d'être content, d'être modéré, d'être sage. Ayez soin qu'il manque toujours dans votre maison quelque luxe dont la privation ne vous soit pas trop pénible et dont le désir vous soit agréable. Il faut se maintenir dans un tel état qu'on ne puisse jamais être rassasié ni insatiable [1]. »

Cet admirable conseil s'applique surtout aux plaisirs. Les personnes sensées savent en user modérément. On s'y jette parfois avec une telle exagération que les heures où l'on ne fait rien d'amusant semblent perdues. Et il importe aujourd'hui que les amu-

---

1. Joubert, *Pensées*.

soments coûtent cher; on a perdu le secret de la simplicité. Les jeunes filles, à peine mariées, veulent du luxe autour d'elles, de l'argent à dépenser, des divertissements à l'infini. Elles ne savent pas astreindre leurs désirs à une règle, ce qui est pourtant le meilleur moyen d'être heureuses, ni attendre pour satisfaire leurs fantaisies. Elles se dégoûtent de tout, parce qu'elles ont de tout à profusion, ne soupçonnant pas la jouissance que procure une chose longuement souhaitée, qu'on s'est refusée par raison, ou pour ne pas céder à ses propres caprices.

La tempérance ainsi entendue ne concerne pas seulement les plaisirs de la table. Sans doute elle nous prescrit de ne pas nous livrer à la gourmandise, de « manger pour vivre et non de vivre pour manger[1] »; mais ce plaisir inférieur n'est pas (quoique, chez certaines personnes, il ait assez de puissance pour les entraîner à compromettre leur santé) celui que vise uniquement la tempérance. Elle s'applique à toutes nos sensations et les maintient dans l'ordre. Elle exige ainsi l'aide de la force d'âme, elle nous donne la maîtrise de nous-même, cette faculté suprême qui nous distingue de l'animal; elle nous empêche de nous abandonner à tous nos penchants sans mesurer s'ils sont nuisibles ou défendus. « Aucune vertu ne peut se passer d'elle », écrivait Mme de Maintenon dans un de ses dialogues pour les demoiselles de Saint-Cyr, « pas même la sagesse, car il faut être sobre dans la sagesse. — Je détruis, dit la tempérance, la gourmandise et le luxe, je ne souffre aucun emportement, non seulement je m'oppose à tout mal, mais

---

[1] Molière.

il faut que je règle le bien,... en un mot, je suis le remède à toutes les extrémités, j'agis doucement et paisiblement[1]. »

La tempérance fait apprécier la simplicité de la vie. Nous compliquons tout, nous nous créons une foule de besoins factices, nous gaspillons pour eux notre temps, nous sommes esclaves de choses matérielles, et plus nous les multiplions, moins nous pouvons nous en dégager. Le meilleur de notre vie leur est donné, et nous nous agitons sans cesse pour des objets que nous croyons nécessaires parce que d'autres les possèdent. Simplifions notre vie au moyen de la tempérance, nous serons dégagés alors des chaînes qui retiennent notre esprit et notre âme asservis à notre corps quand ils en devraient être les maîtres. Ce corps sera pour l'âme, suivant ce que nous le voudrons, un serviteur ou un tyran; il ne peut jamais être un étranger.

Il est impossible de prononcer le mot de tempérance sans une allusion, tout au moins, à ce réseau de ligues nombreuses qui, sous la bannière de cette vertu, se sont répandues depuis peu sur l'Europe entière, après avoir pris naissance en Amérique, savoir les ligues contre l'alcoolisme. L'alcoolisme, c'est-à-dire l'empoisonnement plus ou moins rapide au moyen de substances toxiques, avec toutes les conséquences qui en découlent pour la ruine du corps et de l'intelligence, l'alcoolisme est la grande maladie du siècle. Pourquoi n'en pas parler aux jeunes filles

1. Mme de Maintenon, *Conversations*.

françaises, quand dans d'autres pays ce sont des femmes, miss Frances Willard aux États-Unis, lady Somerset en Angleterre, qui lui ont porté les coups les plus efficaces, en donnant l'une sa fortune et son temps, l'autre sa vie pour guérir cette plaie honteuse?

Et qu'on ne dise pas que le mal est moins grand en France qu'ailleurs; la consommation de l'alcool a triplé chez nous depuis trente ans, depuis que la fabrication industrielle des alcools a pris tant d'importance en raison de la ruine des vignes par le phylloxera. L'ivresse joyeuse, relativement inoffensive, de nos pères, qui ne buvaient guère que du vin, fait place à la sombre démence des buveurs d'eau-de-vie de pomme de terre ou de grain, alcools aussi malsains que pourraient être l'éther, le chloroforme ou la morphine; les médecins l'ont prouvé au moyen d'expériences nombreuses pratiquées sur les animaux. Et, au surplus, les faits sont là : dégénérescence des organes, ivrognerie héréditaire, paralysie générale, hypocondrie, fureur homicide, idiotie, folie, maladies spéciales de toute sorte que l'ivrogne attire sur lui et transmet en grande partie à ses enfants, touchés jusqu'à la troisième génération.

L'alcoolisme ne produit pas seulement la honte et la mort des individus, il ne fait pas seulement le désespoir des familles, il ruine aussi le pays. M. le docteur Rochard a entrepris de calculer ce qu'il coûte chaque année à la France, en comptant les journées d'ouvriers perdues, le salaire des étrangers qui viennent en masse cultiver nos terres laissées en friche, faute de bras, les frais d'entretien du nombre effrayant de déments, de malades incurables et de criminels, que l'ivresse amène dans les asiles et dans les prisons. Ce budget scrupuleusement dressé est aujourd'hui de plus d'un milliard et demi par an. Que de choses belles et grandes pourrait-on faire avec cette somme pour le progrès et la prospérité du pays! En 1850, on fabriquait annuellement en France 89 500 hectolitres d'alcool; en 1881, la consommation s'était élevée à 1 444 156 hectolitres, et elle s'accroît encore. N'y a-t-il pas lieu de jeter un cri d'alarme? Et nos femmes, nos jeunes filles voudraient-elles se désintéresser de la guerre qui est livrée à un fléau dont résulte le désespoir de tant de pauvres femmes, victimes de l'ivrognerie du père, des frères, du mari? Ceux-ci, dans les classes inférieures, consomment au cabaret leur paye de la semaine, et ne rentrent chez eux qu'après s'être volontairement dépouillés de l'attribut qui établit la supériorité de l'homme sur la brute, la conscience morale, prêts à se conduire par conséquent en bêtes féroces, à moins que l'abrutissement n'ait raison de leur fureur. Quelquefois l'épouse, la mère se met à boire aussi, maltraitant ses enfants, donnant tous les scandales.

Comment faire pour enrayer le mal? D'abord répandre par tous les moyens possibles une vérité que les savants affirment et démontrent : à savoir que l'abus des boissons spiritueuses est toujours un danger, même si l'on ne va pas jusqu'à l'ivresse; que ce n'est pas un tonique, mais un poison; puis favoriser l'extension des sociétés qui se sont formées dans presque tous les pays civilisés pour amener l'abstinence ou tout au moins la tempérance, par l'effet d'une promesse solennellement faite et signée devant témoins. Les écoliers forment à eux seuls en Angleterre une société qui compte plus de deux millions d'adhérents et s'appelle très justement l'*Union des troupes de l'espérance*. Ils ne sont certes pas moins vigoureux parce qu'ils ne boivent que de l'eau. Cette société publie un grand nombre de revues, de journaux, de brochures, d'images qui montrent au peuple les effets funestes et inévitables des spiritueux. En Belgique seulement, il y a un millier de cercles scolaires où l'on n'entre qu'en s'engageant sur l'honneur à s'abstenir jusqu'à l'âge de vingt ans de toute liqueur forte et à ne faire qu'un usage modéré de bière et de vin. Partout, dans les écoles, les maîtres instruisent scientifiquement leurs élèves des dangers de l'alcoolisme, et ce moyen préventif de guérison est peut-être plus sûr que le traitement de l'alcoolisme invétéré dans des asiles, où cependant, paraît-il, de bons résultats ont été obtenus.

Sait-on bien que ces cours de physiologie élémentaire qui font comprendre aujourd'hui aux plus petits écoliers pourquoi ils doivent à travers la vie avoir le respect de leur corps et se défendre les excès sous des peines terribles, sont dus, pour l'Amérique, à l'initiative des femmes? C'est une Américaine en effet, Mary Hunt, professeur de chimie dans un collège des États-Unis, qui fut conduite par la sollicitude que lui inspirait l'éducation de son fils à étudier les effets de l'alcool sur le système humain; une de ses collègues rédigea ensuite un manuel immédiatement adopté par plusieurs écoles publiques. L'union chrétienne de tempérance des femmes était fondée; elle organisa en 1878 un comité permanent présidé par Mme Hunt où entrèrent des professeurs, des philanthropes, des médecins, des membres du clergé. Grâce à leurs efforts réunis, une loi éducationnelle obligatoire de tempérance passa dans un grand nombre d'États. Nous commençons à nous ressentir aujourd'hui de cette campagne entamée d'abord loin de la France; à Paris et dans les provinces, de vaillants conférenciers, d'éloquents professeurs attaquent vigoureusement le monstre. Nos écoles primaires ont engagé une vraie croisade contre l'alcoolisme. Mais c'est aux enfants de notre bourgeoisie, et en particulier aux femmes, qu'il appartient de donner l'exemple.

TRENTIÈME CAUSERIE

Devoirs relatifs aux biens extérieurs. — Le travail.

On a dit et il est vrai que le travail est le plus beau don que Dieu ait fait à l'homme. En effet, on ne saurait mettre assez haut la valeur morale du travail. Sans doute il est la loi, et parfois la loi dure des pauvres réduits à gagner le pain quotidien et rivés à un labeur purement manuel, où l'intelligence n'a rien à voir. Mais cette nécessité même est une discipline morale; il n'y a pour l'apprécier qu'à comparer le pauvre vivant d'un travail, si vulgaire soit-il, accompli avec courage et conscience, et le mendiant dégradé par son vil métier, par l'oisiveté qui l'accompagne. Dans le premier cas la dignité humaine subsiste tout entière; au moral l'ouvrière laborieuse est assurément supérieure à plus d'une belle dame indolente qui traîne ses heures dans un ennui lourd, alors qu'il y a en ce monde tant de tâches négligées qui réclameraient les bonnes volontés.

Le travail est donc un anoblissement; il met en jeu, s'il est suivi et sérieux, toutes nos facultés les meilleures, il calme l'âme et rien ne nous préserve mieux du mal, sous toutes ses formes, que d'être trop occupés. Il ne console pas peut-être, mais il aide à supporter la douleur. Enfin il n'y a presque aucune besogne qui n'exerce et n'agrandisse l'intelligence qui s'y applique. Le travail a donc de nombreux résultats, en dehors du résultat matériel que bien peu sont en situation de dédaigner. Ceux-là seuls qui l'ont éprouvée connaissent la saine et joyeuse influence du pain gagné par notre labeur.

Nous ne pouvons nous passer des biens matériels; il faut de l'argent pour vivre, dans nos sociétés modernes surtout, et cet argent, nous ne pouvons que l'acquérir, ou le conserver, si nous le possédons déjà par l'effet de notre épargne ou de celle d'autrui. Nous avons donc envers ces biens extérieurs et matériels des devoirs; le premier est de nous les assurer par des moyens honnêtes, loyaux. Le second est d'en bien user. L'économie est une vertu quand elle se borne à une sage prévision de l'avenir; gaspiller les biens qu'on possède, c'est commettre une double faute, puisqu'on en fait mauvais usage d'abord et qu'on risque ensuite de tomber à la charge des autres. Néanmoins l'avarice est odieuse, parce qu'elle attache notre âme à des objets inférieurs dont nous devons user sans être dominés par eux. Il y a des maîtresses de maison si parfaites que tout chez elles est pesé, compté avec une parcimonie qui serait admirable, si elle n'imposait à leur famille et à leurs domestiques les privations les plus pénibles. C'est rarement à ses propres dépens qu'on économise avec cet excès; il n'arrive guère que l'on rogne sur les repas pour augmenter la part des pauvres;

neuf fois sur dix, l'argent épargné passera au superflu, à la toilette. Il y a donc d'une part exagération d'une bonne qualité, l'économie, qui devient très aisément un vice, et d'autre part prodigalité, dépenses égoïstes. Les femmes ont fort à faire pour ne pas tomber dans ces excès, dont *la Cigale et la Fourmi*, pauvre chanteuse des rues et grosse fermière opulente, sont le symbole connu. Ayons donc de la prévoyance, mais pas au point d'en oublier la bonté.

Un autre devoir envers les biens matériels est de savoir en supporter courageusement la perte ou l'absence, sans nous croire diminués parce que notre fortune est inférieure à celle du voisin, sans envier ceux qui possèdent plus que nous.

Il nous est permis de souhaiter d'améliorer notre situation; c'est un grand stimulant de l'effort, surtout lorsqu'on ne travaille pas pour soi seul, mais pour des êtres chers. Encore faut-il que ce soit sans révolte, sans aigreur, et que nous ne cédions pas en cela au besoin de jouir davantage. Le bonheur n'est point une chose qui s'achète avec de l'argent. Attachons-nous, dans le soin de notre fortune, petite ou grande, à l'ordre et à l'indépendance, et marchons ainsi tête haute. L'humiliation, c'est de dépenser plus qu'on ne possède; ce sont les dettes qui donnent à d'autres des droits sur nous, qui nous engagent souvent dans le mensonge et nous font commettre l'injustice. Rien n'est plus nécessaire pour une femme que le principe sévère de l'ordre dans les dépenses, l'habitude de les maintenir toujours en dessous du revenu. Attaquer la richesse est d'ailleurs un nonsens. Il n'y a aucun mal à être riche, aucun mérite non plus. Le mérite est de se servir de ses biens pour l'utilité générale; l'honneur, c'est de les avoir acquis par un travail intelligent et courageux.

Longtemps il y eut un préjugé contre le travail, mais ce préjugé disparaît de plus en plus avec la transformation de nos sociétés modernes qui, en diminuant toujours les fortunes, force la grande majorité des hommes à demander des ressources à l'effort personnel. On estime et on apprécie un homme qui travaille, qui s'élève par son intelligence. L'oisiveté, sauf dans une classe très restreinte de la société, est considérée comme une tare, et il est assez honteux en effet d'occuper une place dans le monde sans rien faire pour y avoir droit. L'humanité a été très justement nommée une immense et perpétuelle collaboration. Nous profitons du travail des générations qui nous ont précédés; à nous d'accroître l'héritage. Donc, le travail n'est pas seulement le moyen de gagner sa vie, c'est aussi une obligation morale, pour ceux que leur fortune semblerait en dispenser et qui peuvent dès lors s'y livrer de façon plus libre avec moins de soucis terre à terre. On voit des riches honorer leur richesse en la faisant fructifier pour tous, en se livrant à des entreprises industrielles, en aidant aux recherches de la science, en s'intéressant aux arts. Ce que chacun doit, c'est un emploi complet de son esprit et de ses forces, qui profite à lui d'abord, sans doute, mais aussi à tout le monde.

Si le préjugé qui dépréciait jadis le travail est tout à fait vaincu pour l'homme, il subsiste encore en partie pour la femme, qui semble dans le plan social être destinée exclusivement au mariage, au ménage. Selon certaines gens, il y a encore déchéance pour elle à gagner sa vie, mais nombre de femmes essayent de braver cette idée fausse, et en viennent très facilement à bout. Des chemins variés leur sont ouverts aujourd'hui; presque autant que les hommes, elles peuvent se choisir une carrière. Dans la bourgeoisie aisée, on n'en est pas encore à préparer sa fille comme son fils, à « faire quelque chose »; n'importe, beaucoup de jeunes filles, en prenant conscience d'elles-mêmes, apprécient l'indépendance que donne le travail. D'ailleurs, ne faut-il pas tout prévoir? La vie qui semble le mieux assurée peut avoir ses catastrophes.

Peut-être abuse-t-on un peu du travail qui rapporte. Tout talent s'apprécie par l'argent qu'il procurera; toute culture intellectuelle est une course au brevet d'où résulte une place, un traitement. L'étude désintéressée n'existe plus guère. Ce travail, si supérieur à celui qui se concentre sur le gain à obtenir, devrait tenter cependant les femmes assez heureuses pour posséder une aisance assurée. En s'y livrant, elles formeraient une élite capable d'influer sur toute la société. Et si ce noble but ne suffit pas pour les encourager, il y a d'autres motifs : celui d'écarter de leur route l'oisiveté et l'ennui en s'attachant à développer chez elles un talent, une faculté poussée aussi loin que possible. L'étude d'une langue — pour ne citer que cet exemple — est passionnante quand on s'y donne sérieusement. Il en est de même de tous les arts et des lectures sérieuses. Les femmes deviendraient ainsi plus capables de faire l'éducation de leurs fils et de s'associer à leurs études; mais le principal serait l'élévation de l'esprit et du cœur, obtenue dans les fortes jouissances qui dégoûtent vite des amusements frivoles et insignifiants.

« Portez votre savoir, écrivait lord Chesterfield à son fils, comme votre montre, dans une poche réservée; ne le tirez pas et ne le faites pas sonner pour faire voir que vous en avez. Si on vous demande l'heure, dites-la, mais ne criez pas vous-même toutes les heures. » Mlle de Scudéry, en qui l'on a voulu, à tort, reconnaître le modèle des *Précieuses ridicules*, dit de son côté très joliment que le savoir doit servir aux femmes « à entendre ce que de plus savants disent et à en parler à propos, comme si le simple sens naturel leur faisait comprendre ce dont il s'agit, à ne parler que de ce qu'elles savent bien et jamais de ce qu'elles ne savent pas du tout ».

Le rôle social de la femme, d'ailleurs, lui impose de cultiver son esprit. Épouse et mère, destinée à être la compagne de l'homme, il lui est nécessaire de former l'intelligence qu'elle a reçue comme lui, afin de ne pas vivre par l'esprit dans un monde trop différent du sien. Dans la société, sa bonne influence ne s'exercera qu'à cette condition qu'elle ait, à force d'étude et de travail, dégagé l'idéal qu'elle porte en elle, qu'elle soit devenue tout ce qu'elle peut être comme âme vivante. Une femme instruite et sérieuse sait diriger la conversation, en écarter la banalité ou les médisances, rapprocher les esprits, apaiser les querelles. C'est surtout dans nos villes de province que ce rôle trouve à s'exercer. Je pourrais citer telle musicienne qui transforma ainsi absolument une petite ville, en organisant des concerts d'amateurs auxquels tout le monde voulut participer et qui développèrent le goût du grand art, non sans répandre beaucoup de raffinements et de délicatesse avec lui. Une autre jeune femme me disait que le cœur lui battait de joie en se mettant à sa table de travail.

Et n'alléguez pas que le temps vous manque pour l'imiter. Trouvez-en, c'est facile; réservez chaque jour quelques heures en ordonnant vos occupations; il suffit pour cela de sacrifier, non les occupations utiles, mais les heures gaspillées à des riens, à des courses futiles, à ces ouvrages de fantaisie qui n'occupent que les doigts en laissant vagabonder l'esprit. Le *chiffonnage* peut avoir son bon côté, quand on réalise ainsi une économie; mais, sous ce prétexte, des journées entières se passent à chiffonner au plus grand profit de la toilette, tandis qu'on ne trouve pas une heure pour de sérieuses lectures.

Signalons un écueil cependant : il faut reconnaître que les jeunes filles modernes, pour qui les programmes d'instruction se sont fort étendus, y gagnent parfois le mépris du travail manuel, n'en comprennent plus la valeur, comme si l'intelligence ne pouvait s'associer aux besognes en apparence les plus vulgaires et les ennoblir. Elles dédaignent le ménage et donnent par là des armes aux adversaires de l'instruction de la femme. Qu'elles méditent l'exemple de Jane Carlyle.

Instruite, heureuse, choyée dans sa famille, elle avait épousé le futur historien dont son esprit pénétrant devinait la gloire future. Il l'avait emmenée dans une maison de campagne perdue au fond d'une vallée d'Écosse, dans un endroit triste, isolé, où pas une servante ne voulait demeurer. Ils étaient pauvres et la brillante jeune femme devait se charger sans cesse des travaux les plus serviles : coudre, laver, faire la cuisine, le pain même, car ils étaient loin de tout village. Son mari, absorbé dans ses études, la laissait se tirer seule de cette situation difficile qui la désespérait. Elle raconte qu'une nuit, restée près du four où elle avait mis cuire son pain, elle fut saisie d'un soudain découragement et se prit à sangloter. Alors son esprit évoqua le souvenir de Benvenuto Cellini veillant sur le fourneau d'où allait sortir son *Persée*. « Et je me demandai : Après tout, y a-t-il une grande différence aux yeux des puissances d'en haut, entre une miche de pain et une statue, quand l'une et l'autre représentent le devoir? La ferme volonté de Cellini, son énergie, sa patience, son ingéniosité, voilà les choses réellement admirables.... S'il eût été une femme vivant avec un mari malade, à seize milles d'un mauvais boulanger, toutes ces qualités auraient trouvé leur emploi dans la confection d'une bonne miche de pain [1]. »

Elle avait compris pour toute sa vie que ce n'est pas l'importance ou la petitesse de la tâche qui en fait la noblesse ou la vulgarité, mais l'esprit dans lequel on l'accomplit.

Ne méprisons donc pas les travaux manuels; accom-

---

1. Journal de Mrs Carlyle.

plissons-les d'autant plus scrupuleusement que nos goûts nous en éloignent. Ils sont une partie essentielle de la vie; ils sont aussi un repos, les plus grands esprits y ont trouvé une détente à l'effort de la pensée. Pour les femmes, le travail d'aiguille est salutaire par moments; il laisse penser, il calme. Avez-vous vu tricoter vos aïeules? Le tricot est un art qui se perd comme a disparu le rouet. Accompagnés par la cadence des aiguilles, apaisés par l'éloignement, défilaient de chers souvenirs. Cette habitude du travail qu'il faut prendre jeune (car, plus tard, on ne saurait l'acquérir) est une promesse de paix pour l'avenir, une défense contre la vieillesse envahissante. Tant qu'on s'occupe, tant qu'on travaille, on ne vieillit pas. Enfin le temps est une étoffe précieuse dont la vie est faite, nous devons l'employer sans en rien perdre et pour cela l'important est de s'accoutumer aux occupations réglées qui ne laissent de lacune dans aucune partie de notre existence. Plus les années passent, plus nous regrettons les heures gaspillées de la jeunesse. La vie paraît courte à mesure qu'elle s'avance, elle glisse entre nos doigts comme ces grains de sable fin des grèves, qu'on prend à pleine main et qui s'écoulent insensiblement. Nous sentons trop tard que de l'emploi de toutes nos heures nous sommes responsables, que nous sommes responsables, tout autant que du mal commis, du bien que nous aurons négligé de faire aux autres et à nous-même.

TRENTE ET UNIEME CAUSERIE

Devoirs relatifs à l'âme.
Sincérité, force d'âme, dignité et beauté morale.

Il est très difficile de mettre à part les devoirs relatifs à l'âme, car l'âme est intéressée dans tout ce que nous faisons. Elle agit, commande, donne l'impulsion. C'est elle qui se manifeste dans tous les devoirs et toutes les vertus extérieures. Pour remplir cette tâche, pour accomplir envers les autres hommes, et envers elle-même, toutes les obligations de la morale que nous avons énumérées, il lui faut s'être créé une activité et une énergie propres : elle est intelligence, sensibilité, volonté; ces trois facultés doivent être, par l'étude et le travail sur soi-même, formées à donner tout ce qu'elles peuvent.

Il s'agit donc de cultiver dans notre âme, non les héroïsmes chimériques, mais les vertus pratiques applicables à notre vie. Il en est plusieurs qui dominent et dirigent les autres. On ne peut se donner les qualités supérieures, mais on peut toujours comprendre le devoir et développer en soi ces qualités moyennes indispensables à la pratique de toute vertu.

Combien voyons-nous de gens portés au bien et incapables de l'accomplir, faute de cette solidité ou de cette sûreté d'âme?

Nous avons déjà parlé du mensonge à l'égard d'autrui, de la nécessité d'inculquer à l'enfant, à la jeune fille, la plus absolue droiture. Cette sincérité qui doit s'étendre à toute la conduite, nous sommes tenus de la pratiquer envers nous-mêmes. Il faudrait que notre âme ne pût respirer à l'aise que dans une atmosphère de loyauté. De ce que l'intérêt, la méfiance, mille autres causes bâtissent trop souvent la vie sociale sur la dissimulation, ce n'est pas une excuse pour s'y laisser prendre. Soyons donc sincères dans nos actes et nos paroles, sincères dans nos intentions. Ayons, s'il le faut, moins de fausse amabilité et de politesse exagérée, pour pratiquer plutôt la franchise bienveillante qui ne dit que ce qu'elle pense et pense ce qu'elle dit. Méprisons les petites trahisons entre amies, les petites faussetés, les procédés déloyaux, quel qu'en soit le prétexte valable, fût-ce le désir de plaire, de faire illusion sur ce qui nous manque, de ne pas causer de peine. Tout ce qui s'édifie sur l'erreur est mauvais et mène à douter des autres et de soi-même. Quoi qu'on en dise, le meilleur moyen de réussir est de bien convaincre les gens qu'on pense toutes ses paroles, qu'on agit au grand jour, sans motif caché. Dans le cas contraire, on ne peut plus s'estimer et l'estime d'autrui acquise sous de faux prétextes ne donne que peu de jouissance.

La sincérité ne consiste pas seulement à s'abstenir du mensonge en paroles ou en actions; elle comporte la droiture constante de la conduite, les opinions solides et franchement avouées, l'absence de dissimulation même envers soi. Pascal parle des « pensées de derrière la tête »; tous, nous avons de ces pensées-là, qui ne sont pas toujours les meilleures; aussi évite-t-on de se les avouer. Soyons assez francs pour nous retourner et les envisager, ne pas nous payer de parole, et reconnaître que nos intentions sont égoïstes ou coupables, si elles le sont. Voyons-nous tels que nous sommes, autant que cela est possible à notre amour-propre, sans nous diminuer ni nous surfaire, et surtout ayons horreur de l'affectation, fuyons la pose, ce défaut si commun, qu'on regarde comme un travers plus ridicule que condamnable, tandis qu'il est, au fond, une perpétuelle hypocrisie. Soyons ce que nous sommes, simplement, en tâchant toujours de nous améliorer; c'est le premier devoir d'un esprit droit.

A la sincérité, nous joindrons la force d'âme et la volonté, facultés morales par excellence. Sans énergie, il est impossible de remplir son devoir; celui-ci coûte souvent beaucoup d'efforts. Certaines natures portent cette énergie en elles et ont assez à faire pour l'empêcher de devenir trop âpre, trop violente. Les autres, et c'est le grand nombre — rien n'est plus commun que la faiblesse morale, — n'ont qu'à fortifier leur âme comme leur corps par l'exercice du courage en toute circonstance. Pour les femmes, la force d'âme s'exerce d'une façon obscure et continuelle dans les petits détails de la vie. Ce qu'elles ont à supporter, ce sont les épreuves sans gloire, la maladie, les revers de fortune, les difficultés d'humeur : leur courage s'appellera de la patience, et elles en trouveront, si elles le veulent, des trésors dans leur cœur. Les plus parfaites acquerront une qualité merveilleuse, l'égalité d'âme, qui exige tant d'énergie sans qu'il y paraisse. Lorsque cette sérénité se rencontre parfois chez de pauvres êtres malades, accablés d'épreuves, elle nous transporte jusqu'aux plus hautes régions du Bien. La force d'âme fait accueillir le bonheur ou la richesse avec calme, nous laissant l'esprit libre pour en bien user. Sous le nom d'initiative, elle nous pousse à l'action, aux entreprises, elle nous aide à sortir des situations difficiles; par la persévérance, elle nous permet de mener jusqu'au bout la tâche commencée. On reconnaît l'âme vraiment grande à cette volonté qui accomplit, malgré tous les obstacles, des actions utiles, en même temps qu'à une certaine indifférence pour les avantages purement extérieurs, au-dessus desquels toujours elle s'élève, les appréciant à leur juste valeur.

« Il n'y a pas de plus grande maîtrise que celle de soi-même[1]. » Ceci n'implique pas que nous devions ne rien sentir, mais nous devons dominer nos sentiments et les maintenir dans l'équilibre voulu. Tout en nous faisant accepter courageusement le malheur inévitable, cette maîtrise nous porte à lutter contre celui qui peut être combattu. Souffrir plus qu'il n'est nécessaire, par passivité et excès de faiblesse, c'est le grand défaut de la femme. Chez elle, autant que chez

---

[1]. Léonard de Vinci.

l'homme, il faut donc développer la force d'âme, et, pour cela, il faut lui donner la pleine conscience de son rôle qui en demande beaucoup. La honte d'agir, les préjugés, une certaine disposition que son éducation accentue, tout lui persuade que le devoir et le mérite consistent à se résigner, à supporter. Notre époque produit d'ailleurs beaucoup moins de méchants que de faibles et de lâches, l'âme est anémiée comme est anémié le sang. Remédions-y par une forte hygiène morale; sachons vouloir, non par caprice, mais raisonnablement, avec suite, en nous traçant une ligne de conduite, sans nous effrayer des obstacles. Que l'obéissance ne soit pas passive; apprenons à dire oui quand il nous en coûte, pour avoir le droit de dire non, quand nous nous sentons dans le vrai. Amassons des réserves d'énergie en nous interdisant tout laisser aller de l'âme aux heures tranquilles, afin de retrouver cet empire sur nous-mêmes lorsque le malheur qui ne manque dans aucune vie surviendra dans la nôtre.

Avec cette volonté ferme, qui voit où commence et où finit la tâche, on est presque sûr de réussir. La volonté bien dirigée peut non seulement refaire notre caractère, mais notre tempérament. Ce qui est admirable et rare, c'est l'union d'une sensibilité vive et d'une volonté résolue. Que de fois ne savons-nous vouloir que dans notre intérêt, que de fois la volonté énergique se double-t-elle de sécheresse et de dureté! Ce n'est pas un simple hasard de langage qui confond dans l'expression : homme *de cœur*, l'idée de la bonté et celle de l'énergie. Actuellement l'indépendance, la volonté grandissent chez la femme qui sera demain celle du xx° siècle. Mais est-ce bien la volonté comme il la faudrait? Ne fait-elle pas trop abstraction de la tendresse? Ne devient-elle pas égoïste et utilitaire? La cause en est qu'on ne sait plus souffrir et qu'on fait du bonheur le but de la vie, quand la vraie force d'âme consiste précisément à s'en passer, s'il le faut, sans révolte sinon sans douleur, et à le mettre surtout dans le bonheur que nous donnons aux autres.

Notre propre dignité y est intéressée. Il faut que chacun de nous ait dans l'âme le sentiment très net de sa valeur morale et puisse comparer ce qu'il est à l'idéal sans lequel nul homme digne de ce nom ne saurait vivre, « reflet de l'infini à travers le fini[1]. »

Au xvii° siècle, cela s'appelait « l'élévation », cela s'appelait avoir le cœur plus grand que sa fortune[2], c'est-à-dire apprécier exactement, sans orgueil ni affectation, ce qu'on se doit, au point d'être incapable de déchoir à ses propres yeux. Cette *élévation* qui « voit les choses ce qu'elles sont et ne les estime pas plus qu'elles ne valent », n'existe que chez celui qui sait se dominer et se faire un rempart inébranlable de ses convictions. N'affichant aucune supériorité arrogante, elle est très compatible avec la modestie. Ce respect de nous-mêmes nous apprend le respect du prochain, en nous défendant d'humilier chez les autres la dignité que nous prisons si haut.

1. Kant.
2. Mme de Maintenon, *Entretiens avec les demoiselles de Saint-Cyr*.

Un certain nombre de règles de conduite découlent de ce respect, mais un instinct plus fort que toutes les règles avertit celui qui possède ce sentiment supérieur des actions qu'il *ne peut pas* commettre. Autant la vanité, l'orgueil insolent sont ridicules, autant la juste fierté est permise. Les hommes qui ont fait de cette dignité inflexible la loi de leur vie occupent dans leur temps, et dans leur sphère une place à part. Cela se vérifie surtout dans la vie publique; chaque époque a connu de ces hommes qu'admiraient et respectaient tous les partis, même leurs adversaires, parce qu'ils suivaient sans défaillance une ligne de conduite. Être un caractère, le mot suffit; sans cela, on peut être un grand génie, un grand artiste, on n'est pas un homme véritable. La dignité personnelle exige essentiellement la force d'âme, cette vertu qui embrasse presque toutes les autres. — « Agissez et souffrez fortement. » Chacun de nous devrait prendre pour mesure cette vieille devise.

Il y a de la dignité à pardonner des injures qui, comme le disait M. Guizot, n'arrivent pas à la hauteur de nos dédains; — il y en a encore à mettre le travail, même modeste, au-dessus d'une dépendance dorée; il y a de la dignité à mépriser la duplicité et l'hypocrisie, à savoir surtout, sans s'abaisser ni se vanter, se tenir à sa place.

Tout autant que l'homme, la femme est appelée à avoir pour guide cette dignité qui lui est aussi nécessaire et de la même manière. De ce qu'elle n'est point appelée à la vie publique, il ne s'ensuit pas que pour remplir son rôle social, elle ait besoin de moins de force et de volonté. Il faut qu'elle sache penser par elle-même, se tracer une ligne de devoirs, se faire une individualité qu'elle mettra sa dignité à respecter. Sa vie sera honorable et honorée, si elle sait ce qu'elle veut et si elle veut le bien. Elle souffrira, certes; la souffrance est la loi de la vie, mais elle saura dominer cette souffrance et ne pas s'abandonner avec violence aux plus grandes, aux plus légitimes douleurs. Il y a ainsi plus d'une femme qui meurt debout. C'est une admirable dignité qui lui fait voiler son désespoir, l'enfermer en soi, ne pas lui permettre un instant de produire l'incapacité d'agir. L'action est le meilleur remède à la souffrance, et avec elle le travail. Faible par nature, la femme doit se fortifier, et, tout en cultivant le courage physique, que ses nerfs lui refusent parfois, développer ce courage moral qui la fera, si elle le veut bien, l'appui de tous ceux qui sentiront chez elle une force et une vertu solides. On sait ce qu'est dans les statues l'armature qui les maintient. Il faudrait que l'éducation, complétée par le travail sur soi-même, mît dans toutes les âmes féminines une solide armature qui les empêchât de plier devant l'épreuve, que ce soit celle du bonheur ou du malheur.

Jamais une femme ne respectera et ne placera trop haut en elle-même ce souci de sa dignité qui lui défend de déchoir. Le caractère ne lui est pas moins essentiel, et pour sa conduite personnelle et pour l'influence qu'elle doit exercer dans la famille, pour le respect qu'il lui faut obtenir de son mari et de ses fils.

Au commencement du XVIIe siècle, les femmes étaient toutes ou presque toutes des caractères; elles ont influé puissamment sur les mœurs et la littérature. Les héroïnes de Corneille sont d'admirables caractères, chez qui le devoir triomphe, grâce à l'appui d'une volonté forte. Au XVIIIe siècle, une transformation se produit : les femmes ne sont plus, au même sens, des caractères. Il y a des exceptions toutefois, comme la duchesse de Choiseul dont ni la fortune ni l'infortune ne purent troubler l'âme toujours maîtresse d'elle. Puis la Révolution réveille les énergies dormantes. Mme de la Fayette, prisonnière avec son mari à Olmutz, Mme de Lavalette, timide et maladive, que le péril éleva au-dessus d'elle-même, bien d'autres nous serviraient à faire comprendre ce que peut être chez la femme le *caractère*, cette union du sacrifice, de l'énergie, de la dignité. Il n'est pas besoin d'aller chercher parmi les souvenirs célèbres des exemples exceptionnels; chacun de nous trouvera dans sa mémoire une de ces figures qui n'auront pas d'histoire, mais qui demeurent néanmoins comme la vivante personnification de ce que peut accomplir en ce monde un vrai caractère, qu'il soit d'homme ou de femme. C'est ainsi qu'on arrive à la suprême beauté, la beauté morale.

Cette beauté n'existe que là où règnent l'ordre, le devoir et la bonté. Elle éclaire de sa lumière certains visages parce que ces visages reflètent la vérité, la justice et le dévouement. « Ce qui fait la noblesse des vierges de Raphaël, a dit ingénieusement un penseur[1],

---

[1]. Doudan, *Lettres*.

ce qui les rend touchantes, c'est que leur affection est soumise à l'ordre et qu'elles semblent dire : « Dieu seul peut me reprendre cet enfant sans « que je murmure. » Par là, l'ordre universel et les affections permises sont en harmonie.

Edgar Quinet dit de même : « Il y a du Phidias dans chacun de nous, parce qu'il y a du Phidias dans toute existence morale. Chaque homme est un sculpteur qui doit corriger son marbre ou son limon jusqu'à ce qu'il ait fait sortir de la masse confuse de nos instincts grossiers un personnage intelligent et libre, le juste, c'est-à-dire celui qui règle ses actions sur un modèle divin, qui sait, quand il le faut, dépouiller la vie mortelle comme le sculpteur dépouille le marbre pour atteindre la statue intérieure. En un mot,... le héros et le saint, voilà le dernier terme et le comble de la beauté morale [1]. »

Elle est moins dans l'acte lui-même que dans l'inspiration qui le produit. Des vies très humbles, dans l'ombre, en sont tout imprégnées, arrêtant notre regard, sans même s'en douter; on devine en elles une grandeur, celle du sacrifice. Devant les manifestations de la vraie beauté morale, nous ressentons, comme devant les chefs-d'œuvre de l'art, un ravissement indéfinissable par lequel nous sommes momentanément en contact avec quelque chose de supérieur à notre nature humaine. Et il n'y a pas de sensation plus salutaire à qui l'éprouve que ce genre d'enthousiasme.

---

[1]. Ed. Quinet, *Du génie de l'art*.

TRENTE-DEUXIÈME CAUSERIE

Le perfectionnement moral et l'éducation de soi-même.

Une jeune fille, une âme héroïque de seize ans, atteinte d'une maladie cruelle, répondait quand on lui demandait si elle souffrait beaucoup : « Que voulez-vous? il faut bien se laisser ciseler. » C'est toujours cette même pensée de la « statue intérieure » qui se dégage en nous peu à peu du bloc, sous le ciseau de ce rude sculpteur qu'est la vie. Tout lui est bon pour cela, mais surtout l'épreuve. Et si, plus tard, nous nous trouvons un peu meilleurs, il nous faut reconnaître avec humilité que nous sommes en grande partie ce que la vie a fait de nous. Cependant elle n'en fera rien, si nous ne devenons ses collaborateurs.

Tous ceux qui valent quelque chose ont rêvé d'une existence plus parfaite et se sont attristés que mille soins matériels les empêchassent de se livrer à ce travail de perfectionnement. Ceux-là peuvent être tranquilles; leur regret prouve que le travail se fait. Mais il y en a d'autres chez qui ces aspirations plus vagues, non secondées par la volonté, demeurent stériles. Un voyageur a expliqué cela, en parlant de ce bruit imperceptible qui passe dans le désert comme un sanglot étouffé : « Le désert pleure parce qu'il voudrait être une prairie!... Tous nous portons en nous un désert qui voudrait être une prairie [1]. » Ce vœu est irréalisable, mais il est en notre pouvoir de transformer cette stérilité de nos âmes, de contenter ce sentiment très noble qui nous fait désirer de nous élever et de nous améliorer toujours. Le point essentiel est de le vouloir.

« Notre vie une fois écoulée ne nous apparaîtra plus que comme un seul jour et la grande chose sera, pour nous, que ce jour n'ait pas été perdu », dit une belle lettre de Stuart Mill. « Ceux-là n'auront pas vécu inutiles qui auront été, fût-ce pour un temps très court, une source de bonheur et de bien moral dans le cercle le plus étroit. Il n'y a qu'une règle de vie fort simple, obligatoire, invariable pour tous, embrassant également la morale la plus haute et la plus humble. C'est celle-ci : éprouve-toi sans relâche jusqu'à ce que tu arrives au plus grand effort dont tu sois capable en tenant compte de tes facultés et des circonstances, et alors... fais-le. »

Sainte Thérèse était de cet avis : « Accoutumez votre âme, disait-elle, à former de grands désirs, ils vous seront toujours utiles, même si vous ne parvenez pas à les réaliser. »

Il est clair qu'il est toujours bon de se proposer un

---

1. Maxime du Camp, discours à l'Académie, réception de M. Sully Prudhomme.

but supérieur, exigeant de nous un effort. Rien que de nous maintenir l'âme dans cette disposition habituelle vers le bien, nous rend plus faciles les occasions fréquentes et modestes que nous avons de l'accomplir. Pour cela, il n'est pas de meilleure pratique que de regarder en soi, de s'analyser sans excès, mais assez pour se rendre compte de ses facultés et de ses défauts. L'examen de conscience quotidien recommandé dès l'antiquité par Sénèque est sous ce rapport d'un puissant secours. On interroge son âme : — De quel défaut t'es-tu aujourd'hui guérie ? En quoi es-tu devenue meilleure ? — Et remplissant les fonctions de juge à son propre tribunal, le philosophe ajoute : « Prends garde de recommencer ! Pour aujourd'hui, je te pardonne ! » — Seulement il ne faut pas que ce pardon devienne banal, car il perdrait son efficacité.

Notre perfectionnement s'opérera comme la goutte d'eau creuse la pierre. On a vu quelques cas de subite transformation à la suite d'une violente secousse morale. Il est moins douloureux, et peut-être plus sûr, de cultiver patiemment en soi les qualités que demande notre situation, de développer notre intelligence par le travail, notre cœur par le dévouement, notre volonté par la lutte. Ce progrès insensible, une circonstance quelconque nous le fera sans cesse constater, en nous montrant à nous-mêmes capables de mieux agir que la veille; les autres aussi le constateront et y gagneront plus d'estime et de sympathie pour nous. Le perfectionnement ne doit pas s'arrêter. Commencé dès que nous avons assez d'intelligence, et de volonté pour l'entreprendre, il doit continuer sans relâche. Nous aurons toujours quelque chose à faire, car cette perfection désirée, nous ne l'atteindrons pas, même à notre dernier jour, pas plus que le bonheur absolu, l'un et l'autre n'étant pas de cette vie. C'est pourquoi les êtres les plus heureux en apparence se sentent malheureux, et ceux qui nous semblent parfaits sont écrasés par la disproportion entre leur but et le résultat qu'ils obtiennent. On reste toujours au-dessous de sa tâche. Il faut en effet non seulement observer les lois morales, mais tâcher d'aller au delà du simple précepte, du strict devoir. Il faut nous redresser du côté où nous penchons, nous proposer d'acquérir les vertus qui nous manquent le plus ; par exemple, si nous sommes indépendants et révoltés, la soumission à notre destinée qui est l'expression d'une volonté supérieure et souvent la conséquence de nos propres actes; si nous sommes oisifs et nonchalants, le travail suivi, l'horreur des heures perdues; si nous sommes faibles, l'énergie intelligente, l'amour passionné d'une tâche à laquelle nous nous appliquerons.

Un autre moyen de perfectionnement, c'est de s'agrandir l'esprit par l'admiration, le cœur par la sympathie. L'homme vaut à proportion de sa faculté d'admirer. Dans ce temps-ci l'enthousiasme, cette belle expression qui nous vient des Grecs et dont le sens est : « un Dieu intérieur », tombe en désuétude comme le respect. On n'admire plus quoi que ce soit, grande œuvre ou grand caractère; c'est une chose démodée, parce que l'admiration implique un sentiment d'humilité. On déclarera bien une chose *étonnante*, mais en sous-entendant une certaine supériorité, une crainte d'être dupe de sa propre admiration, une fausse honte de la ressentir. Le véritable enthousiasme qui nous porte spontanément vers ce que nous admirons, la foi vivante en une idée, qui ferait « marcher sur les eaux »; voilà ce qu'il s'agit de développer en nous, au lieu de nous rapetisser l'esprit à tout rabaisser, pour nous épargner l'effort de monter jusqu'aux grandes choses.

Ensuite tâchons d'élargir notre cœur par l'affection et par toutes les vertus charitables qu'elle comporte et entraîne. Ce que nous donnons ainsi de nous nous profite à nous-mêmes. En aidant les autres, c'est nous que nous aidons. A notre éducation d'autres, même sans le savoir, collaboreront. Toute vie qui a valu vraiment la peine d'être vécue a ainsi des effets qu'elle ignore. L'influence d'âmes supérieures à la nôtre, qu'elle s'exerce par l'amitié ou, même à distance, par les exemples qu'elles nous proposent et les inspirations élevées qu'elles éveillent en nous, cette influence devient un puissant moyen d'éducation. A travers les livres, à travers les grandes œuvres, nous communions avec ces âmes, dans le passé de même que dans le présent.

Ne croyons pas que ce travail d'éducation personnelle soit au-dessus de nos forces, ne nous décourageons pas en craignant qu'il ne puisse rien produire. Il y a toujours dans l'homme un peu de bien, plus ou moins dominé par le mal, et nous pouvons travailler sur ce coin de sol, si petit, si ingrat qu'il paraisse. Cela est très vrai, nous le savons, pour les autres; nul être n'existe chez lequel on ne trouve quelque bon sentiment, quelque corde à faire vibrer. Chez nous, il en est de même; ne soyons pas trop sceptiques à notre endroit, peut-être pour nous épargner du travail. Il est commode de dire : « Je suis ainsi, c'est mon caractère », et de garder ses défauts. Les autres pourraient vous répondre : « Si c'est votre caractère, changez-en ». Nous ne nous soumettons jamais de bonne volonté à une difformité physique; garderons-nous nos difformités morales? Et le but : devenir un être bon et utile, faire de notre âme un foyer de lumière et de chaleur, nous sentir dans l'atmosphère saine et forte du devoir, ce but vaut bien l'acceptation de la discipline, parfois sévère, qui peu à peu y conduit.

TRENTE-TROISIÈME CAUSERIE

Les vertus féminines.

Y a-t-il des vertus spécialement féminines? Il me semble que toutes les vertus, même le courage physique, sauf en des circonstances à part, peuvent être réclamées de la femme. Et celles qui devront exiger d'elle un travail plus assidu, un effort plus énergique sont précisément les qualités qu'elle ne possède pas naturellement, celles qui sont comme à l'opposé de la nature féminine, mais dont elle a néanmoins besoin. Il n'y a qu'une morale, le bien n'a qu'une loi, et la vertu consiste précisément à obéir à cette loi sous la forme que demandent notre état et notre condition. Créée surtout pour la vie familiale, la femme doit appliquer ses facultés, son intelligence, développées par la famille, aux devoirs que la famille comporte; elle n'aura garde de négliger, sous prétexte de vertu, ses premiers devoirs pour s'en créer de supplémentaires. Libres, en général, de ces obligations professionnelles qui imposent à l'homme une règle d'existence spéciale, les femmes appartiennent plus pleinement à leur rôle. Elles ont peu de devoirs publics, mais beaucoup de devoirs privés, plus de temps aussi, quand elles le veulent, pour y réfléchir. Il semble impossible, par exemple, d'élever un enfant, sans par là *s'élever* beaucoup soi-même dans le sens supérieur du mot. Les vertus de la majeure partie d'entre nous seront donc des vertus *usuelles*, si je puis m'exprimer ainsi, de celles qui ne sont pas mises en réserve pour les heures difficiles, mais qui servent tous les jours, ce qui fait qu'elles ne manquent jamais à l'appel, lorsqu'on a besoin d'elles, et qu'elles sont toujours vives et brillantes. Elles se traduisent en menus actes, en perpétuels sacrifices, exigeant une continuelle attention, ce qui est infiniment difficile. Si nous possédions ainsi toutes les petites perfections qu'on attend de nous, sans poursuivre les choses héroïques, nous aurions atteint de fait le plus grand des héroïsmes.

Dire que la piété, la patience, la douceur, la bonté, l'égalité d'humeur, la modestie sont essentiellement de cet ordre-là, et par conséquent des *vertus féminines*, est assez superflu. Tout le monde en tombe d'accord, parce qu'il n'y a pas sans cela de vie de famille possible, et que la femme est l'âme de la famille. Ces qualités sont tellement pour elle le *devoir professionnel* qu'on s'indigne presque, lorsqu'elle ne les possède pas naturellement. Certes, il y a des femmes égoïstes, et il y en a trop, mais l'égoïsme est nonobstant un défaut si peu féminin qu'il choque, chez la femme, comme une monstruosité. La raison et la justesse d'esprit sont moins exigées, et tout aussi utiles pourtant. De ce que la femme sent plus qu'elle ne raisonne, ce n'est pas un motif pour qu'elle se fie uniquement à ses intuitions et à sa pénétration naturelle. On dit qu'elle manque de logique ; il faut qu'elle apprenne à en avoir, car en manquer n'est plus une vertu, mais un défaut. Elle comprend mieux par le cœur que par l'intelligence ; soit, mais il n'y aurait que bénéfice à ce qu'elle se servît des deux, et qu'au tact merveilleux, à la délicatesse innée dont elle est le plus souvent douée, elle joignît assez de largeur d'esprit pour voir les choses à un point de vue général et non à son point de vue personnel. Quant à la mauvaise humeur, personne n'est excusable d'en montrer. On s'est accoutumé à dire « la grâce plus belle que la beauté », et cependant à faire de la grâce un simple moyen de plaire. A l'aide d'une forte discipline, faisons-en de la bienveillance clairvoyante et de la bonté sincère ; ce seront encore là des vertus très féminines, et ce seront, par surcroît, les meilleures marques de plaire.

Quand elle n'avait rien, elle donnait son cœur,

a dit Victor Hugo d'une femme telle que devraient être toutes les autres. Voir souffrir remue profondément les femmes, et leur initiative, que l'éducation a le tort de ne pas assez développer, cherche aussitôt un moyen de secourir. Il en est de même des souffrances morales : comme la femme est essentiellement fille, sœur, épouse, mère, amie, elle sera dans ces occasions la grande consolatrice. La femme qui ne sait pas ouvrir son cœur tout grand à tous ceux qu'elle aime, pour qu'ils y trouvent l'affection généreuse, les nobles idées, la résignation courageuse et agissante, manque à sa mission naturelle. Cette mission de dévouement, toute créature humaine y est appelée d'ailleurs par son origine divine; nous ne pouvons qu'être fières si l'on semble surtout attendre de nous tout ce qui regarde le cœur.

Une autre vertu féminine, c'est l'ordre, l'économie presque inséparables de l'instinct du ménage. Une femme gaspilleuse du temps et de l'argent fait le malheur de son entourage, fût-elle riche; une femme attentive et vigilante est un trésor même dans la pauvreté.

Nous avons déjà dit que la femme est la gardienne des mœurs. Cet emploi suppose non seulement toutes les délicatesses de la conduite, tous les scrupules de la pudeur, mais le soin constant des bienséances, le respect des traditions et des usages qu'on fera bien de ne pas mépriser et rejeter comme surannés, avant d'être remonté à leur raison d'être, qui est souvent dans des questions de convenance et de politesse. La dignité simple des manières, la réserve du langage, l'élégance sans coquetterie, tout cela rentre dans le rôle de la femme, gardienne des mœurs, lesquelles impliquent le bon ton et le bon goût. Au fond, la femme tient entre ses mains toute la beauté de la vie intime. Elle peut revêtir de poésie la plus humble prose, en mettant dans cette prose d'un intérieur modeste son âme, son courage, sa gaîté; de sorte que, si nous cherchons bien, nous verrons que la vraie beauté de la vie féminine, c'est le devoir accompli sans qu'il paraisse nous coûter, bien plus, en ayant l'air d'y trouver notre plaisir. Oui, voilà, entre toutes, la grande vertu féminine. Personne n'a mieux parlé de cette vertu que l'apôtre de l'esthétique anglaise, Ruskin, dans l'essai qu'il intitule : *les Jardins des Reines*. Nous renvoyons nos lectrices à cette œuvre exquise; nous les renvoyons à l'éloquente définition du pouvoir féminin...

« Pouvoir de guérir, de réformer, de guider, de protéger, pouvoir du sceptre et du bouclier, pouvoir de la main royale dont le toucher guérit, qui lie les méchants et délie les captifs, trône fondé sur la justice dont les degrés sont miséricorde. N'enviez-vous pas ce pouvoir et ce trône qui fera de vous, non plus de simples ménagères, mais des reines ?...

« Inconsciemment ou non, vous avez ainsi votre trône dans plus d'un cœur. Impossible de déposer cette couronne; reines vous devez être : reines pour vos fiancés, pour vos maris et vos fils, reines de suprême mystère pour le monde qui s'incline et s'inclinera désormais toujours devant la couronne de myrte et le sceptre pur de la femme. Mais, hélas, vous êtes souvent des reines paresseuses et indifférentes, poursuivant de vaines souverainetés et négligeant les plus grandes.... Il n'y a pas de souffrance, d'injustice, de misère en ce monde dont le crime ne retombe sur vous.... Vous seules pouvez sentir les profondeurs du désespoir et deviner le moyen de le guérir [1]. »

La responsabilité est lourde, mais elle est glorieuse, et la femme qui en a conscience ne cherchera pas à s'y dérober.

1. Ruskin *Sesame and the Lilies*.

CINQUIÈME PARTIE

DEVOIRS RELIGIEUX

TRENTE-QUATRIÈME CAUSERIE

Rôle du sentiment religieux en morale.

La morale serait incomplète, si elle ne comprenait pas les devoirs que nous avons envers Dieu, Dieu dont émane l'ordre matériel, et qui par sa sagesse, sa justice et sa bonté, est le principe de l'ordre moral.

L'idée même du devoir est, au contact de l'idée de Dieu, revêtue d'une autorité plus haute. Il y a quelque chose de religieux dans le sentiment de l'obligation. Mais Dieu n'est pas seulement le législateur, il est le modèle. Dieu est la perfection suprême et notre devoir humain est de nous rapprocher le plus possible de cette perfection : « Soyez parfait comme votre Père céleste est parfait ». Le devoir religieux se confond donc d'abord avec le devoir moral, tout en donnant à celui-ci une orientation et une force nouvelle.

Ce que Fénelon appelle l'idée ineffaçable et incompréhensible de l'être divin nous élève au-dessus de nous-mêmes, et maintient une part au moins de notre vie hors des préoccupations matérielles et personnelles, dans une région d'idéal. Aussi le développement complet de notre être ne peut-il se passer du sentiment religieux traduit par ce qu'on nomme la piété : devoir d'adoration intérieure ou extérieure, ailes données à l'âme pour se rapprocher de Dieu. L'écarter de soi, c'est volontairement limiter sa vie, puisque penser à Dieu, aspirer à lui, c'est penser, c'est aspirer à la perfection absolue.

Le sentiment du divin a toujours existé dans le cœur de l'homme. Altéré par les superstitions, voilé par l'idolâtrie, on le retrouve dans tous les temps et en tout lieu. Si dégradée que soit une race sauvage, il n'en est aucune chez qui l'on ne constate, tout au moins vaguement, la distinction du bien et du mal, l'idée sous une forme quelconque de l'existence d'un être supérieur, maître de la vie humaine, qui protège les bons et punit les méchants, bref des traces de croyances religieuses. Les religions antiques sont toutes imprégnées d'admiration pour l'ordre universel ; elles divinisent les forces de la nature, leurs mythes recouvrent avec une grande beauté la double idée de l'existence de Dieu et de la persistance de notre vie au delà de la mort. A travers ces mythologies, on peut, de proche en proche, remonter jusqu'aux origines de l'humanité ; partout on retrouvera cette même idée qui ne saurait être séparée de l'homme ; elle a en lui deux sources mystérieuses, la crainte et l'admiration.

« Le silence de ces espaces infinis m'effraie », a dit Pascal, exprimant avec force le vertige que donne le spectacle de la création, dès qu'on se penche sur l'infiniment grand comme sur l'infiniment petit, les espaces célestes et la multitude des atomes. Comment ne pas remonter de l'admiration pour les beautés de la nature à l'idée de la cause première? Le sentiment religieux s'unit étroitement dans nos cœurs avec l'idée de l'infini, infini de bonté et d'intelligence qui, pour s'imposer ainsi à nous, doit se trouver réalisé quelque part.

Il s'unit aussi avec cette soif d'amour qu'aucune tendresse humaine ne saurait contenter, mais qui fait que toutes les affections, sans désaltérer nos cœurs avides, leur apportent cependant quelques gouttes de ce breuvage divin auquel nous aspirons. Toute affection qui s'épure et s'élève revêt un caractère religieux : l'amour de la patrie, l'amour de la famille, l'amour de l'humanité, reflets de l'amour divin, méritent de se placer aussitôt après lui dans notre âme pour laquelle ils deviennent un véritable et noble culte.

L'aspiration vers le bonheur parfait, vers une justice absolue, vers une distribution égale entre les hommes des peines et des joies de ce monde, tout cela, c'est encore la mystérieuse influence de Dieu, s'exerçant sur nos âmes retenues dans la vie par nos corps. L'essence même de l'âme est dans le désir du bien, dans l'inquiétude qu'elle a de son origine et de sa destinée. Notre cœur sent l'existence de Dieu, avant même que notre intelligence la comprenne. Si simples soyons-nous, si complètement ignorants des systèmes philosophiques, nous pouvons l'avoir toujours présente.

Mais la meilleure, la vraie recherche de Dieu est la conformité scrupuleuse au devoir. Dieu est, dans la conscience, cette force vivante qui parle en nous, qui nous conseille, nous dirige, nous retient. « Où vont nos pensées? » a dit Joubert. « Elles vont dans la mémoire de Dieu. » Et aussi nos actes.

C'est là le sens du mot religion, *lien*, le lien qui relie l'homme à son Créateur par la loi morale observée en idée d'obéissance et d'amour, qui mêle la pensée de Dieu à tous les actes d'une vie qui l'a pour but et pour modèle. La religion est un lien en un autre sens et le premier des liens sociaux, car elle force les intérêts terrestres à plier devant un intérêt supérieur, apaise les passions et de cette manière amène l'harmonie, la paix entre les hommes.

On demande s'il ne saurait exister de morale sans religion, et on cite des exemples de philosophes qui remplirent leurs devoirs d'honnête homme sans être soutenus par aucune croyance. A cela nous répondrons que la loi naturelle est la lumière que reçoit tout homme en venant au monde, et que ses préceptes en grande partie, sinon complètement, peuvent donc être observés par des hommes étrangers à l'idée religieuse. C'est au bien et au devoir abstrait qu'ils obéissent, c'est l'humanité seule qu'ils croient aimer. Mais d'abord, qui oserait dire que Dieu, présent toujours en nous, est absent de leur cœur, de cet intime de l'être où nul ne pénètre, où il n'y a que lui et nous? Qui sait si ces hommes de bien ne dressent pas inconsciemment au dedans d'eux-mêmes cet autel que les Athéniens élevaient au Dieu inconnu, dont un jour l'existence leur sera révélée? Alors ils comprendront que depuis des années, ils agissaient sans le savoir pour Lui et par Lui. D'ailleurs, quand il serait démontré que la vertu peut exister dans le cœur de l'homme en dehors de tout sentiment religieux, il ne s'ensuivrait pas que cette vertu fût complète. Car il ne s'agit pas que de connaître le bien, il faut l'aimer. Et quelle force exceptionnelle supposerait l'amour du bien subsistant, devant le mal qui remplit le monde, chez un homme qui doute de la justice finale? En tout cas, le grand nombre des hommes est incapable de l'élan sublime qui, sans secours surnaturel, permettrait à la raison d'approcher de la lumière divine. Le couronnement de la morale est le sentiment religieux, parce qu'il donne à chacun, aux plus faibles comme aux autres, un appui pour travailler à l'œuvre universelle dont tous nous sommes les collaborateurs dans la mesure de nos moyens; il le donne en nous proposant pour but, non plus seulement notre action personnelle et éphémère, mais l'action de Dieu en nous, aidée par nous. C'est avec l'idée religieuse qu'on accepte la privation du bonheur, l'épreuve souvent inexplicable. Cette recherche, si dominante, aujourd'hui surtout, du bonheur matériel et sensible, ne se concilie guère avec le sacrifice qui, au-dessus de la justice même, est l'âme de la morale. Il faut le sentiment religieux pour que nous concevions ce bonheur, but et fin de notre être, en dehors de nous et de la vie. Quelle consolation puissante pour les déshérités! Quel apaisement aux révoltes qui, sans lui, sembleraient légitimes!

A côté de cette loi inflexible et précise qu'est la loi morale et qui s'impose surtout à notre raison, à ce qui en nous connaît le bien et le mal, la religion gagne et emplit notre cœur, adoucissant pour nous la tâche d'être bon toujours, rien que par devoir. La femme chez qui domine la sensibilité, la femme qui conçoit avec peine les choses sous une forme abstraite, a besoin du sentiment religieux comme appui et fondement de la morale. Pour agir, il faut qu'elle aime; lui ôter la consolation suprême d'adorer à leur source les perfections qu'elle a cherchées en vain dans les êtres créés, c'est la priver de son soutien le plus sûr.

De plus, notre volonté laissée à elle-même risque de défaillir, si elle n'a pas d'appui contre les mauvais penchants. Il est facile de dire qu'on peut ce qu'on veut; l'expérience prouve que souvent on agit autrement qu'on ne voudrait agir. Mais il y a une puissance supérieure à tout le reste, c'est celle du cœur. Aimons Dieu de toutes les affections de notre âme, et entretenons-nous beaucoup avec lui par la prière; c'est le moyen de développer en nous l'amour du devoir. La prière est la manifestation essentielle du sentiment religieux. Tant qu'elle dure, fervente et sincère, nous avons la joie de nous sentir meilleurs; et il nous en reste toujours des forces nouvelles. « Esclaves de nos passions, nous redevenons libres par la prière. » Le mot est de J.-J. Rousseau.

Un autre de nos grands écrivains, Lamartine, nous montre avec éloquence la religion de la mère de famille, mobile et soutien de sa vie morale : « Elle croyait humblement, elle aimait ardemment, elle espérait fermement. Faire de nous (ses enfants) des créatures de Dieu en esprit et en vérité, c'était sa pensée la plus maternelle. Quand elle avait prié avec nous et sur nous, son beau visage devenait plus doux et plus attendri encore. Nous sentions qu'elle avait communiqué avec sa force et sa joie pour nous en inonder davantage [1]. »

Et il peint sa mère s'isolant chaque soir, pour une demi-heure de recueillement, dans ce que les enfants nommaient l'*Allée de la méditation*, y marchant d'un pas rapide et régulier, le front tantôt incliné vers la terre, tantôt relevé vers le ciel, les mains tantôt jointes, tantôt abandonnées dans l'absorption de sa pensée, les lèvres doucement remuantes comme si elle se parlait très bas. « Que faisait-elle ainsi? Elle vivait un moment avec Dieu seul, elle échappait à la terre. Elle se séparait volontairement de tout ce qui la touchait ici-bas, pour chercher dans une communication anticipée avec le Créateur, au sein même de la création, ce rafraîchissement céleste dont l'âme souffrante et aimante a besoin pour reprendre les forces de souffrir et d'aimer encore davantage. Quand elle revenait vers nous, on eût dit qu'elle avait déposé un fardeau de tristesse et d'adoration et qu'elle marchait plus légèrement à ses devoirs le reste de la journée. »

---

1. Lamartine, *Confidences*.

Ces derniers mots résument bien le rôle du sentiment religieux dans la vie morale de chacun de nous, mais surtout dans la vie des femmes pour qui le devoir est fait de tendresse, de patience et de sacrifices continus, ignorés, souvent sans autre récompense que la conscience de les avoir accomplis, sans autre témoin que Dieu qui les a comptés.

TRENTE-CINQUIÈME CAUSERIE.

Les sanctions de la morale.
Rapports de la vertu et du bonheur.

Aucune loi ne peut se passer de sanction, c'est-à-dire de peines et de récompenses qui, selon qu'on l'observe ou qu'on la néglige, y sont attachées. Il en est ainsi des lois humaines et même de celles de la nature. L'homme est libre de se révolter contre elles ; mais, s'il le fait, il s'expose à un châtiment qui est la conséquence directe de son acte.

La justice d'ici-bas n'est qu'une imparfaite imitation de la justice divine. Et la sanction morale a un autre sens que les sanctions humaines. Sans doute, même sur les meilleurs d'entre nous, la crainte de la justice de Dieu peut avoir un effet salutaire, et aussi l'espoir en sa miséricorde. Toutefois crainte et espoir sont des sentiments mercenaires qui altéreraient la pureté de l'intention morale et, loin d'aider à l'action vertueuse, l'empêcheraient à jamais. La sanction morale n'est pas, comme la sanction humaine, un moyen pour la loi de se faire obéir, l'action morale devant avoir pour motif le seul respect de la loi.

Mais cette loi, à qui nous avons tout sacrifié, reste en quelque sorte notre débitrice. Il ne serait pas juste que le sacrifice s'effectuât en vain. La sanction est ici un devoir de la loi envers l'agent moral. C'est dire du même coup que la loi nous apparaît dans le législateur et que le sentiment moral implique encore une aspiration vers Dieu.

Cette idée de sanction existe tellement en nous que nous voudrions toujours voir le bien et le bonheur marcher la main dans la main. Que les bons soient malheureux, que les méchants réussissent, cela nous révolte comme une injustice. Nous sommes au fond des enfants qui attendent la récompense matérielle immédiate. La sanction de la morale, encore une fois, est plus haute. Le bonheur n'est pas hors de nous dans des événements incertains; il est en nous, si nous savons l'y trouver. Et ce bonheur d'essence supérieure sera l'immanquable récompense du devoir accompli.

Il faut bien se persuader que la vie n'existe pas pour les joies qu'elles nous donne, mais pour le bien qu'on peut y faire. Sommes-nous comblés des satisfactions qu'elle comporte, acceptons-les avec reconnaissance, mais en tremblant, car elles nous obligent d'autant plus, étant la récompense avant le travail. Si ensuite nous sommes des serviteurs inutiles du bien, notre responsabilité en deviendra deux fois plus lourde. Ce qui éclaire le terrible problème de la douleur humaine, c'est cette idée de sanction de la loi; la plupart de nos souffrances sont le résultat d'un précepte violé par nous, ou par d'autres dans le passé, aucun être n'étant isolé, et les conséquences de tout acte s'étendant de génération en génération. Dieu peut-être ne nous aurait pas imposé la douleur, mais l'homme se l'est attirée en abusant de sa liberté. Reconnaissons que la justice parfaite existe en Dieu, et qu'il doit appuyer d'une récompense ou d'un châtiment les obligations qu'il nous impose. Entendue comme nous l'entendons, cette idée ne rabaisse pas l'obéissance. Nous ne ferons pas le bien pour la récompense et ce ne sera pas le châtiment qui nous arrêtera devant le mal. Nous comprendrons seulement que l'un et l'autre résultent de nos actes, la première comme moyen de perfectionnement, le second comme expiation. Il faut compter d'ailleurs avec les natures faibles ou perverses. Dieu est le père de tous les hommes. La raison de l'obéissance des enfants envers leurs parents doit être le respect et l'amour; mais, si l'enfant a de mauvais instincts, il faudra bien, pour les redresser, employer avec lui des moyens inférieurs, promesses ou menaces excitant le désir ou la crainte.

Nous distinguerons plusieurs sortes de sanctions à la loi morale [1] : 1° La sanction naturelle, qui est la conséquence des actes : *A qui mal veut, mal arrive*, et qui résulte très souvent de nos torts envers nous-mêmes, sous forme de maladies, de revers de fortune, etc.

2° La sanction pénale qui se rapporte aux lois établies par les hommes pour la conservation des sociétés qu'ils forment.

---

1. Voir, pour plus de détails, le Cours de 4ᵉ année

3° La sanction de l'opinion qui, nous l'avons déjà vu, est encore une conséquence de nos actes.

Mais toutes ces sanctions sont insuffisantes. Il arrive en effet que de très mauvaises actions n'attirent aucun ennui à leurs auteurs, que le crime échappe à la justice humaine, que l'opinion s'égare, condamnant l'homme vertueux et glorifiant le coupable. Que reste-t-il donc pour contenter l'instinct de justice qui parle si haut en nous? Il reste la sanction divine dans la conscience et dans l'action de Dieu en cette vie d'abord, au delà de la vie ensuite. Tout ce que nous faisons trouve au dedans de nous un écho : joie et fierté permise si nous avons bien agi, remords dont nous sentons la morsure aiguë si nous avons fait le mal, — ce remords qui chez le criminel est distinct et différent du repentir, puisqu'il peut être stérile, tandis que le repentir porte avec lui une vertu fortifiante qui relève et donne le ferme désir de ne pas retomber.

Pour les âmes nobles et fortes, le témoignage de la conscience est d'un prix infini et les dédommage de l'injustice générale : « Ce nous est, dit Montaigne, grand bénéfice que cette esjouissance naturelle et le seul payement qui jamais ne nous manque. » Mais ce sentiment poussé à l'excès crée l'orgueil et la dureté. Il est plus conforme à la loi morale et à la justice suprême que la véritable sanction soit en dehors de nous. Le bien existerait, nous le sentons, même s'il était méconnu de tous les hommes ; au delà de la terre, ceux qui le réalisent dans cette vie plus ou moins, selon leurs forces, en trouveront l'entier accomplissement.

S'il y a en nous un impérieux besoin, c'est celui de

l'ordre moral qui devrait faire du bonheur la conséquence d'une vie vertueuse. Que de fois nous arrive-t-il, en voyant des malheurs frapper ceux qui n'ont cherché et voulu que le bien, de dire : Pourquoi sont-ils châtiés ? — Et, plus amèrement, nous le disons de nous-mêmes, en nous révoltant contre l'épreuve imméritée : Pourquoi suis-je puni ? — Il nous semble, surtout dans la jeunesse, que le bonheur nous est dû. L'expérience bientôt nous désabuse. La destinée humaine ne contient que très peu de bonheur; les existences les plus privilégiées ont toutes leur fardeau secret. N'y eût-il que la mort qui brise en un instant toutes nos joies, elle suffirait pour faire dire que le bonheur n'existe pas en ce monde. La vertu est en nous ordre, beauté, santé, harmonie; elle n'est nullement une garantie contre la souffrance. Nous pourrions même dire qu'elle l'accroît, puisqu'elle affine notre nature morale et nous fait ainsi souffrir doublement, non seulement de nos douleurs, mais plus encore de celles d'autrui, de tout le mal qui se fait en ce monde et que nous ne pouvons ni empêcher, ni réparer. C'est à cela surtout, c'est à la rigueur du sort pour le grand nombre, c'est à la dégradation morale qui en résulte chez la masse des misérables qu'une âme généreuse ne saurait se résigner. La résignation qui consiste « à mettre Dieu entre la douleur et soi[1] » est plus facile quand il ne s'agit que de peines personnelles; nous ne nous l'imposons pas cependant sans effort, nous n'admettons pas

---

1. Mme Swetchine.

aisément qu'il faille abandonner ici-bas la poursuite du bonheur individuel.

Au fond, nous avons raison, il nous en sera donné une certaine somme et elle nous viendra, soyez-en sûres, de nos intentions droites, de la loi observée dans tout le cours de notre existence. Chacun de nous connaît ces heureux-là, heureux en dépit des vicissitudes extérieures, parce qu'ils ont établi leur vie dans l'ordre et que l'épreuve qui les atteint est acceptée avec sérénité, comme faisant partie de cet ordre même. D'ailleurs toute beauté morale, toute grandeur, toute perfection se forme dans la souffrance et non pas dans ce qu'on appelle souvent à tort le bonheur, c'est-à-dire les jouissances. Henriette de France, reine d'Angleterre, remerciait Dieu de lui avoir ôté son royaume, si c'était pour la rendre meilleure. « Elle remerciait Dieu, dit Bossuet, non de l'avoir faite reine, mais de l'avoir faite reine malheureuse. » Le malheur est presque toujours fécond en mérites ; le vrai bonheur, inséparable d'une idée de dignité et de pureté, est toujours acheté par le sacrifice. Ainsi le bonheur maternel, le plus grand peut-être, mais que toute mère paie assez cher par le dévouement absolu. Ainsi le bonheur de toutes les affections, bonheur qui n'existe que si nous nous oublions nous-mêmes, le bonheur de la charité, fait des privations qu'on s'impose pour soulager la souffrance. Tous ces bonheurs-là, les plus grands et les plus vifs, sont à nous dès cette vie, si nous voulons les mériter par l'exercice du bien. Nous aurons en outre ceux que donne le Beau, si nous développons notre intelligence pour apprendre à le sentir dans la nature et dans l'art. Il serait donc inexact de dire que le bonheur n'existe pas. Le désir en est trop fortement enraciné en nous pour se voir complètement déçu, et il nous est permis de le chercher, tout en cherchant le bien. Seulement notre âme a besoin d'autre chose que des bonheurs incomplets de ce monde trop étroit pour elle. Le triomphe fréquent du mal, la souffrance des bons, l'inégalité des destinées, le sang des martyrs à travers les âges feraient accuser Dieu d'injustice, si nous étions limités à la durée toujours brève de la plus longue existence humaine. Mais il y a autre chose, et nous en avons pour preuves l'obligation de la loi morale, notre liberté qui crée en nous le mérite d'obéir, cette aspiration invincible vers le bonheur, ce sentiment de la justice, vivace en dépit des épreuves. Tout cela est chez nous, disait Platon, un souvenir d'avoir connu la perfection. C'est à coup sûr une espérance et, plus qu'une espérance, un droit.

TRENTE-SIXIÈME CAUSERIE

La vie future et Dieu.

Dans un faubourg de Nuremberg, il y a un vieux cimetière, le cimetière Saint-Jean. Des dalles de pierre grise, très larges, y recouvrent depuis cinq cents ans et plus, le long de l'allée, les morts d'autrefois. Parmi eux, le grand peintre Albert Durer a fait marquer sa tombe de ce mot mélancolique et confiant : « *Emigravit.* — Il a émigré de ce monde. » Et, près de lui, une autre pierre jette ce cri superbe d'espérance : « *Resurgam.* Je me relèverai ! »

La vie future est la plus haute sanction de la morale, puisque c'est en elle que le bien, auquel doivent tendre nos efforts, sera réalisé dans sa plénitude. Dieu est le bien suprême et, en nous imposant des lois, en nous laissant le mérite de nous y conformer librement, il s'est engagé à nous récompenser. Cette vie où rien ne s'achève, où rien n'est complet, ne peut donc être le commencement et la fin. Si la vertu, comme nous le dit le sentiment religieux, est la voie qui conduit à Dieu, elle n'aboutit pas à la tombe et à l'anéantissement. Toutes les souffrances supportées avec soumission et courage, toutes les vies déshéritées, toutes les causes justes qui succombent, malgré de généreux sacrifices, veulent la vie future.

> La plainte est un vain cri, le mal est un mot creux,
> J'ai rempli mon devoir, c'est bien, je souffre heureux,
> Car toute la justice est en moi, grain de sable.
> Quand on fait ce qu'on peut, on rend Dieu responsable.
>
> Et je vais devant moi, sachant que rien ne ment,
> Sûr de l'honnêteté du profond firmament,
> Et je crie : « Espérez ! » à quiconque aime et pense.
> (Victor Hugo.)

C'est ainsi que la mort s'éclaire pour nous de clartés supérieures. Sans elle, nous bornerions notre vie au moment présent et ne songerions qu'à en jouir. Mais, nous sentant ici de passage, nous voulons fortifier en nous l'âme qui ne meurt pas. Et, comme le devoir est la loi de notre destinée, la pensée de l'autre vie, brillant devant nos pas telle qu'une lumière, entretient sans cesse en nous l'idée de cette loi. C'est elle aussi qui garde vivants pour nous ceux que nous avons aimés et perdus, et en cela encore la vie future est une sanction de la morale, elle fortifie par le sentiment de leur immortalité les affections prescrites par elle. L'immortalité de l'âme, c'est l'union immortelle avec ceux qu'on a voulu aimer toujours. Ce perfectionnement moral qui nous est ordonné, cette beauté de l'âme, que nous atteignons après de longues années de travail souvent douloureux, ne seront qu'en apparence brisés par la mort. Dans l'autre vie, nous serons nous-mêmes encore, avec ce que nous aurons amassé en nous de vrai et de bien, et notre bonheur sera d'autant plus grand que nous en aurons ici-bas amassé davantage. Telle est la croyance constante de tous les peuples, et ils ont été tellement pénétrés de ce qu'elle avait de solennel et de décisif que, dans les temps les plus anciens, ils ont consacré la mort par des cérémonies et des emblèmes où se traduit la pensée d'une survivance de l'âme, entrée dans une sphère supérieure.

« Que faut-il pour voir Dieu? dit Platon. Être pur et mourir. » La pureté de l'âme ne suffirait pas, bien qu'elle aide notre esprit à s'élever vers Dieu. Il faut que la mort brise l'obstacle du corps. Alors, selon que nous aurons gardé en cette vie la loi morale, ou que la souffrance nous aura purifiés, nous verrons Dieu d'une vue plus ou moins parfaite. C'est ainsi que la vie et la mort s'expliquent l'une l'autre, et que l'immortalité de l'âme est la conséquence de toutes les deux. Le long de la vie, nous agissons comme des êtres immortels que nous sommes, en nous imaginant que nous n'aurons pas de fin, tant cette puissance de notre personnalité parle haut en nous. Elle ne se trompe qu'à demi; ce que nous sommes destinés à quitter, c'est le corps seul qui est de cette terre et qui y demeurera, avec toutes les faiblesses et les infirmités qu'il entraîne.

Mais cette vie future, que sera-t-elle? Dieu n'a pas voulu nous le révéler, parce que si nous le comprenions, il n'y aurait plus de vertu devant l'évidence, plus de mérite dans l'effort de croire et d'agir comme on croit. C'est le mystère qui fait travailler la pensée. Notre esprit borné par la vie du corps n'en sait donc rien, mais notre raison nous dit qu'elle sera justice toujours, et bonheur si nous l'avons mérité.

La vie future complétera celle-ci, elle en sera le dernier mot dit par Dieu. Notre volonté, nos pensées, nos affections, les actes qui en sont le résultat, toute notre vie morale enfin a un retentissement dans l'absolu. Les œuvres de l'homme ne lui surviventelles pas dès ce monde, si bien que quelques-uns ont voulu voir dans cette persistance du bien accompli, accroissant le perfectionnement de l'humanité, la seule forme de l'immortalité pour elle? Ce serait comme la chaleur d'un foyer, perpétuant ce foyer éteint.

L'immortalité de ceux qui ont le bonheur de croire est plus réelle et meilleure, parce que la justice de Dieu le demande. Les cruautés de la vie, celles de la mort qui nivelle bons et méchants, carrières sublimes ou existences honteuses, tout sera revisé et soumis à un jugement réparateur. Comment cette certitude ne donnerait-elle pas le courage de s'exposer à la mort pour remplir un devoir? Et, en effet, on a vu, on voit tous les jours des hommes sacrifier leur vie, fût-elle heureuse, à l'accomplissement d'une loi morale : amour de la patrie, dévouement à leurs semblables. Pour cela, il faut la conviction définie ou instinctive que la mort n'est qu'une porte qu'on ouvre sur l'inconnu, inconnu redoutable seulement pour ceux qui ont mal vécu.

C'est à Dieu, l'être parfait, cause et fin de tout ce qui existe, que conduit par surcroît la croyance à la vie future. Tout dépend de lui : il est nécessaire à la création et à la conduite de l'univers, qui ne peuvent s'expliquer sans lui ; sa puissance s'y manifeste autant que son amour pour l'homme. Nous le sentons tellement autour de nous que, dans un danger, ceux-là mêmes qui oublient le plus souvent sa puissance crient vers elle : « Mon Dieu, sauvez-moi ! » Et cela est vrai des crises morales aussi bien que des dangers physiques. Le poète anglais Coleridge nous montre où nous devons chercher la consolation à l'une des plus grandes souffrances de la vie, celle d'être méconnu par ceux que l'on aime. « Quelle consolation de lever alors les yeux vers l'Éternel et de lui dire : — Vous « me voyez, vous me comprenez, mon Dieu ! — Quelle pensée d'être compris d'en haut, de ne jamais être sans appui, sans témoin, sans ami ! »

Rappelons-le en outre : la vertu a été définie la ressemblance avec Dieu. Nous lui ressemblons par la sagesse, la justice et la sainteté. Dieu enfin est la Providence, conservant l'univers qui lui est précieux, comme l'est à tout ouvrier l'œuvre sortie de ses mains. Il se présente donc à notre pensée sous ce triple aspect de créateur, de père, de modèle, en qui existent toutes les vertus dont nous reflétons en nous l'image imparfaite. La loi morale vient de lui comme viennent de lui les lois physiques.

Mais c'est notre foi inaltérable dans la justice qui donne à notre croyance en Dieu son fondement le plus assuré, en même temps qu'elle nous donne l'idée de Dieu la plus haute. Pour que justice soit faite, pour que cesse le scandale du vice triomphant et surtout celui de la vertu malheureuse, il faut que l'ordre naturel et l'ordre moral soient mis d'accord, et ils ne peuvent l'être que par leur auteur commun. Ainsi la loi morale qui vient de Dieu, nous mène à Dieu, et l'idée de Dieu, que rejette la conscience troublée du méchant, illumine la conscience de l'homme de bien.

TABLE DES MATIÈRES

PREMIÈRE PARTIE

LA FAMILLE

PREMIÈRE CAUSERIE

Nécessité et bienfaits de la famille.................... 1

Le foyer : groupe familial. — La société, la nation, l'humanité sont des agglomérations de familles. — La femme âme du foyer. — Rôle social de la famille.............. 2
Résultats de l'affaiblissement de l'idée de famille. — Influence de l'esprit de famille sur le sort des nations............ 3
Héritage moral de la famille. — Obligation de le transmettre en l'accroissant toujours. — Le nom symbole d'une individualité collective. — Solidarité des membres d'une même famille... 4
Influence de chacun de nous sur l'avenir de l'humanité... 5
Le petit enfant dans la famille,........................ 6
La famille impose le sacrifice de l'égoïsme............. 7
Joies et consolations de la famille..................... 8
Vertus sans lesquelles la famille ne peut vivre......... 9

DEUXIÈME CAUSERIE

Devoirs des enfants et des parents.................... 10

Effets du sentiment maternel........................... 11
L'égoïsme maternel. — Exagération des soins matériels pour l'enfant. — Utilité de cultiver chez lui l'esprit d'initiative. — Rôles distincts et rôle commun du père et de a mère... 12

Effet de l'exemple donné par les parents.................... 14
La vie sérieuse.— Trop penser à l'enfant le déshabitue de penser aux autres. — Du gouvernement de soi-même... 15
De la discipline volontaire.— Les parents ont plus de devoirs que de droits.................... 16
Responsabilité prise envers la société en fondant une famille. 17
La puissance paternelle limitée et contrôlée par l'État. — Du travail des enfants dans les manufactures. — Du principe de l'instruction obligatoire. — De la liberté testamentaire.................... 18
Droits des parents sous les civilisations antiques. — Soumission nécessaire de l'enfant.................... 19
Insuffisance de l'amour filial instinctif. — Nécessité d'une hiérarchie dans la famille.................... 20
Point de droits sans responsablité. — La confiance, élément indispensable d'une bonne éducation.................... 21
L'indignité des parents ne relève pas les enfants de tout devoir envers eux. — Devoirs envers les parents âgés et infirmes.................... 22

TROISIÈME CAUSERIE

Rôle de la femme au foyer domestique.................... 23

Comment, en améliorant la vie de famille, elle agit sur les opinions et sur les mœurs.................... 23
Comment, en élevant des enfants, elle prépare la destinée future des sociétés. — La femme est-elle inférieure à l'homme?.................... 24
Devoirs de la femme envers son mari. — La femme est formée pour l'association. — La femme dans les épreuves de la vie.................... 25
Souveraineté de la femme.................... 26
Son influence sur les âmes. — La femme célibataire. — Faculté spéciale que possède la femme de se plier aux circonstances.................... 27
La femme selon les romans.................... 28
Définition du charme. — La femme conseillère et collaboratrice.................... 29
Type de convention de la femme.—Nécessité de le modifier. 30
La femme institutrice.................... 31
Supériorité pour elle d'une vie tranquille et sage. — Périls du surmenage moderne. — Utilité pour la femme d'être instruite de ce qui touche à l'administration de ses biens.................... 32

L'étude du droit recommandée aux femmes. — Les femmes
   dans le commerce, dans l'agriculture.................. 33
Du ménage. — Les petites vertus indispensables............ 34
La femme forte dans tous les temps...................... 35

QUATRIÈME CAUSERIE

Devoirs des frères et sœurs.................... 36

Querelles et rivalités entre frères et sœurs.............. 37
Raisons de cette mésintelligence...................... 38
Exemples d'amour fraternel........................... 39
Ce qui reste du droit d'aînesse................... 40, 41
Caractères de l'affection fraternelle................... 42
S'entr'aider, devoir essentiel......................... 43

CINQUIÈME CAUSERIE

Rôle spécial de la jeune fille................... 44

Rôle actif et passif à la fois. — Les qualités extérieures et
   mondaines sont secondaires dans la famille............ 45
Portraits de jeunes filles. — Leurs exigences. — Leur lot
   véritable....................................... 46, 47
Relations entre mère et fille.......................... 48
La jeune fille modèle dans tous les temps.............. 49

SIXIÈME CAUSERIE

Devoirs des maîtres et des domestiques............ 50

L'antagonisme des classes. — Contrats et salaires. — Les
   grèves... 51
Loi de l'échange.................................... 52
Influence des domestiques sur la réputation de leurs maîtres. 53
Se suffire pour n'être esclave de personne.............. 54
Trait charmant de la duchesse de Bourgogne. — Dévoue-
   ment des serviteurs en temps de guerre et de révolution. 55
Nouvel ordre social, son influence sur l'indépendance indi-
   viduelle....................................... 56

SEPTIÈME CAUSERIE

Le respect dans la famille........................ 57

Nécessité de se gêner. — Manque de respect dans la famille. 58
Égards envers les grands parents...................... 59
Respect de soi-même qui nous fait respecter autrui........ 60

HUITIÈME CAUSERIE

L'esprit de famille... 61

L'esprit de famille a formé autrefois les tribus et les *clans*. — Solidarité morale entre parents. — La vie commune d'autrefois... 61, 62
Indépendance actuelle. — Effets de l'envie, de la vanité sur l'esprit de famille. — Devoirs de charité plus stricts encore en famille que dans le monde..................... 63

DEUXIÈME PARTIE

LA SOCIÉTÉ

NEUVIÈME CAUSERIE

Nécessité et bienfait de la vie sociale. Solidarité....... 65

La fraternité humaine. — Chaîne de devoirs, de droits réciproques, de sentiments communs. — Recevoir et donner, grand lien des sociétés.................................. 65, 66
Instinct de sympathie porté jusqu'à l'héroïsme............. 67
L'homme est né pour vivre en commun avec ses semblables. — La vie sociale composée du travail de tous les hommes les uns pour les autres........................... 68
Part considérable des femmes dans les œuvres de charité. 69
Influence des femmes sur les mœurs........................ 70
Comment la femme forme des citoyens. — Comment agrandir notre propre vie. — Solidarité entre individus et entre peuples. — Mutuelle dépendance où nous sommes les uns par rapport aux autres.................................. 71
Diverses espèces de solidarité................................ 72
De l'opinion, de l'exemple et de la coutume................ 73
Toute gloire nationale est le partage de tous............... 74

DIXIÈME CAUSERIE

Devoirs des hommes vivant en société. La Justice...... 75

Quatre vertus cardinales : force, prudence, tempérance et justice.. 75
La loi naturelle.. 76
Justice commutative... 77

Respect des droits d'autrui. — La justice plus difficile parfois que la bonté.................................... 78
Fréquent aveuglement des femmes en matière de justice... 79
Justice envers les autres et justice envers soi-même...... 80
Devoirs stricts et devoirs larges......................... 81
Justice distributive..................................... 82
Droiture, équité.. 83
Difficulté pour les femmes de pratiquer l'équité.......... 84
Formes courantes de l'injustice.......................... 85
Accord de la droiture et de la charité................... 86

ONZIÈME CAUSERIE

Respect de nos semblables dans leur vie............... 87

Condamnation du suicide. — L'homicide.................. 88
L'assassinat politique................................... 89
La légitime défense..................................... 90
La guerre... 91
Le duel, la vendetta.................................... 92
L'abus de la force défendu comme le meurtre lui-même. —
Mépris de la mort et respect de la vie................. 93

DOUZIÈME CAUSERIE

Respect de nos semblables dans leur liberté......... 94

Sans liberté point de morale. — Liberté physique et liberté
morale. — L'esclavage et le servage................. 94, 95
Nous ne sommes pas libres d'abdiquer notre liberté...... 96
Autorités légitimes. — L'idée du devoir doit être plus puissante que le règlement................................ 97
Le prisonnier... 98
La liberté trouvée dans le respect des lois morales....... 99

TREIZIÈME CAUSERIE

Respect de nos semblables dans leur honneur, leur
réputation... 100

L'honneur. — La réputation........................ 100, 101
Le siège de l'honneur doit être dans la conscience....... 102
La calomnie.. 103
La médisance... 104
Inconvénient de parler pour ne rien dire. — La moquerie. 105
Nécessité de la prudence dans les paroles............... 106

TABLE DES MATIÈRES.

Péril des jugements trop prompts.................................. 107
Conséquences d'un seul mot méchant.............................. 108

QUATORZIÈME CAUSERIE

Respect de nos semblables dans leurs croyances, leurs opinions, leurs sentiments................................ 109

La tolérance réciproque.. 110
La tolérance n'est pas l'indifférence............................... 111
La tolérance appliquée d'abord aux idées religieuses.............. 112
Devoir de chercher ce qui rapproche et non ce qui divise......... 113
Justice envers nos adversaires. — Réserve dans les conseils. — Mesure dans la discussion.................. 114, 115, 116

QUINZIÈME CAUSERIE

Respect de la propriété.. 117

Utilité sociale du droit de propriété. — Le travail et l'épargne. 117
Instinct de la possession... 118
L'héritage.. 119
La lutte pour la vie... 120
La propriété foncière... 121
Principes du fermage et du métayage................................ 122
Inégalité des biens de ce monde. — Impossibilité d'y remédier autrement que par la charité........................... 123
Le vol.. 124
La contrebande, la fraude. — Des différentes manières de léser le prochain... 125
Abus de l'économie. — Indélicatesses courantes.................. 126

SEIZIÈME CAUSERIE

Respect des contrats et des promesses........................ 127

De la légèreté dans les promesses................................. 127
Les contrats.. 128
La parole donnée.. 129
Le serment... 130

DIX-SEPTIÈME CAUSERIE

La probité... 131

Observation stricte de tous les devoirs sociaux, professionnels et autres.. 131

TABLE DES MATIÈRES.

Le mensonge est interdit par la probité.................... 132
Sincérité envers soi-même. — Hypocrisie................ 133
Mensonges de politesse, mensonges officieux............. 134
Devoir de la franchise chez la femme. — Quelques-unes
    mentent par besoin de parler............................ 135
Caractère honteux de la ruse.............................. 136
La fausseté systématique................................... 137
L'indiscrétion, la flatterie.................................. 138
Éviter également les réflexions désobligeantes et les fausses
    louanges.. 139

DIX-HUITIÈME CAUSERIE

    La charité... 140

Rendre gratuitement aux autres le bien que nous avons
    gratuitement reçu..................................... 140
Facilité de rendre service à tout âge et en toute condition. 141
Des jouissances de la charité........................... 142
L'altruisme.. 143
La charité est la grande vertu des femmes : exem-
    ples... 144, 145, 146
Elle doit s'exercer envers tous sans exception et sans
    arrière-pensée.................................... 147, 148

DIX-NEUVIÈME CAUSERIE

    La bonté. — Le dévouement........................ 149

La bonté supérieure même au génie et à la beauté........ 149
C'est la plus haute des qualités et celle dont nous tirons le
    plus de profit dans la vie.............................. 150
Bonté naturelle et bonté acquise........................ 151
La bonté c'est le bonheur.............................. 152
L'indulgence... 153
La bonté est de tous les moments...................... 154
Le dévouement héroïque et le dévouement familial. 155, 156, 157

VINGTIÈME CAUSERIE

    La bienveillance. — La politesse.................... 158

Le tact... 159
L'art de donner.. 160
La malveillance, la bienveillance habituelle............. 161

Distinguer dans la politesse ce qui est forme, cérémonial et ce qui est bonne grâce.. 126
Manière de concilier la politesse et la sincérité............ 163
Le savoir-vivre.. 164
L'impolitesse et l'obséquiosité................................ 165
L'amabilité.. 166, 167

VINGT-UNIÈME CAUSERIE

La bienfaisance. L'aumône. — Divers modes d'assistance.. 168

Origine du mot bienfaisance.................................. 168
L'aumône. — Œuvres préférables à l'aumône............ 169
Charité collective et charité individuelle.................. 170
Initiative personnelle.. 171
Respect de la pauvreté. — Délicatesse dans le bienfait. — Les bons riches.. 172
Le génie de la charité : exemples.................... 173, 174
Modes d'actions charitables proposés aux jeunes filles..... 175
Charité des pauvres entre eux. — Bénéfice que l'on tire pour soi-même de l'exercice de la charité............ 176
Organisation systématique de la charité. — Rapports entre riches et pauvres..................................... 177, 178
La philanthropie et le problème de la pauvreté. — Associations charitables................................. 179, 180

VINGT-DEUXIÈME CAUSERIE

La charité chez l'enfant....................................... 181

Bonté amicale. — Assistance entre camarades. — Égards envers les inférieurs...................................... 182
Charité des paroles. — L'aumône matérielle implique de la part des enfants une privation.......................... 183
Ligue des enfants de France.................................. 184
Devoir du partage... 185
Obligation d'être utile....................................... 186

VINGT-TROISIÈME CAUSERIE

Devoirs envers les animaux.................................... 187

Les devoirs de bonté s'étendent à l'immense multitude des êtres... 187

TABLE DES MATIÈRES.

Pitié envers les bêtes.. 188
Lois et mesures protectrices pour la conservation des animaux.. 189
Danger de développer chez l'enfant le despotisme et la cruauté en le laissant tourmenter les animaux............ 190

VINGT-QUATRIÈME CAUSERIE

L'amitié. — Devoirs des amis........................... 191

Perfection de l'amitié. — Bons effets de la multiplicité des affections.. 192
De l'abus que l'on fait du mot d'ami......................... 193
Différentes sortes d'amitié.. 194
Amitiés d'enfance.. 195
L'amitié supérieure... 196
Amitiés de femmes.. 198
Devoirs des amis entre eux................................. 198, 199
La fidélité, la confiance et le calme en amitié.......... 200

TROISIÈME PARTIE

LA PATRIE

VINGT-CINQUIÈME CAUSERIE

L'idée de la patrie. — Le patriotisme................ 201

Sentiment naturel et involontaire....................... 201, 202
La patrie aux différentes époques et chez les différents peuples... 203
Développement de l'esprit national depuis les guerres de la Révolution.. 204
Le cosmopolitisme et l'amour du clocher.................. 205
Exagérations et erreurs du patriotisme..................... 206
Les femmes patriotes... 208
Caractères du vrai patriotisme féminin..................... 209

VINGT-SIXIÈME CAUSERIE

L'État, la constitution, les lois........................... 210

Ce que c'est que l'État... 210
Les différentes formes de gouvernement.................. 211

La constitution.. 212
Fonctions dont est chargé l'État. — Devoirs des fonctionnaires.. 213
Les lois politiques et les lois civiles. — Le droit de suffrage. 214
Les trois pouvoirs... 215
Devoirs des électeurs et de leurs mandataires............... 216

VINGT-SEPTIÈME CAUSERIE

Devoirs du citoyen.. 217

Fidélité du citoyen à son pays... 218
Obéissance aux lois.. 218
Le service militaire. — L'Impôt.. 219
Le devoir du vote... 220
Nécessité pour les femmes de s'instruire dans le respect intelligent et la connaissance de la loi............... 221
Influence de la femme comme épouse et mère de citoyens. 222, 223

VINGT-HUITIÈME CAUSERIE

Devoirs des nations entre elles. — La guerre. — Les femmes pendant la guerre................................. 224

Respect des traités entre peuples assimilés au respect des promesses entre individus................................. 225
La guerre, mal inévitable jusqu'ici. — L'arbitrage......... 226
La défense de la patrie est chose sainte........................ 227
Femmes qui ont porté les armes pour défendre la patrie... 228
Autres obligations plus fréquentes de dévouement féminin. 229
Associations de secours aux blessés. — La « ligue de paix ». 230, 231

QUATRIÈME PARTIE
DEVOIRS PERSONNELS

VINGT-NEUVIÈME CAUSERIE

Devoirs relatifs au corps. — La tempérance................. 233

Devoir de respecter en notre être la personne morale..... 234
Défense de nous nuire à nous-même. — Condamnation du suicide.. 235
Obligation de conserver sa santé.................................. 236
Propreté, respect de soi-même....................................... 237

Cette vertu opposée à l'idolâtrie de soi, à la préoccupation
    perpétuelle de son corps.................................... 238
La tempérance dans le luxe et les plaisirs................ 239
Devoir de pratiquer la simplicité, de limiter ses désirs. —
    Ligues contre l'alcoolisme................................. 240
Effets de l'alcoolisme. — Dommages causés par lui........ 241
Comment enrayer le mal?................................... 242
Rôle de la femme et des enfants dans la croisade contre
    l'alcoolisme.. 243

TRENTIÈME CAUSERIE

Devoirs relatifs aux biens extérieurs. — Le travail... 245

Valeur morale du travail..................................... 245
Économie et avarice... 246
Comment il faut supporter la perte ou l'absence des biens
    matériels... 247
Préjugés d'autrefois contre le travail...................... 248
Carrières ouvertes depuis peu aux femmes.................. 249
Le rôle social de la femme lui impose de cultiver son esprit. 250
Grandeur trop méconnue du travail manuel...... 251, 252, 253

TRENTE ET UNIÈME CAUSERIE

**Devoirs relatifs à l'âme. — Sincérité, force d'âme,
    dignité et beauté morale**.................................. 254

Vertus pratiques à cultiver.................................. 254
La loyauté trop rare chez la femme......................... 255
L'énergie, la volonté.. 256
La maîtrise de soi-même..................................... 257
Force d'âme. — Conscience de notre individualité.... 258, 259
Nécessité pour la femme comme pour l'homme d'être un
    caractère. — La dignité.................... 260, 261, 262
La beauté morale.. 263

TRENTE-DEUXIÈME CAUSERIE

Le perfectionnement moral et l'éducation de soi-même. 264

Vertu de l'épreuve... 264
Le désir du mieux.. 265
L'examen de conscience..................................... 266
Moyens de perfectionnement. — L'admiration, l'enthou-
    siasme, la sympathie................................ 267, 268
De l'éducation personnelle.................................. 269

TRENTE-TROISIÈME CAUSERIE

Les vertus féminines.. 270

Toutes les vertus peuvent être réclamées de la femme.... 270
Nécessité d'acquérir celles qui lui sont le plus étrangères.
— Vertus spécialement féminines.................... 271, 272
La femme gardienne des mœurs. — Le devoir accompli,
vraie beauté de la vie.................................... 273, 274

CINQUIÈME PARTIE

DEVOIRS RELIGIEUX

TRENTE-QUATRIÈME CAUSERIE

Devoirs religieux. — Rôle du sentiment religieux en morale... 275

L'idée de Dieu. — Dieu est la perfection suprême. — Notre
devoir est de nous rapprocher le plus possible de cette
perfection... 276
Mystérieuses influences de Dieu. — Le sentiment religieux
et l'idée de l'infini. — Aspiration vers le bonheur parfait
et la justice absolue....................................... 277
La vraie recherche de Dieu est la conformité scrupuleuse
au devoir... 278
La vie morale sans religion. — Besoin du sentiment religieux comme soutien de la vie morale.................... 279
La prière... 280
Rôle du sentiment religieux dans la vie morale de la femme,
de la mère.. 281, 282

TRENTE-CINQUIÈME CAUSERIE

**Les sanctions de la morale. — Rapports de la vertu et
du bonheur**... 283

La justice d'ici-bas est l'imitation imparfaite de la justice
divine... 283
But de la vie. — Le problème de la douleur humaine.... 284

Des différentes sanctions de la loi morale : sanction naturelle, sanction pénale, sanction de l'opinion............ 285
Sanction de la conscience et dans l'action de Dieu......... 286
Droit que nous avons de compter sur la justice absolue et sur la réalisation parfaite de l'idéal que Dieu a mis en nous.................................... 287, 288, 289

TRENTE-SIXIÈME CAUSERIE

La vie future et Dieu.............................. 290

La vie future est la plus haute sanction de la morale..... 290
De l'immortalité...................................... 291
Pourquoi la vie future ne nous est pas donnée comme une certitude... 292
Les œuvres de l'homme lui survivent................... 293
Vertu définie par la ressemblance avec Dieu............ 294
L'ordre naturel et l'ordre moral....................... 295

LIBRAIRIE HACHETTE & Cie, PARIS

Langue et Littérature Françaises

A. BRACHET	J. DUSSOUCHET
LAURÉAT DE L'ACADÉMIE FRANÇAISE ET DE L'ACADÉMIE DES INSCRIPTIONS	AGRÉGÉ DES CLASSES DE GRAMMAIRE AU LYCÉE HENRI IV

NOUVEAU COURS de GRAMMAIRE FRANÇAISE

Rédigé conformément aux Programmes de l'Enseignement secondaire (Division A), et à l'arrêté ministériel du 25 Juillet 1910 relatif à la nomenclature grammaticale. 12 volumes in-16, cartonnés.

COURS PRÉPARATOIRE	COURS ÉLÉMENTAIRE
GRAMMAIRE FRANÇAISE. Théorie et exercices, à l'usage de la classe de 9e. 1 vol...... 1 fr.	GRAMMAIRE FRANÇAISE. Théorie et exerc. à l'usage des cl. de 8e et de 7e. 1 vol.... 1 fr. 20
Livre du Maître. Corrigé des exercices, avec supplément d'exercices et corrigés. 1 vol.... 2 fr.	Livre du Maître. Corrigé des exercices, avec supplément d'exercices et corrigés. 1 vol.... 2 fr. 50

EXERCICES COMPLÉMENTAIRES sur le *Cours élémentaire*. 1 v: 1 fr.
Livre du Maître. Corrigé des exercices complémentaires, avec supplément d'exercices et corrigés. 1 volume.................. 2 fr.

COURS MOYEN	COURS SUPÉRIEUR
GRAMMAIRE FRANÇAISE à l'usage de la classe de 6e et de la classe de 5e. 1 vol.... 1 fr. 20 EXERCICES à l'usage des élèves. 1 vol............ 1 fr. »	GRAMMAIRE FRANÇAISE à l'usage de la classe de 4e et des classes supérieures. 1 vol. 2 fr. 50 EXERCICES à l'usage des élèves. 1 vol............ 1 fr. »
Livre du Maître. Corrigé des exercices, avec supplément d'exercices et corrigés. 1 vol. 2 fr. 75	Livre du Maître. Corrigé des exercices et Exer. complémentaires avec corrigés. 1 vol... 2 fr. »

COURS DE GRAMMAIRE FRANÇAISE

Rédigé conformément aux Programmes de l'Enseignement secondaire (Div. B) de l'Enseignement secondaire des Jeunes Filles, de l'Enseignement primaire supérieur et à l'arrêté ministériel du 25 Juillet 1910 relatif à la nomenclature grammaticale. 5 volumes in-16, cartonnés.

GRAMMAIRE FRANÇAISE ABRÉGÉE. Théorie et exercices. 1 volume............ 1 fr. 80	GRAMMAIRE FRANÇAISE COMPLÈTE. 1 vol.... 2 fr. » EXERCICES, à l'usage des élèves, 1 vol....... 1 fr. 80
Livre du Maître. Corrigés des exercices et Exercices complémentaires avec corrigés. 1 volume............ 3 fr.	Livre du Maître. Corrigés des exercices et Exercices complémentaires avec corrigés.... 3 fr. »

LIBRAIRIE HACHETTE & Cie, PARIS

Langue et Littérature Françaises

G. LANSON
PROFESSEUR A LA FACULTÉ DES LETTRES DE PARIS

HISTOIRE DE LA LITTÉRATURE FRANÇAISE, depuis ses origines jusqu'à nos jours. Onzième édition revue et corrigée. 1 vol. in-16, broché, 4 fr. ; Cartonné toile .... **4 fr. 50**

Cette nouvelle *Histoire de la Littérature française*, sans diminuer la place due aux seizième, dix-septième et dix-huitième siècles, contient une étude approfondie des œuvres littéraires au moyen âge et présente, pour la première fois, un tableau complet du dix-neuvième siècle. On y suivra le développement de la littérature française depuis les origines jusqu'à la plus présente actualité. Une *bibliographie* succincte et substantielle, faisant connaître les principales éditions et les principaux ouvrages à consulter pour chaque auteur, aidera le lecteur à pousser ses lectures et son étude aussi loin que sa curiosité l'y portera.

CONSEILS SUR L'ART D'ÉCRIRE, principes de composition et de style. 1 vol. in-16, cart .... **2 fr. 50**

ÉTUDES PRATIQUES DE COMPOSITION FRANÇAISE, sujets préparés et commentés pour servir de complément aux CONSEILS SUR L'ART D'ÉCRIRE. 1 vol. in-16, cart .... **2 fr. »**

ALBERT CAHEN
INSPECTEUR DE L'ACADÉMIE DE PARIS

MORCEAUX CHOISIS DES AUTEURS FRANÇAIS
DES XVIe, XVIIe, XVIIIe ET XIXe SIÈCLES
CONFORMÉMENT AUX PROGRAMMES OFFICIELS DE L'ENSEIGNEMENT SECONDAIRE

MORCEAUX CHOISIS DES AUTEURS FRANÇAIS CLASSIQUES ET CONTEMPORAINS, prose et poésie, av. notices et notes, in-16, cartonnés. CL. ÉLÉM.
Huitième (JOST). 1re série. 4 fr. 50
Septième (JOST). 2e série. 2 fr. »
1er Cycle. DIV. A ET B.
1 volume .... 4 fr. »
2e Cycle. Prose et Poésie.
1 volume .... 4 fr. 50
On vend séparément :
DIV. A : *Sixième*. 1 vol. 2 fr. »
Cinquième, 1 vol...... 2 fr. 50
Quatrième, 1 vol...... 3 fr. »

MORCEAUX CHOISIS DES AUTEURS FRANÇAIS, publiés à l'usage des jeunes filles, avec des notices et des notes (Collection d'ouvrages de littérature, publiée sous la direction de M. EUG. MANUEL, ancien inspecteur général de l'Instruction publique). 3 vol. in-16, cartonnés :

COURS ÉLÉMENTAIRE (1re et 2e an.), (prose et poésie), 1 vol... 3 fr. 50
COURS SUPÉRIEUR (3e, 4e et 5e années) (prose et poésie), avec un tableau sommaire de l'histoire de la littérature française. 1 volume .... 4 fr. 50

www.ingramcontent.com/pod-product-compliance
Lightning Source LLC
Chambersburg PA
CBHW060358170426
43199CB00013B/1912